Leesha Rose

Tulpen sind rot

Das versteckte Leben der Leesha Rose

SCM Hänssler

SCM

Stiftung Christliche Medien

MIX
Papier aus verantwor-
tungsvollen Quellen
FSC
www.fsc.org   FSC® C006701

© der deutschen Ausgabe 2012
SCM Hänssler im SCM-Verlag GmbH & Co. KG · 71088 Holzgerlingen
Internet: www.scm-haenssler.de; E-Mail: info@scm-haenssler.de

Originally published in English under the title: The Tulips are red
© der Originalausgabe 1978 Leesha Rose

Übersetzung: p.s. words, Lea Schirra
Umschlaggestaltung: Jens Vogelsang, Aachen
Titelbild: fotolia.com
Satz: typoscript GmbH, Walddorfhäslach
Druck und Bindung: CPI – Ebner & Spiegel, Ulm
Gedruckt in Deutschland
ISBN 978-3-7751-5422-2
Bestell-Nr. 395.422

Inhalt

Widmung

Dieses Buch ist in dankbarer Erinnerung meinen Eltern gewidmet, Yeshayahu und Chanah Bornstein, sowie meinen geliebten Brüdern Paul und Jackie, Märtyrer des Holocaust. Ihre Leben wurden ausgelöscht in den Konzentrationslagern in Auschwitz und Sobibor.

Es wurde geschrieben zu Ehren von Reinier van Kampenhout, Freund und Mentor, der unter Einsatz seines Lebens mutig für die Rettungsaktionen des Untergrunds und in der Widerstandsbewegung kämpfte. Fünf Monate vor Ende des Zweiten Weltkriegs wurde er von den Nazis gefangen genommen und zu Tode gefoltert.

Es ist auch eine Anerkennung für den Mut und die innere Stärke der vielen nichtjüdischen Niederländer, die es riskierten, Juden in ihren Häusern zu verstecken, und die Widerstand leisteten, weil sie es als ihre christliche Verantwortung betrachteten.

Danksagung

Ich möchte meinen Dank gegenüber ganz besonderen Menschen zum Ausdruck bringen: Dr. Hyman Frank, dessen Idee es war, meine Erfahrungen während des Zweiten Weltkriegs niederzuschreiben, und für dessen Unterstützung ich immer dankbar sein werde; meinem guten Freund Herrn Zvi Caspi, dem israelischen Generalkonsul in Montreal, Kanada, für seine große Anteilnahme; Herrn Sam E. Bloch, Verlagsdirektor der Zionistischen Weltorganisation in New York und Generalsekretär des Weltverbands der Bergen-Belsen-Vereinigung, für die Bedeutung, die er meinem Manuskript beigemessen hat, und der Yad-Vashem-Gedenkstätte in Jerusalem, die mir die Nutzung ihrer Bibliothek gestattete. Am meisten aber bin ich meinem Mann zu Dank verpflichtet, der mir in den vielen schmerzlichen Phasen beim Schreiben dieses Buches zur Seite stand, mich bei der Überarbeitung des Manuskripts klug beraten hat und für dessen moralische Unterstützung und unendliche Geduld ich zutiefst dankbar bin.

1 Aus heiterem Himmel

Ein lauter Donnerschlag durchbrach die Stille des frühen Morgens. Ich drehte mich im Bett herum und zog die Decke über die Ohren. Mein Körper, der nach Schlaf verlangte, zitterte bei dem durchdringenden Getöse, während mich die Angst ergriff und wie elektrischer Strom durch meinen Körper fuhr. Ich kniff die Augen zu und lag angespannt da, in der Hoffnung, dass sich das Geräusch nicht wiederholen würde.

Plötzlich ertönte ein gewaltiges Dröhnen, gefolgt von einer Reihe kurzer, abgehackter Schüsse, die rasch aufeinander folgten. Gleichzeitig hörte ich Stimmen und Rufe von Leuten aus den Gärten hinter den Häusern.

»Seht mal, dort drüben! Schaut. Sie springen aus Flugzeugen! Mein Gott! Was ist das? Fallschirme? Ist das eine Übung unserer niederländischen Armee? Aber warum dann das Flakfeuer?«

Ich sprang aus dem Bett und lief in das Schlafzimmer meiner Eltern. Auch sie waren wach und man sah ihnen den Schreck förmlich an. Mein Bruder Paul, der ebenfalls von dem Lärm wach geworden war, öffnete die Fenstertüren zur Terrasse und rannte in den Garten. Wir folgten ihm und die liebliche Luft des Frühlings umgab uns mit ihrem sanften Duft. Mir schien, als würde an jenem unheilvollen Freitag, dem 10. Mai 1940, die frühe Morgensonne geradezu ausgelöscht durch die deutschen Flugzeuge, aus denen hunderte von Fallschirmspringern heraussprangen.

Und wieder waren da die abgehackten Geräusche: pop-pop-pop... Jetzt gab es keinen Zweifel mehr. Das war offensichtlich kein Gewitter! »Schnell, schaltet das Radio ein!«, rief jemand.

Unsere Nachbarn standen alle in ihren Gärten oder auf den Balkonen, zeigten in den Himmel über Den Haag und unterhielten sich dabei aufgeregt. Die Kinder verfolgten das Spektakel über ihren Köpfen mit offenen Mündern, während die Erwachsenen ungläubig die Köpfe schüttelten. Manche weinten ungehemmt und ihnen stand das Entsetzen ins Gesicht geschrieben.

Die Nachrichten begannen mit einer Sondererklärung der Königin Wilhelmina, die vehement gegen die deutsche Invasion protestierte und sie als »den ungeheuerlichsten Verstoß gegen die Verhaltensregeln zwischen zivilisierten Nationen« bezeichnete. Der niederländischen Regierung sei seitens des deutschen Auswärtigen Amts wiederholt zugesichert worden, die Neutralität der Niederlande würde geachtet.

Als wir die Nachrichten hörten, wurde uns bewusst, auf was für eine riesige Tragödie wir zusteuerten. »Die Deutschen sind in den Niederlanden einmarschiert! Es ist Krieg und wir werden angegriffen.« Über das Radio erfuhren wir das Ausmaß der schrecklichen Neuigkeiten: »Deutsche Luftlandetruppen haben Fallschirmspringer über niederländischen Flugplätzen abgesetzt und die niederländische Luftwaffe überwältigt; deutsche Truppen sind über die südlichen Provinzen Limburg und Noord-Brabant in Belgien eingefallen und marschieren an Rhein und Maas entlang Richtung Rotterdam.« Die Durchsage endete mit der niederländischen Nationalhymne, dem »Wilhelmus«. Wir standen da wie angewurzelt, starr vor Schreck.

Wo war unsere Gegenwehr? Was ist mit unserer niederländischen Flugabwehr und unseren Kampfflugzeugen? Wie haben die Deutschen es geschafft, das Hindernis der »Festung Holland« zu durchbrechen, jenen zentralen Teil des Landes, der durch Gräben, überflutete Gebiete und befestigte Verteidigungsanlagen gesichert war? Jeder spekulierte und stellte Vermutungen an, doch wir alle wurden von einem Gefühl des Unglaubens übermannt und waren wie gelähmt. »So etwas kann hier einfach nicht passieren – nicht in den Niederlanden. Wir waren schon im Ersten Weltkrieg neutral und wollen es auch jetzt bleiben. Die Niederlande wollen keinen Krieg! Die Deutschen haben uns versprochen, dass sie uns in Frieden lassen. Warum haben sie uns angegriffen? Was haben wir ihnen denn jemals getan?«

Gegenwehr

Nach dem ersten Schock über den Angriff der Deutschen saßen wir Tag und Nacht neben unseren Radios, unserer Verbindung zur Welt. In der Nacht hielten wir uns an die Verdunkelungspflicht und Ausgangssperre, die von der niederländischen Regierung angeordnet worden war. Das gesamte Land befand sich in Aufruhr. Ständig waren die Geräusche von Geschützfeuern und Bombardements zu hören. Man warnte uns vor einem möglichen Landesverrat durch die NSB – der Nationalsozialistischen Partei der Niederlande, die sich als »fünfte Kolonne« erweisen könnte –, und wir sollten nach getarnten deutschen Fallschirmspringern Ausschau halten. Bei all dem Verrat und der Verwirrung fiel es schwer, irgendwem zu trauen. Es war verboten, mit den Händen hinter dem Rücken oder in den Taschen zu laufen. Solche Warnungen verstärkten unsere Nervosität zusätzlich. Zwischen den Nachrichten wurden Militärmärsche im Radio gespielt.

Soweit es ging, blieben wir im Haus. Die Lebensmittelläden waren zwar geöffnet, aber die Menschen verrichteten nur die notwendigsten Besorgungen und eilten dann schnell nach Hause zurück. Sie hetzten durch die Straßen, zum Schutz immer ganz dicht an den Hauswänden entlang, und tauchten schnell in Hauseingängen unter, sobald sie deutsche Flieger hörten.

Alle Theater, Kinos, Schulen, Ämter und Geschäfte waren geschlossen. Der Postbetrieb wurde eingestellt. Es fuhren weder Züge, Busse und Straßenbahnen noch Taxen. Lediglich Ärzte, Krankenhäuser und Militärangehörige durften telefonieren. Die Zeitungen umfassten nur wenige Seiten und enthielten kaum Informationen. In Abständen heulten Sirenen auf, um vor drohenden Luftangriffen zu warnen. Es wurde eine Ausgangssperre verhängt, die von 20:00 Uhr bis 6:00 Uhr dauerte.

Sabbat

Zu Hause stieg die Anspannung, wir hatten Angst und befürchteten das Schlimmste. Die Synagogen der jüdischen Gemeinden in den Niederlanden waren am ersten Sabbat zum Bersten gefüllt; die innigen Gebete der Gläubigen waren bis auf die Straßen zu hören.

Mit diesem Freitagabend am 10. Mai 1940 hätte normalerweise unser heiliger Ruhetag begonnen, der in Ehren gehaltene Sabbat; der Tag, dem wir die ganze Woche lang entgegenfieberten. Doch nun versammelte sich meine Familie in einer ganz anderen Stimmung um den Esszimmertisch: mein Vater, stark und entschlossen, meine zarte Mutter, mein fünfzehn Jahre alter Bruder Paul, mein kleiner Bruder Jackie mit seinen vier Jahren und ich, eine siebzehnjährige Oberstufenschülerin. Wir waren uns der Gefühle der anderen bewusst und trauten uns nicht aufzuschauen. Unsere Gedanken behielten wir für uns, aus Angst, sie könnten unsere Empfindungen verraten.

Mutter

Vater

Mein Bruder Paul   Mein Bruder Jackie

Vater erhob den silbernen mit Wein gefüllten Kelch und begann
wie jeden anderen Freitag auch, den Kiddush zu rezitieren, den
Segensspruch zur Eröffnung der Feier. Er tat es mit geschlossenen
Augen, voller Hingabe und Konzentration. Doch als er die Pas-
sage erreichte, in der es heißt »*Ki vahnu vaharta v'otanu kidash-
ta*… – Allmächtiger Gott, du hast uns auserkoren und gesegnet«,
brach seine Stimme und Tränen liefen über sein Gesicht. Das war
das erste Mal, dass wir Vater weinen sahen, und uns überkam eine
Vorahnung und das unheilvolle Gefühl von Leid und Unglück,
das uns bevorstand.

Zum ersten Mal, seitdem ich denken konnte, wurde der Sabbat nicht von den üblichen Gesängen und der sonst so fröhlichen Stimmung begleitet. Unsere Kehlen waren zu sehr durch
die Trauer zugeschnürt, als dass wir das traditionelle Sabbatmahl
hätten genießen können. Mein Vater murmelte die Zmirot, die
traditionellen Sabbatgesänge, kaum hörbar vor sich hin.

Als strenggläubige Juden schalteten wir unser Radio am
Sabbat nicht an, daher überbrachten uns unsere nichtjüdischen

Nachbarn die neusten Nachrichten: »Die niederländische Armee kämpft tapfer. Dennoch sind die deutschen Truppen im Norden ohne viel Widerstand bis zum Ijsselmeer vorgedrungen. Entlang der Verteidigungslinie an Rhein und Maas sind erbitterte Kämpfe entfacht. Der Kontakt zu Belgien wurde abgeschnitten.« Dieser erste Sabbat im Mai 1940 war für uns alle ein schwarzer Tag.

Unsere Nachbarin, Frau van Heeren, zeigte uns ein Flugblatt, das die deutschen Flieger abgeworfen hatten. Uns packte das Grauen, als wir lasen: »Die Stadt ist von deutschen Truppen umzingelt. Jeder Widerstand ist zwecklos.«

»England wird das nicht weiter hinnehmen!«, rief Paul wütend. »Die Alliierten wissen, dass sie nun dringend gebraucht werden, um die Niederlande zu retten. Ihr werdet schon sehen, die schlagen so schnell zu, dass die Deutschen gar nicht wissen, was sie getroffen hat!«

Meine Freundin Kitty, die auf der Straßenseite gegenüber wohnte, kam zu unserem Haus gerannt. Wir waren so froh einander zu sehen, dass wir uns umarmten und weinten. Worte waren überflüssig, wir verstanden und teilten die Gefühle der anderen. Sie erzählte uns von einer weiteren Neuigkeit, die sie bei ihrem Nachbarn Herrn Jansen aufgeschnappt hatte: »Die Deutschen haben die drei Flugplätze um Den Haag – Valkenburg, Ockenburg und Ypenburg – bombardiert und dort unzählige Fallschirmjäger abgesetzt. Unsere niederländischen Truppen haben sich ihnen mutig entgegengestellt und sie von den Flugplätzen vertrieben. Diese Schlacht hat Den Haag und die niederländische Regierung gerettet. Eine der Hauptmissionen der Angreifer war es, am ersten Tag der Invasion die königliche Familie und die Minister gefangen zu nehmen.«

Regierungskrise

Am 11. Mai legte der Ministerrat der Königin nahe, Sicherheitsvorkehrungen für die königliche Familie zu treffen. Am 12. Mai setzten Kronprinzessin Juliana und ihr Ehemann, Prinz Bernhard, mit ihren Kindern auf einem englischen Zerstörer nach England über. Der Prinz kehrte umgehend zu den niederländischen Truppen zurück, die in Zeeland kämpften.

Am 13. Mai teilte General H. G. Winkelman, der Oberbefehlshaber der niederländischen Streitkräfte, der Königin mit, dass er nicht länger für ihre Sicherheit garantieren könne. Auf ihren Wunsch hin brachte ein weiterer englischer Zerstörer auch sie nach England. Der Regierungsstab folgte ihr im Laufe des Tages.

Nach ihrer Ankunft in London veröffentlichte die Königin eine Erklärung, in der sie die Gründe für ihre Flucht aus den Niederlanden darlegte. Von England aus war es ihr am besten möglich, die Interessen ihres Landes zu schützen. Außerdem blieb ihr hier ausreichend Handlungsfreiheit. Wäre sie in die Hände des Feindes gefallen, wäre alles verloren. Sie versprach, dass der Kampf gegen die Invasoren bis zum Sieg von London aus weitergeführt werden würde. Schließlich erklärte sie London zum Regierungssitz der Niederlande.

Wir fühlten uns verloren. Am Dienstag, dem 14. Mai, schien die militärische Situation bereits hoffnungslos. Die niederländische Luftwaffe war nahezu ausgelöscht worden. Die britische Luftwaffe war in verzweifelte Kämpfe um Frankreich und Belgien verwickelt. Die Deutschen hatten mithilfe von Spionen und ihrer eigenen Luftüberwachung unsere Befestigungsanlagen ausgekundschaftet. Sie hatten die »Festung Holland« von Belgien abgeschnitten und sich in der Nähe von Rotterdam festgesetzt. Nun drohten sie, alle niederländischen Städte, angefangen mit Rotterdam, zu bombardieren, sollten die Niederlande sich nicht ergeben. Die Verhandlungen zogen sich über das von den Deutschen gesetzte Ultimatum hinweg. So kam es, dass die deutsche Luftwaffe mit einer Angriffswelle nach der anderen mit ihren Heinkel-Bombern den größten Teil von Rotterdam zerstörte.

Wir waren schutzlos ausgeliefert, das machte es ihnen einfach! Ungehindert flogen die deutschen Bomber tief über die Stadt hinweg und suchten sich ihre Ziele mit höchster Präzision aus. Das Stadtzentrum verwandelte sich auf einen Schlag in eine Feuerhölle voller dicker, schwarzer und orangener Wolken, die uns zu ersticken drohten. Einundzwanzig Kirchen und vier Krankenhäuser brannten!

Später an diesem Nachmittag erklärte General Winkelman seinen Entschluss zur Kapitulation gegenüber den Deutschen mit einer Ansprache an seine Offiziere: »Heute hat Deutschland Rotterdam bombardiert. Utrecht steht kurz vor der Zerstörung. Um die Bevölkerung zu schützen und weiteres Blutvergießen zu vermeiden, ist es meiner Meinung nach gerechtfertigt, den Soldaten unter Ihrer Leitung zu befehlen, die Kämpfe einzustellen.«

Am folgenden Morgen wurde die Kapitulation unterzeichnet. Auf einmal war alles vorbei. All unsere Hoffnungen und Gebete für einen Sieg der Niederländer waren zerstört.

Am 15. Mai 1940 marschierten die deutschen Truppen durch die niederländischen Städte und nahmen alles in Besitz, was sie in die Finger bekamen. Die Niederländer beobachteten den großen Einmarsch der deutschen Kriegsmaschinerie mit ausdruckslosen, finsteren Gesichtern, regungslos vor innerer Wut und entstellt durch vergossene und unvergossene Tränen. Wir standen zusammengedrängt am Rand der Straßen, zitterten im hellen Schein der Mai-Sonne und schauten zu – es schien kein Ende zu nehmen. Wir sahen Panzerwagen, mächtige Waffen, Panzerwaggons, Laster und danach Reihe um Reihe Soldaten, die wie Roboter marschierten. Ihre Stiefel hoben und senkten sich in peinlich genauem Rhythmus und Präzision, ihre Arme schwangen auf und ab – sie sahen aus wie Maschinen.

Auch ich beobachtete gebannt das furchterregende Spektakel. Ich war von den rhythmischen Bewegungen wie hypnotisiert. Das Heben und Senken der Stiefel wurde immer energischer, die Arme schwangen höher und höher, der Lärm wurde immer lauter – Angst und Wut stieg in mir hoch.

Das endlose Stampfen der Stiefel auf der Straße wurde für mich zum Symbol für drohende Gefahr, Angst und Hass. Was stand uns bevor? Wie würde sich das Leben nun verändern?

2   Ruhe vor dem Sturm

Endlich hatte sich der Staub gelegt. Wir konnten kaum begreifen, was passiert war. Die stolze niederländische Nation war vom unverfrorenen deutschen Feind bezwungen und überrannt worden. Mit ungläubigen Augen blickten wir fassungslos um uns herum und wussten nicht, was wir erwarten sollten. Der Schock und die Trauer über unsere militärische Niederlage saßen bei allen tief.

Was würde aus unserem schönen, friedlichen Land werden? Würde unser Leben wie bisher komfortabel, entspannt und gesittet weitergehen? Wie würden die Holländer, die jahrelang nichts mit Unterdrückung oder Krieg zu tun hatten, einer Tyrannei standhalten können? Würden wir weiterhin unser Schicksal selbst bestimmen können?

Jeden von uns plagten diese Art von Gedanken, Fragen, Zweifel und Gefühle. Die Menschen waren verunsichert und scheuten sich, voreilige Entscheidungen zu treffen. Sollten wir fliehen? Mit dem Boot über die Nordsee bis ins sichere England? Oder auf dem Landweg über Belgien und Frankreich in die neutrale Schweiz?

Das Ehepaar Prinz, Freunde meiner Eltern, kehrte aufgewühlt vom Hafen in Ijmuiden zurück. Frau Prinz weinte, während ihr Mann erzählte, was passiert war: »Zusammen mit tausend anderen Menschen eilten wir die Schnellstraße hinunter, manche waren mit dem Auto unterwegs, andere mit Fahrrädern. Einige Schnellstraßen waren von den Deutschen gesperrt worden, daher versuchten die Leute über Katwijk oder Scheveningen über die Nordseeküste zu fliehen. Es war unglaublich, ein verheerendes Spektakel! Als würde die Welt untergehen! Die deutschen Flieger kreisten über dem Meer und schossen auf die überfüllten Boote; wir sahen, wie Menschen ins Wasser fielen. Leute schrien ungeduldig, wollten entkommen, boten Geld und Schmuck, um einen Platz auf den Booten zu ergattern. Doch nur wenige Boote schafften es. Der Hafen von Ijmuiden wurde durch ein auf eine Mine gelaufenes Passagierschiff und andere versenkte Schiffe blockiert. Wir hatten kein Glück und mussten umkehren. Jetzt wissen wir nicht weiter!«

Mein Vater versuchte sie zu beruhigen: »Vielleicht sind die Deutschen gar nicht so schlimm, wie wir denken. Die Niederlande sind ein friedliebendes Land. Sie werden anständig mit den Leuten umgehen. Die Niederlande sind nicht Polen oder Österreich oder das Sudetenland. Habt Vertrauen!«

»Aber was ist mit den Juden?«, fragte Frau Prinz. »Sie wissen doch, was Hitler mit Juden macht? Wir kommen aus Deutschland, wir haben das alles schon einmal durchgemacht. Die brennenden Synagogen, das Verbrennen von Gebetbüchern und unserer heiligen Thorarollen. All die Sondervorschriften und Sanktionen, die sich speziell gegen die Juden richteten. Mein Gott, das ist alles so beängstigend! Allein der Gedanke daran, diese Erniedrigung und Verfolgung wieder durchzumachen. Ich kann das nicht länger ertragen! Was sollen wir nur tun?«

Was sollte man darauf antworten? Ihre Worte verhallten im Raum. »O Gott«, betete ich, »hast du das gehört? Hilf uns, bitte, hilf uns.«

Am Tag darauf erfuhren wir, dass man das Ehepaar Prinz tot aufgefunden hatte. Sie hatten Selbstmord begangen. Viele Menschen wählten den Selbstmord als Ausweg – sie fühlten sich wie in einer Falle und konnten den Gedanken an eine Zukunft unter dem Naziregime nicht ertragen.

Führungswechsel

Ende Mai 1940 wurden die Niederlande unter die »glorreiche Herrschaft« eines Reichskommissars gestellt, der seine Befehle direkt von Hitler aus Berlin bezog. Dr. Arthur Seyß-Inquart begann seinen Amtsantritt mit einer Feier im historischen *Ridderzaal* – dem Rittersaal in Den Haag. Es war derselbe Ort, an dem die Königin üblicherweise die Vereinigte Versammlung der Generalstaaten an jedem dritten Dienstag im September eines jeden Jahres offiziell eröffnete. In seiner Rede an die Niederländer versprach er, unsere Gesetze und grundlegenden Rechte zu wahren. Die Niederländer wären nicht verpflichtet, die Überzeugungen der Nazis zu teilen. Aber er warnte die Richter, Beamten und anderen Funktionäre davor, sich dem deutschen Regime zu widersetzen.

Seyß-Inquart war ursprünglich ein Anwalt aus Wien und hatte, abgesehen davon, dass er beim Gehen humpelte, eine unauffällige Erscheinung. Er war untersetzt, durchschnittlich groß und trug eine Brille. Den Anschluss Österreichs an das Deutsche Reich hatte er in die Wege geleitet und wurde daraufhin zum österreichischen Kanzler ernannt. Vor seinem Amtsantritt in den Niederlanden war er der stellvertretende Generalgouverneur im besetzten Polen gewesen. Seine Hingabe und Unterwürfigkeit Hitler gegenüber kannte keine Grenzen. Die Holländer nannten ihn »zes´n quart – sechseinviertel« – und das war nicht liebevoll gemeint.

Nach ein paar Wochen stellte sich bei den Menschen der Alltag wieder ein. Das Leben verlief wieder in den notwendigen geregelten Bahnen. Die Deutschen waren zwar zu sehen, aber in diesen ersten Tagen und Wochen der Besatzung bekamen wir nicht viel von ihnen mit. Theater und Kinos waren wieder geöffnet und wir beobachteten die Deutschen, wie sie sich in den Cafés, Restaurants und Nachtklubs vergnügten; oft in Gesellschaft einiger niederländischer Nazisympathisantinnen, die sie zu ihren Freundinnen machten.

Wir atmeten erleichtert auf. Konnte es sein, dass die Deutschen, anders als in ihrem eigenen Land und in den anderen von ihnen besetzten Ländern, sich hier in den Niederlanden gesittet benehmen würden?

Eines Tages machten Freunde meines Vaters, ein Klub von »Wohnzimmerpolitikern«, einen Ausflug. Ich hörte ihren Gesprächen immer gerne zu:

»Vielleicht wird es ja gar nicht so schlimm. Die Deutschen nutzen die Niederlande als nähere Basis zu England. Vielleicht lassen sie ja die Zivilbevölkerung in Ruhe.« »Natürlich ist das alles furchtbar, aber wir müssen die Realität nun einmal akzeptieren und uns so gut es geht damit arrangieren.« »Die Alliierten werden sich zusammentun und in kürzester Zeit die Nazis vertreiben, und im Nu ist alles vorbei.« »Glaubt ihr, dass die Nazis uns wie die anderen Holländer behandeln werden?«

Sie hörten sich die englischen Nachrichten an und informierten sich so über die neusten politischen und militärischen Entwicklungen. Die tägliche Übertragung war der Höhepunkt ihres jetzigen Lebens und wurde anschließend ausführlich diskutiert.

Die Läden öffneten wieder und bald kehrten alle zu ihren früheren Beschäftigungen zurück, die so gewaltsam unterbrochen worden waren.

Mein Vater, der einen Kurzwarenladen hatte, stürzte sich in die Arbeit, um die verlorene Zeit wettzumachen. Mein Bruder und ich gingen wieder zur Schule. Ich würde in diesem Frühling mein Abitur machen und musste Prüfungen in allen Fächern ablegen. Jeden Tag verbrachte ich damit, für Mathematik, Chemie, Physik, Geschichte, Geografie, Holländisch, Deutsch, Französisch und Englisch zu lernen. Ich träumte davon, die deutsche Armee mit Bunsenbrennern in die Luft zu jagen und Deutschland von der Landkarte zu fegen.

Dann war die Plackerei endlich vorbei. Ich hatte meinen Abschluss in der Tasche. Normalerweise wäre um dieses Ereignis großes Aufsehen gemacht und gefeiert worden, aber die Kriegssituation, in der wir uns befanden, wirkte wie ein Dämpfer.

Ich aber fühlte mich glücklich – glücklich und erleichtert und auf einmal erwachsen. Nun durfte ich die Verantwortung für meinen nächsten Schritt ins Leben tragen.

»Warum verreist du nicht einfach mit deinen Freunden? Das hast du dir wirklich verdient, du hast so hart gearbeitet«, schlug meine Mutter vor. Ich schaute sie erstaunt an. »Meinst du, das wäre sicher, bei all den Deutschen überall? Oh, es wäre so schön, an die Seen zu fahren. Kitty und Sofie wären sofort dabei, da bin ich mir sicher!«

Während sie redete, beobachtete ich meine Mutter, und es kam mir vor, als sähe ich sie zum ersten Mal. Sie war so schön, meine Liebe zu ihr tat fast körperlich weh. Ihr ovales, ebenmäßiges Gesicht war umgeben von dunkelbraunem gewelltem Haar. Die fein geschnittene Nase, darunter der sensible Mund, der von Lippen umschlossen war, die zwei Myrtenblättern glichen. Aber das Auffallendste an ihr waren ihre Garbo-ähnlichen und fast schüchternen Augen. All dies wurde von einem schwanengleichen Hals getragen. Ihr schlanker Körper bewegte sich leicht und sanft.

Wor es möglich, dass sie meine Gedanken gelesen hatte? Ihre Liebe für mich erhellte ihr Gesicht. Mir war es fast peinlich, denn normalerweise zeigten wir unsere Gefühle nicht so offen – doch unsere Liebe zueinander war so tief.

»Hör zu, wir sollten das Leben genießen, solange wir noch können. Bis jetzt wurden noch keine Verbote ausgesprochen. Lass uns das heute Abend besprechen. Jetzt hilf mir bitte, ein paar Verpflegungspakete für die Familie in Polen zu packen. Ihnen geht es zurzeit nicht so gut wie uns.«

Großfamilie

Es war für uns zur Gewohnheit geworden, Lebensmittelpäckchen an die Großeltern und anderen Verwandten in Polen zu verschicken. Seit die Deutschen dort eingefallen waren und alle Juden in Gettos getrieben hatten, in denen sie keine Möglichkeit der Selbstversorgung hatten, schickten meine Eltern jede Woche sieben bis zehn Pakete mit Nahrungsmitteln nach Warschau und Lodsch. Zwei Jahre lang kam auch alles an, aber dann hörten wir von Verwandten, dass die Deutschen die Päckchen öffneten und den größten Teil des Inhalts stahlen. Wir versuchten, die Sendungen durch Einschreiben zu sichern, was viel mehr kostete. Der Empfänger musste ein Kärtchen unterschreiben, das daraufhin an uns zurückgeschickt wurde. So konnten wir uns überzeugen, dass unsere Verwandten die Karte unterzeichnet hatten.

Die ganze Familie beteiligte sich daran, Lebensmittel zu kaufen, diese einzupacken, zu adressieren, die vielen Formulare auszufüllen und die Pakete zu verschicken. Wir konnten nicht selbst etwas essen, solange unsere Verwandten nicht auch etwas bekamen. Mein Vater erhielt auch Anfragen namhafter Rabbis aus den Gettos, die ihn um Lebensmittel baten und denen er nichts abschlagen konnte.

Meine Brüder und ich bewunderten meinen Vater sehr. Wir liebten und respektierten ihn über alle Maßen und wollten ihn nicht enttäuschen. Er war ein gut aussehender, überdurchschnittlich großer und stolzer Mann mit dunklen Haaren und Augen. Sein kluges Wesen strahlte Zielstrebigkeit, einen starken Willen und Entschlossenheit aus. Wir fühlten uns in seiner Gegenwart sicher und geborgen – auf ihn konnten wir uns verlassen. Die Leute sagten, dass ich ihm vom Aussehen her sehr ähnelte. Vor seiner Hochzeit hatte er jeden freien Moment dem Studium an einer talmudischen Akademie gewidmet. Sein Leben lang nahm er sich Zeit, die heiligen Schriften zu studieren, wann immer er sich von seinen geschäftlichen Verpflichtungen, die er sehr ernst nahm, frei machen konnte. Damals in Polen, als junger Mann in seinen Zwanzigern, brachte ihn sein Eifer, sein Idealismus und seine Hingabe an die Idee der Gründung eines jüdischen Staates in Palästina dazu, gemeinsam mit anderen jungen Zionisten illegal in Palästina einzuwandern. Sie hatten die Hälfte des Weges zu Fuß zurückgelegt. Zu dieser Zeit stand Palästina unter britischem Mandat und Juden war die freie Einreise nicht gestattet. Doch die schwere körperliche Arbeit und die Verteidigung gegen arabische Übergriffe waren das einzig sinnvolle Leben für einen Zionisten. Mein Vater arbeitete sehr hart, pflanzte Obstgärten an und baute Straßen. Als er sich nach ein paar Jahren ein Leberleiden zuzog, bestand seine Familie darauf, dass er nach Polen zurückkehrte.

Seit seinem Umzug nach Holland litt er sehr unter der Frustration, dass er seinen Traum nicht verwirklicht hatte, in Palästina zu leben und zu arbeiten. Er erzählte uns immer wieder von seinen Plänen, eines Tages dorthin zurückzukehren, und wir wussten, dass dies unser größtes Ziel war.

An diesem Abend saßen wir gemeinsam um den Tisch. Wir zogen die Verdunkelungsvorhänge zu und schlossen so den Rest der Welt aus – den Feind. Hier drinnen war die Familie unter sich – das gewohnt behagliche Gefühl, die niederländische *Gezelligheid*, die guten Gespräche und das Zusammensein.

Mein Bruder Paul, der zwei Jahre jünger als ich war, besuchte noch das Gymnasium. Sein jungenhaftes, hübsches Gesicht ähnelte dem unserer Mutter. Er trug eine Brille, die seine dunkelbraunen intelligenten Augen verbarg. Alles, was er sich in den Kopf setzte, schaffte er auch, und da die Mathematik sein Steckenpferd war, wollte er nach dem Abitur Ingenieurwissenschaft studieren. Außerdem erhielt er Talmudunterricht von einem Privatlehrer, der zu uns nach Hause kam.

Die ganze Familie war verrückt nach unserem kleinen »Prul«. Jackie wurde geboren, nachdem meine Eltern ihre Familienplanung eigentlich abgeschlossen hatten. Er war ein unglaublich niedlicher Vierjähriger, ein süßes Energiebündel, das unaufhörlich herumrannte und plapperte und sich mit jedem und allem beschäftigte. Kurz gesagt, er war unser Püppchen. Wir alle verwöhnten ihn fürchterlich. Ich liebte ihn wie eine Mutter. Genau genommen wurde Jackie von der gesamten Familie großgezogen.

»Ich will auch zu den Reeuwijk-Seen«, bekniete uns Jackie. »Ich will mit dir kommen.«

Meine Mutter versprach ihm, mit ihm an den Strand von Scheveningen zu fahren. Dann wurde beschlossen, dass ich mit meinen Freunden nach Gouda fahren sollte, wo wir Zimmer in einem Bauernhof anmieten würden, der in der Nähe der Seen lag.

»Komm doch mit, Paul!«, sagte ich. »Du kannst dort die Jungs vom Hachschara-Hof kennenlernen.« Das war ein Hof, auf dem religiös-zionistische Jugendgruppen sich auf das Leben als Mitglieder einer landwirtschaftlichen Siedlung in Palästina vorbereiteten.

Unser so sorgfältig geplanter Urlaub an den Reeuwijk-Seen verwandelte sich jedoch – dank des strömenden Regens, der die gesamte Woche über anhielt – in einen selbst auferlegten Hausarrest in einem der großen Zimmer des Bauernhofs.

Meine Freundinnen Kitty, Sofie und Iris wie auch mein Bruder Paul, zwei seiner Freunde und ich vertilgten rund um die Uhr Unmengen von Essen und Kaffee. Wir führten hervorragende Gespräche, während wir im Hintergrund pausenlos Aufnahmen von Schuberts *Unvollendeter Sinfonie*, Mozarts *Eine kleine Nachtmusik* und Rimsky-Korsakovs *Scheherazade* auf dem manuell betriebenen Grammofon abspielten. Als wir an einem Tag loszogen, um mit dem Boot hinauszufahren, wurden wir bei dem Anblick diverser Patrouillen deutscher Soldaten unruhig.

Trotz des schlechten Wetters und unseres Unbehagens genossen wir es, jung und voller Energie zu sein, und wir freuten uns auf eine selbstbestimmte Zukunft – das gute Recht eines jeden jungen Menschen. Würde uns dieses Recht unter der Herrschaft der Nazis zugestanden werden?

3   Gefährliche Sicherheit

Wenn wir uns je der Illusion hingeben hatten, dass die Deutschen weiterhin von Gewalt und Bedrohungen absehen würden und gar nicht so schlimm wären, sondern die Niederlande lediglich zu rein militärischen Zwecken besetzt hätten, so sollte diese Hoffnung sehr bald durch den sich ausbreitenden Terror zerstört werden.

Der Reichskommissar, Dr. Seyß-Inquart, ernannte einen seiner Stellvertreter, Hans Albin Rauter, zum »Generalkommissar für das Sicherheitswesen« und unterstellte ihm den gesamten niederländischen und deutschen Sicherheitsapparat, einschließlich der berüchtigten Gestapo, der Polizei und dem Sicherheitsdienst (SD) der NSDAP. Schon bald lernten wir den so gefürchteten Terror der Gestapo kennen und auch den der »grünen Polizei«, die eng mit der Gestapo zusammenarbeitete und ihren Namen den grünen Uniformen verdankte.

Mehr jedoch, wenn das überhaupt möglich war, hassten wir die »Schwarzhemden«, die Trupps der niederländischen nationalsozialistischen Bewegung NSB.

Der Anblick der Totenkopf-Insignien auf den Uniformen der Schutzstaffel (SS) flößte uns allen mächtig Angst ein. Schon bald hörten wir von Gräueltaten, die Elitesoldaten der SS an unschuldigen Bürgern begingen.

Die deutschen Soldaten marschierten durch die Straßen und sangen in höchster Präzision und Harmonie »Wir fahren gegen England« – das beschwor Bitterkeit und Verachtung gegenüber den Eindringlingen herauf. »Falerie, Falera, Falerie, Falera, ha, ha, ha euch selbst, ihr verhassten Moffen!« Moffen, das war der Ausdruck, den wir für die unbeliebten Deutschen gebrauchten.

Vater kam aufgebracht nach Hause: »Es gibt schlechte Neuigkeiten. Die Deutschen verschiffen große Mengen Nahrungsmittel und Vieh nach Deutschland. Wisst ihr, was das bedeutet? Bald wird nicht mehr genug übrig sein für uns Holländer. Und hört euch das an. Jetzt kommt der erste Schlag gegen uns Juden: Ab dem 31. Juli ist die rituelle Schlachtung verboten!« »Aber Papa, du hast doch gesagt, dass sie uns hier in den Niederlanden anders behandeln werden«, rief Paul empört. Wir wussten, dass dieser Erlass nur die Spitze des Eisbergs sein würde.

Eines Tages kam Jackie mit einem seiner Freunde ins Haus gerannt: »Ihr werdet nicht glauben, was passiert ist! Die Moffen haben Herrn Venema vom Stationsweg angebrüllt, weil er die rot-weiß-blaue Flagge der Niederlande im Fenster seines Ladens aufgehängt hat. Und im Laden selbst haben sie dann ein Bild von Königin Wilhelmina gefunden. Wir haben gesehen, wie er alles herausbringen musste. Dann sind die Deutschen wieder abgezogen. Stimmts, Manny?«

Nun war es nicht einmal mehr gestattet, die eigenen Nationalfarben oder die orange Flagge des Königshauses zu zeigen. Doch die stolzen Holländer umgingen das Verbot, indem sie an den Geburtstagen der Mitglieder der königlichen Familie orangefarbene Blumen am Revers oder Kleid trugen.

Platzverweis

Wir waren gezwungen, die anti-jüdischen Verordnungen in der Tageszeitung oder an den ausgehängten Wandzeitungen zu lesen und zu beachten. Diese zielten besonders darauf ab, die jüdische Bevölkerung langsam aber sicher vom öffentlichen Leben auszuschließen. Wir merkten, wie man uns vom Rest der niederländischen Bevölkerung absondern wollte.

Ende September 1940 waren alle Juden aus staatlichen und städtischen Ämtern entfernt worden. Es war schockierend und aussagekräftig zugleich, dass selbst eine solch wichtige Persönlichkeit wie der jüdische Präsident des Obersten Gerichts der Niederlande, L. E. Visser, aus seinem Amt entlassen wurde.

Es war ein harter Schlag für das Bildungssystem, als alle jüdischen Professoren an den niederländischen Universitäten entlassen wurden. Gegen diesen Erlass erhob sich ein heftiger Protest.

Prof. R. P. Cleveringa und zwei seiner Kollegen von der Universität Leiden landeten im Konzentrationslager, nachdem sie ihre Empörung furchtlos zum Ausdruck gebracht und offen gegen die Entlassung von jüdischen Professoren und Studenten protestiert hatten.

Als Antwort auf die Verfügungen streikten die Studenten. Daraufhin löste die deutsche Sicherheitspolizei die Studentenorganisationen auf und nahm einige Professoren und Studenten in Haft. Die Universitäten Leiden und Delft wurden gezwungen zu schließen. Nach dieser Schließung sollte die Universität Leiden für die Dauer des Krieges nicht mehr ihre Tore öffnen. Sie entschloss sich, lieber überhaupt nicht tätig zu sein, als ihren Grundsätzen untreu zu werden, denen sie seit ihrer Gründung im Jahre 1573 Folge leistete: Im Dienst der freien Wissenschaft in einem freien Land.

Zukunftspläne

Meine Pläne, die Ausbildung weiterzuführen und in die Fußstapfen von Dr. Albert Schweitzer zu treten, lösten sich in Luft auf. Was sollte ich nun tun? Kitty und ich besprachen dies und andere Probleme auf langen Spaziergängen in unserem Lieblingspark, Haagse Bosjes, einer großen, bewaldeten Anlage, die sich an den Grenzen unserer Stadt Den Haag entlangzog. Selbst heute lassen die Erinnerungen an diese Spaziergänge große Freude und nostalgische Gefühle in mir aufkommen. Weder Wind noch Wetter konnten uns aufhalten. Wir durchquerten die geschäftige Einkaufsmeile im Herzen der Stadt, an der sich die großen Kaufhäuser und zahllose elegante Fachgeschäfte befanden, die eine Fülle von Produkten anboten.

Der Anblick der historischen Regierungsgebäude und des Rittersaals begeisterte mich immer wieder. Daneben lag *De Vijverberg*, ein großer, rechteckiger Teich, auf dem majestätische Schwäne und schnatternde Entenfamilien vorbeischwammen, mit Bauminseln und Springbrunnen, die nachts beleuchtet wurden. Daran angrenzend lag eine öffentliche Parkfläche mit hohen, uralten Bäumen, die eine kathedralenähnliche Allee bildeten.

Der *Ridderzaal* (Rittersaal) und die niederländischen Regierungsgebäude in Den Haag.

Wir passierten den königlichen Palast *Noordleinde*, der nun unbewohnt war. Trotz seiner imposanten Bauweise fügte er sich ins Bild der Straße ein und war ein Teil von dieser, genau wie die Königin, die zeigte, dass sie Teil ihres Volkes war und dicht an dicht mit ihm lebte.

Wenn wir dann *De Haagshe Bosjes*, unseren Park, erreicht hatten, fühlten wir uns wie in unserem eigenen Himmel. Wir erfreuten uns an den vielfältigen Farben und Schattierungen des Blattwerks im Wechsel der Jahreszeiten. Durch den Park zog sich eine Reihe von Teichen unterschiedlichster Form, die von Blumenbeeten und Büschen umgeben, durch malerische kleine Brücken verbunden und mit Rosengärten verziert waren. Am Ende der Anlage stand der kleine Palast der Mutter der Königin.

Der Park hatte durch die Ruhe und Harmonie, die er ausstrahlte, eine belebende Wirkung auf uns. Hier konnten wir klar denken und reden. Kitty und ich waren auf einer Wellenlänge. Wir waren ehrlich und direkt zueinander und respektierten die Meinung des anderen. Nun waren wir schon seit Jahren beste Freundinnen, und unsere Eltern wunderten sich, dass wir uns noch nicht »leergequatscht« hatten. Uns verband viel: die gemeinsame Liebe zur Musik, die Hoffnung auf ein zukünftiges Leben in einem jüdischen Staat, der Genuss der schönen Dinge des Lebens, wie gute und anregende Gespräche, und die Aversion gegen alles Vulgäre.

»Du könntest doch wie ich Büroarbeit machen«, schlug Kitty vor. »Das ist zwar nicht besonders aufregend, aber ich bekomme ein Gehalt und das ist praktisch. Wie lange wir überhaupt noch arbeiten dürfen, ist nicht klar. Es gibt Gerüchte, dass schon bald alle Juden gezwungen werden sollen, ihre Arbeit aufzugeben.«

»Kitty, ich glaube, es bleibt noch genug Zeit, das zu tun, was ich am liebsten tun möchte. Ich würde mich gerne auf das Leben in einem Kibbuz in Palästina vorbereiten. Ich möchte mich auf dem *Hachschara-Hof* bewerben, um dort zu arbeiten. Ich habe gehört, dass die Hechaluz-Pionierbewegung selbst jetzt noch Mittel und Wege findet, Menschen illegal nach Palästina zu schmuggeln.«

»Ja, davon habe ich auch schon gehört«, sagte Kitty. »Es wird sogar auf unserem nächsten Treffen mit den anderen religiös-zionistischen Mizrahi-Jugendgruppen einer der Organisatoren über dieses Projekt sprechen.«

Ich merkte, wie sie nachdenklich innehielt. »Denkst du auch darüber nach?«, fragte ich sie. »Das wäre wundervoll. Dann gehen wir zusammen!« Ich ließ mich von dem Gedanken mitreißen.

»Das ist nicht so einfach. Ich kann meine Schwester Iris nicht hier zurücklassen. Sie könnte nicht mitkommen, weil Vater ihre Hilfe im Geschäft braucht. Außerdem weißt du doch, dass es Mutter nicht gut geht. Ach, du bist so ein Draufgänger! Meinst du, deine Eltern lassen dich gehen?«

»Weißt du, Kitty«, antwortete ich ihr, »wer nichts wagt, der nichts gewinnt, so heißt es doch. Welche Alternative haben wir denn? Was ist, wenn unsere Befürchtungen wahr werden und die Moffen anfangen, uns auch körperlichen Schaden zuzufügen? Du kannst dir nicht vorstellen, was mir mein Traum bedeutet, Palästina mit aufzubauen! Das ist der Ort, an dem wir alle sein sollten!«

Kitty sprang auf und das Sonnenlicht, das durch das Laub der Bäume fiel, ließ ihre tief liegenden blauen Augen aufleuchten und ihr blondes Haar wie gesponnenes Gold glänzen. Lachend sagte sie: »Niemand kann dir widerstehen, wenn du mit solch einer feurigen Begeisterung sprichst.«

Als wir gerade den Park verlassen wollten, rief eine Gruppe deutscher Soldaten von der anderen Seite des Sees zu uns herüber. Die Angst, ihnen zu begegnen, ließ uns so schnell laufen, wie uns unsere Füße nur tragen konnten. Wir hörten ihr Gelächter und wie sie riefen: »Mädchen, schöne Mädchen!«.

Als wir die Straße erreichten, gelang es uns, in der Menschenmenge unterzutauchen. Kitty sagte atemlos: »Wir können nicht mehr in den Park gehen, es ist zu gefährlich. Das war wirklich knapp, sie hätten uns überraschen können, als wir noch dasaßen!«

»Kitty, wir hatten wahres Glück. Sie hätten auf uns schießen können, als wir weggerannt sind.« Ich zitterte, während ich sprach.

Demütigungen

In den darauffolgenden Wochen und Monaten begannen wir zu verstehen, was die Deutschen meinten, als sie in der Presse verkündeten: »Die Verordnungen gegen die Juden stellen keine Beeinträchtigung der Beziehungen zu den Niederlanden dar. Sie richten sich ausschließlich gegen die Juden, die als Feinde Deutschlands betrachtet werden.«

Ein Schatten fiel auf uns und wir spürten, dass unsere Existenz bedroht war. Unsere Besitztümer, durch harte Arbeit erworben, wurden konfisziert. Auf einmal gab man uns zu verstehen, dass wir überhaupt nichts mehr besitzen dürften, weil man uns für minderwertig hielt. Die Erlasse und Verordnungen gegen uns sollten unseren Stolz und unser Selbstbewusstsein zerstören. In dieser Hinsicht waren die Nazis leider zu erfolgreich. Wer sich den Verordnungen der Nazis widersetzte, riskierte es, bestraft, eingesperrt oder getötet zu werden. Manche Juden versuchten die Anordnungen zu umgehen, doch nur wenigen gelang es. Die einzelnen Juden standen einer Übermacht des deutschen Militärs gegenüber. Mit ausgefeilter psychologischer Präzision beraubten sie uns nach und nach unserer Rechte, unseres sozialen Status und unserer Besitztümer, bis wir nichts weiter waren als verängstigte, hungrige und geknechtete Kreaturen, denen nur noch ein Instinkt geblieben war – zu überleben, egal wie.

Alle jüdischen Geschäfte mussten bei den Deutschen registriert werden, dann wurden die jüdischen Besitzer gezwungen, ihre Läden für einen Bruchteil des Werts zu verkaufen. Immobilien im Besitz von Juden wurden unmittelbar konfisziert.

Mein Vater war furchtbar aufgebracht: »Was soll ich nur tun? Auch wenn ich meinen Laden nicht anmelde, wird er trotzdem verkauft und ich werde bestraft. Aber wie sollen wir ohne Einkommen überleben? Ich mache mir nicht nur Sorgen um uns. Wir müssen doch weiterhin Pakete an die Verwandtschaft in Polen schicken, solange das noch erlaubt ist. Unsere Rationen werden nicht ausreichen, die Pakete zu füllen. Ich muss ein Einkommen haben, um auf dem Schwarzmarkt einkaufen zu können, denn dort sind die Waren furchtbar teuer geworden.«

Wir hatten volles Vertrauen in meinen Vater, denn er wusste immer, was in schwierigen Situationen zu tun war. Er verkaufte seinen Laden an einen nichtjüdischen Freund, Herrn de Groot, den er seit einiger Zeit kannte und der sich bereiterklärt hatte, einen Teil des Kapitals meines Vaters aufzubewahren.

Im Oktober des gleichen Jahres begannen die christlichen Kirchen in den Niederlanden gegen die anti-jüdischen Maßnahmen der Nazis zu protestieren. Diese Nachricht verbreitete sich wie ein Lauffeuer. Es tröstete uns, dass die christlichen Gemeinden sich um unser Schicksal kümmerten und ihre Stimmen gegen die Invasoren erhoben. Die Pfarrer riefen die Mitglieder ihrer Gemeinden dazu auf, den Juden zu helfen.

Die Situation im Land wurde immer angespannter. Die Versorgung mit lebensnotwendigen Gütern wurde immer schwieriger, die Preise stiegen und es bestand keine Hoffnung auf eine Besserung der Lage.

Bei uns zu Hause war meine Mutter trotz alledem bereit, sich mit der Situation zu arrangieren: »Solange sie uns nur in Ruhe lassen, selbst unter diesen Umständen. Dann machen wir eben die Hausarbeit selbst, wenn nichtjüdische Hausangestellte nicht mehr für uns arbeiten dürfen. Rika, unser Dienstmädchen, ist so ein liebes Mädchen und hängt so an uns. Es tut mir im Herzen weh, sie gehen zu lassen, und ich weiß, dass es auch ihr schwerfällt.«

Klein Jackie fragte: »Mama, was passiert jetzt mit uns?« Er hielt ihr Gesicht mit beiden Händen fest, sodass sie ihm ihre volle Aufmerksamkeit schenken musste. Sie zog ihn fest an sich heran, damit er nicht sah, wie sich ihre Augen mit Tränen füllten, als sie ihm antwortete: »Wir müssen auf Gott vertrauen. Er wird sich um uns kümmern.«

Ich dachte bei mir: »Ist das alles, was wir tun können?«

4 Traumland Palästina

Gebannt folgten wir den Ausführungen eines dynamischen jungen Redners beim Mizrahi-Jugendtreffen: »Liebe Freunde, ich sage euch, unsere einzige und letzte Hoffnung zu überleben ist, nach Palästina zu gehen. Wären wir Juden klug genug gewesen und hätten aus früheren Erfahrungen gelernt, dann hätten wir nicht so lange gewartet, bis die Nazis die Niederlande und die anderen westlichen Länder erobert hätten. Wir wären schon viel früher gegangen! Manche Leute glauben immer noch nicht, dass die Nazis uns das Leben zur Hölle machen wollen. Habt ihr das von den Gettos in Warschau und Lodsch gehört? Die Nazis treiben Menschen aus ihren Häusern und zwängen sie in Gettos, wo sie unter erbärmlichsten Bedingungen langsam verhungern. Wir haben bestimmte Informationsquellen, die uns auf dem Laufenden halten. Sie sprechen davon, dass niederländische Juden in Konzentrationslager deportiert werden sollen, um Zwangsarbeit zu verrichten.«

Die Zuhörer stöhnten auf.

»Für uns hier gibt es noch eine Chance«, fuhr er fort. »Mithilfe unserer Hechaluz-Bewegung könnt ihr nach Palästina gehen. Wir kennen illegale Wege, Menschen aus den Niederlanden zu schmuggeln, entweder über Belgien, Frankreich und die Schweiz oder über Spanien und dann weiter nach Palästina. Was ihr tun müsst, und dazu bleibt noch genug Zeit, ist euch auf die Farmarbeit vorzubereiten, sodass ihr euren Platz in einem Kibbuz einnehmen könnt. Das ist eure große Chance! Ihr könnt es immer noch tun!«

Mir kam es so vor, als wäre jedes Wort an mich persönlich gerichtet. Er zeigte auf mich und wies mir den Weg. Ich war mir sicher, wenn ich seinem Rat folgen würde, könnte nichts schiefgehen. Nur so konnte ich meinen lang gehegten Traum verwirklichen und nach Palästina gehen. Natürlich würde ich gehen! Ich musste nur noch meinen Eltern von meinem Entschluss erzählen.

Regungslos saß ich da, in Gedanken versunken, fest entschlossen, dem Vorschlag des Redners zu folgen. Als ich aufschaute und mich umsah, blieb mein Blick an einem Paar blauer Augen hängen; sie gehörten einem jungen Mann. Wir sahen uns an und konnten gar nicht aufhören damit. Es war, als nähme ich mich selbst zum ersten Mal in meinem Leben bewusst wahr. Mir stieg die Röte ins Gesicht und ich zitterte. Dann drehte ich den Kopf weg, weil mir Tränen in die Augen schossen. Was war es, das ich da fühlte? Warum reagierte ich so?

Ich konnte mich nicht mehr daran erinnern, was ich danach machte oder sagte. Ich nahm die vielen anderen Jugendlichen, die sich im Klubhaus aufhielten, gar nicht mehr wahr. Es war mir, als schwebte ich auf einer Wolke, die alles von mir fern hielt. Jemand sprach mich an und ich hörte, wie ich etwas erwiderte, aber mir kam es vor, als sei das alles nur ein Traum. Als wir den Raum verließen, kam er zu mir herüber; seine blauen Augen schauten mich fest an: »Ich bin David, ich habe gesehen, wie gebannt du der Rede zugehört hast. Denkst du darüber nach, auf einen Hachschara-Hof zu gehen?«

Ich nickte nur, denn ich brachte in dem Augenblick kein einziges Wort heraus. David redete weiter, jedes seiner Worte fiel wie sanfter Regen auf mich herab. Das Einzige, was in meiner benebelten Wahrnehmung zu mir durchdrang, war sein Versprechen, mir zu helfen, sollte ich weitere Informationen oder Hilfe benötigen.

Umgeben vom großen und gesprächigen Trupp meiner Freunde ging ich nach Hause. Kitty bemerkte, dass ich ungewöhnlich ruhig war. »Was ist los?«, fragte sie. »Kitty, ich spüre dieses unbändige Verlangen in mir, mich auf das Leben in Palästina vorzubereiten. Das ist der richtige Weg für mich. Aber was wird aus meiner Familie, meinen Eltern, meinen Brüdern Paul und Jackie? Ich werde sie hier in Holland zurücklassen müssen. Vielleicht will Paul ja mitkommen. Oder ist er mit 15 Jahren zu jung dafür? Ich bin hin- und hergerissen, aber eines ist sicher. Ich muss gehen! Ich weiß nicht, was ich sonst momentan tun sollte.«

Streit

An diesem Abend verkündete ich die Neuigkeit meiner Familie, immer noch im Fieber der Ereignisse des Nachmittags: »Ich habe mich dazu entschlossen, mit der Hachschara zu beginnen. In den nächsten paar Monaten wird die Bewegung einen Weg finden, mich nach Palästina zu schmuggeln. Sie haben uns versichert, dass es Möglichkeiten gibt einzureisen, ohne entdeckt zu werden.«

Meine Mutter ließ den Servierteller mit dem Abendessen auf den Tisch fallen, das Scheppern hallte durch den Raum. Es war so, als hätte ich eine Bombe platzen lassen. Ich lächelte unschuldig: »Was ist los? Was habe ich denn getan?«

Mein Vater sprang auf und schob dabei seinen Stuhl geräuschvoll zurück. Sein Ton war schroff, als er sagte: »Solange wir für dich verantwortlich sind und du noch nicht verheiratet bist, wirst du nirgendwo alleine hingehen. Du hast keine Ahnung, wie es ist, als Mädchen allein in einem fremden Land zu sein und unter schwierigsten Bedingungen zu arbeiten.«

Er redete und redete und wurde dabei von meiner Mutter auf emotionale Weise unterstützt. Doch ich war fest entschlossen, und zwischen uns brach ein großer Streit aus:

»Und du nennst dich einen Zionisten«, rief ich und wusste, dass ich ihn damit zutiefst verletzte. »Ich will dabei helfen, ein Land für die Juden zu schaffen, sodass wir alle frei sein können und nicht mehr den Nazis oder anderen Verfolgern ausgeliefert sind. Ich will nicht länger in Angst leben. Ich möchte nicht mehr gesagt bekommen, was ich zu tun und zu lassen habe, nur weil ich Jüdin bin.«

Ich spürte, wie ich die Tränen nicht länger zurückhalten konnte, daher rannte ich aus dem Zimmer und schlug die Tür hinter mir zu.

Die Atmosphäre bei uns zu Hause war sehr angespannt. Ich sprach nicht mehr mit meinen Eltern. Mein Vater lief mit einem grimmigen Gesichtsausdruck herum und meine Mutter weinte ständig. Paul und Jackie wussten nicht, auf wessen Seite sie sich stellen sollten. Die Stimmung in unserem Haus war so gedrückt, dass ich um Erlaubnis bat, ein paar Tage bei Kitty zu übernachten. Sie und ihre Schwester bemitleideten mich und wir redeten die ganze Nacht hindurch.

Unsere Auseinandersetzung machte mich sehr traurig und unglücklich, besonders weil zeitgleich neue Verordnungen gegen Juden erlassen wurden, die unser soziales Leben empfindlich einschränkten. Juden wurde der Zutritt zu Theatern, Cafés und Restaurants verboten. Alle öffentlichen Orte wurden mit Schildern versehen: » *Verboden voor Joden* – Für Juden verboten«. Wir wurden wie Aussätzige behandelt.

David

Wenn ich an David dachte, wurde ich von Gefühlen übermannt, die mir fremd waren und die ich nicht verstand. Ich wollte endlich wieder seine Stimme hören und ihn wiedersehen, aber ich war zu schüchtern und stolz, um Kontakt mit ihm aufzunehmen. Glücklicherweise sollte uns das Schicksal wenige Tage später wieder zusammenführen.

Unsere Jugendbewegung veranstaltete ein Leiterseminar, und David lehrte Hebräisch in einem Kurs, für den ich mich angemeldet hatte. Fünf Jahre lang hatte ich bereits Hebräisch bei meinem wundervollen Privatlehrer Herrn Grabel gelernt.

Der Anblick des großen und dunklen David, wie er vor der Klasse stand, ließ mich innerlich erschauern. Unter seiner Anleitung begann sich meine Liebe für diese Sprache zu entfalten. Nach dem Unterricht erkundigte David sich bei mir, ob es irgendwelche Fortschritte bezüglich meiner Hachschara-Pläne gäbe. Wir unterhielten uns und wurden bald Freunde. Die Tatsache, dass er Medizin studiert hatte und Klavier spielte, machte ihn noch attraktiver für mich, da ich die Musik liebte und sie für mich zu einem erfüllten Leben dazugehörte. Außerdem hatte ich schon länger überlegt, einen Beruf im medizinischen Bereich zu ergreifen. Unsere gemeinsamen Interessen ließen uns immer enger zusammenwachsen. Ich erzählte ihm von meinen Problemen zu Hause, wie entschlossen ich war, meine Pläne für das Hachschara und die Übersiedlung nach Palästina durchzuziehen, und wie meine Eltern mir ihre Zustimmung verweigerten.

Auf einmal hatte ich alle Scheu abgelegt. Es war so unglaublich befreiend, so offen sprechen zu können und seine ganze Aufmerksamkeit und Sympathie zu haben.

David ermutigte mich: »Warum erklärst du deinen Eltern die Situation nicht genau wie mir? Dann werden sie sicherlich deinen Standpunkt und deinen Entschluss verstehen.«

Nichts hätte mir mehr gefallen. Im Streit mit meinen Eltern zu leben war schwer für mich. Ich vermisste die tiefe Zuneigung und Liebe meiner Eltern und hasste die jetzige Situation, in der wir uns befanden.

An diesem Nachmittag ging ich nach Hause und bekniete meine Eltern, als würde mein Leben davon abhängen: »Das ist meine Zukunft und mein Lebensziel. Ich bin 18 Jahre alt und habe das Recht, meine eigenen Entscheidungen zu treffen. Ich möchte das Land bearbeiten, die palästinensische Erde mit eigenen Händen greifen. Ich will den Boden unter meinen Füßen spüren, in dem Land sein, das mir und meinem Volk auf Grund unserer historischen und religiösen Geschichte gehört. Es wird mein Land sein, das ich mit meinem Leben verteidigen werde, damit es weiterhin bestehen bleibt. Bitte, lasst mich gehen.«

Vater hielt weiter beharrlich an seinem Standpunkt fest. Wenn überhaupt, war seine Ablehnung nur noch stärker geworden. Meine Mutter war seiner Meinung und versuchte mich zu überzeugen: »Wenn der Krieg vorüber ist, werden wir alle nach Palästina gehen. Das versprechen wir dir! Jetzt ist es zu gefährlich für dich, dorthin zu gehen. Du wirst ein einsames Mädchen sein, ohne Familie, in einem fremden Land. Ich weiß, wovon ich spreche. Das Leben dort ist sehr hart. Lass uns diese nervenaufreibende Auseinandersetzung vergessen. Wir haben genug gestritten. Komm, Liebes, lass deine Pläne ruhen.«

Als ich diese Worte meiner Mutter hörte, sah ich rot. Vor Aufregung und Wut begann mein ganzer Körper zu beben, ich war enttäuscht und missmutig. Tränen strömten über mein Gesicht. Vater, Mutter und ich redeten, schrien, bettelten wild durcheinander.

»Das ist kein kindischer Streich. Ihr glaubt mir nicht, aber zum ersten Mal in meinem Leben weiß ich, dass dies die richtige Entscheidung für mich ist!«, beteuerte ich. »Ich werde es tun, egal, was passiert, und ihr könnt nichts tun, um mich aufzuhalten!« Um zu zeigen, dass ich fest entschlossen war, schlug ich mit aller Kraft mit der rechten Faust auf den Tisch und zerbrach dabei eine Kristallschüssel. Die Scherben flogen quer durch den Raum und Blut spritzte aus einer tiefen Wunde in meiner Hand. Ich spürte den Schmerz und als ich sah, wie ein Stück Fleisch von der Seite meiner rechten Hand herabhing, wurde ich beinahe ohnmächtig. Vater hielt mich fest in seinen Armen, Mutter wickelte ein Handtuch um meine Hand und sie brachten mich in das nächstgelegene Krankenhaus, wo die Wunde genäht und mein Arm in eine Schlinge gelegt wurde.

Noch Tage danach war ich kleinlaut und ruhig. Meine Eltern waren hilfreich und liebevoll, erwähnten aber nicht mehr das Wort *Palästina*. Sie verstanden, dass dies ein wunder Punkt für mich war, und sprachen das Thema nicht mehr an. Mutter fing an, Pläne für meine medizinische Laufbahn nach dem Krieg zu schmieden, da sie wusste, wie sehr mich dieser Bereich interessierte. Sie schlug vor, dass ich mich in der Zwischenzeit doch vielleicht an einer Privatschule für Modedesign anmelden könne. Ich folgte ihrem Rat. Wie sich herausstellte, war der Unterricht sehr interessant und auch praktisch, besonders weil Kleidung rationiert wurde und die Geschäfte so gut wie kein Angebot mehr hatten.

So endete mein erster und einziger Widerstand gegen die elterliche Autorität. Ich bereute den Streit nicht und war noch immer der Überzeugung, dass ich recht hatte. Doch es tat mir leid, dass ich so wütend geworden war. Ich liebte meine Eltern zutiefst und ein solcher Ausbruch war noch nie vorgekommen. Dennoch merkte ich, dass ich meine Stellung in der Familie etabliert hatte. Ich wurde nun wie eine Erwachsene behandelt, auf deren Meinung man etwas gab. Wie glücklich es mich machte, wieder Teil der Familie zu sein!

Es war uns allen wichtig, den Familienzusammenhalt aufrechtzuerhalten, in diesen Zeiten mehr als je zuvor. Denn nur so ließen sich die Erniedrigungen und die soziale Ausgrenzung ertragen, welche die Nazis uns mithilfe ihrer antisemitischen Propaganda und ihren immer strengeren Sanktionen und Verordnungen auferlegten.

5   Beunruhigende Nachrichten

»Franklin D. Roosevelt, ein treuer Freund der Niederlande, ist erneut zum Präsidenten der Vereinigten Staaten von Amerika gewählt worden! Er wird diesen Krieg beenden!« Mein Vater diskutierte die Neuigkeiten aufgeregt mit seinen Freunden, die vorbeikamen, um die BBC-Nachrichten oder Radio Oranje auf Holländisch zu hören, was eigentlich verboten war. Jeder, der beim Hören der Nachrichten erwischt wurde, konnte in ein Arbeitslager an einem unbekannten Ort deportiert werden.

Dennoch gingen wir das Risiko ein. Vater hatte in einem Kleiderschrank ein besonderes Versteck für unser Phillips-Radio gebaut und wir hörten ständig. Die täglichen Übertragungen aus England waren die Höhepunkte unserer stetig weniger werdenden Vergnügen.

Die Briten haben in der libyschen Wüste Nordafrikas einen Sieg errungen!

Mussolini, Hitlers italienischer Verbündeter, ist beim Versuch gescheitert, in Griechenland einzufallen!

»Sollen die Nazis ruhig versuchen, den Kanal zu überqueren! So lange schon drohen sie damit. England ist jetzt bereit, sich der deutschen Invasion zu stellen. Sie sind besser vorbereitet als je zuvor. Ihre nächtlichen Luftangriffe haben das gesamte Industriegebiet an der Ruhr zerstört! Natürlich behaupten die Deutschen, dass die Alliierten nur nicht-militärische, zivile Ziele bombardieren und sie selbst nur militärische Ziele angreifen. Alles Lügen! Schaut nur, was die Deutschen mit ihren Bomben in London angerichtet haben! Deswegen werden tausende englische Kinder zu ihrer eigenen Sicherheit nach Kanada verschifft.«

Vater sagte immer wieder: »Der Krieg wird bald vorbei sein! Die Nazis werden an allen Fronten verlieren! Roosevelt wird uns zu Hilfe eilen und ganz bestimmt England und Frankreich beistehen, auch wenn sie Deutschland noch nicht den Krieg erklärt haben. Wir müssen nur Geduld haben, das Beste wird sein, nicht aufzufallen, dann lassen uns die Deutschen in Ruhe.«

Ein andermal rief er: »Schaut euch das an! Ich habe die Kopie eines Nachrichtenblattes im Briefkasten gefunden. Wisst ihr, was das ist? Nachrichten der BBC! Sie werden von einer Untergrundorganisation gedruckt und ausgeteilt. Das nenne ich tollkühn! Wenn die jemals dabei erwischt werden sollten…ich will gar nicht an die Folgen denken!«

Als Ausgleich zum Enthusiasmus meines Vaters erfuhren wir, dass die Bürgermeister der meisten großen Städte durch Mitglieder der niederländischen Nationalsozialistischen Partei NSB ersetzt worden waren. Die Deutschen drängten arbeitslose Männer dazu, nach Deutschland zu gehen, um dort in den Waffenfabriken zu arbeiten. Als sie feststellten, dass diese nicht gewillt waren zu gehen, übten die Deutschen Druck aus, indem sie ihre Arbeitslosenschecks einbehielten. Selbst die nichtjüdischen Einwohner bekamen nun die Unterdrückung zu spüren.

Die Hafenarbeiter in Amsterdam wurden der Sabotage beschuldigt. Viele wurden verhaftet und es gab Gerüchte über Zwangsdeportationen. Der Hass der Holländer gegen die Deutschen, der mit der Invasion seinen Anfang genommen hatte, wurde mit jedem Tag tiefer und stärker.

Im Visier

Unsere Hoffnung, das Ende des Krieges still und leise abwarten zu können, wurde schlussendlich durch die Einführung neuer Ausweise zerschmettert. Wir mussten einen komplizierten, dreiseitigen Ausweis mit uns führen, der unsere sämtlichen persönlichen

Daten, ein Foto, an zwei Stellen Fingerabdrücke, einen besonderen Stempel und die Adresse eines festen Wohnsitzes enthielt. Dieser Personalausweis wurde von einem speziellen Meldeamt ausgestellt. Jeder Einwohner, der älter als 15 Jahre war, musste diese Papiere zu jeder Zeit mit sich führen. Kontrollen konnten jederzeit auf Straßen, in Zügen und an öffentlichen Orten stattfinden. Jeder, der ohne Ausweis angetroffen wurde, lief Gefahr, verhaftet zu werden. Offensichtlich planten die Deutschen etwas Einschneidendes – wozu sollte sonst diese aufwendige Identitätsüberprüfung gut sein?

Ein weiteres wichtiges Dokument, das jeder Bürger besitzen musste, war das Rationierungsheft. Ein solches konnte man nur durch Vorlage eines Ausweises erhalten. Die Rationierungshefte enthielten Marken für Lebensmittel, Kohle, Schuhe und Kleidung, die auf wöchentlicher oder monatlicher Basis ausgegeben wurden. Im Laufe der Zeit wurden die Rationen immer kleiner, da die Deutschen auch weiterhin Erzeugnisse und Rohstoffe aus den Niederlanden nach Deutschland brachten, um sie für eigene zivile und militärische Zwecke zu nutzen. Die Holländer merkten zwar, was vor sich ging, murrten und fluchten, waren jedoch machtlos und konnten dem Vandalismus keinen Einhalt gebieten.

Die meisten Familien versuchten, ihren Alltag so normal wie möglich zu gestalten. Wir akzeptierten und arrangierten uns so gut es ging mit den deutschen und britischen Flugzeugen über den Köpfen, dem Geräusch der Flakgeschütze, den Sirenen, den nächtlichen Verdunkelungsmaßnahmen und den Ausgangssperren; sie wurden zu festen Bestandteilen unseres Lebens.

Mein Vater arbeitete nur noch Teilzeit und half bei Herrn de Groot aus, dem er seinen Laden verkauft hatte. Meine Mutter versuchte, genau wie alle anderen Hausfrauen, den Haushalt mithilfe von Sparmaßnahmen und Einkäufen auf dem Schwarzmarkt über Wasser zu halten. Mein Bruder Paul besuchte weiterhin das Gymnasium und der kleine Jackie ging in den Kindergarten.

Ich verbrachte meine Zeit damit, Kleidung an der Hochschule für Modedesign zu entwerfen und zu nähen. Außerdem besuchte ich den Hebräisch-Kurs der zionistischen Organisation.

Doch das war nur die Spitze meines Eisbergs. Der größte Teil meines Daseins wurde von den nie zuvor erlebten, verträumten, süßen und starken Gefühlen zu David bestimmt.

Das tosende Geräusch der Nordseewellen am Strand von Scheveningen, das wir hörten, wenn wir bei unseren regelmäßigen Ausflügen entlang des Boulevards gegen Wind und Wetter ankämpften, fand einen Widerhall in meinem ganzen Körper. Über uns bildeten die einander hinterherjagenden, furchterregenden Sturmwolken ein beängstigendes und überwältigendes Panorama. Ich empfand ein nie zuvor erlebtes Hochgefühl, fühlte mich eins mit den Elementen, was sicher auch mit daran lag, dass David neben mir fuhr. Wir passierten die vielen Straßencafés, die exotischen Restaurants und die ganzen Läden, die im Sommer so viele Besucher anzogen. Die imposanten Hotels und Strandklubs waren mittlerweile leer gefegt.

Aus Sicherheitsgründen wurde dieser Teil der Küste von den Deutschen genau überwacht, und über kurz oder lang war es – sehr zu unserem Bedauern – verboten, den Boulevard entlangzufahren. Unsere traumhaften Strände wurden umgegraben und mit hässlichen, gefährlichen Befestigungsanlagen bestückt, die Teil des »Atlantikwalls« wurden, der sich kilometerweit über die gesamte Nordseeküste erstreckte.

David führte mich in eine ganz neue Welt der Kunst, Philosophie und Musik. Wann immer seine langen, gefühlvollen Finger über die Tastatur des Klaviers glitten, kam es mir so vor, als würden diese Liebkosungen nur mir gelten. Wir sprachen bewundernd über den Bildhauer Rodin und seine Werke, während seine Augen ihre ganz eigene Sprache sprachen. Wir berührten uns nie, erwähnten nicht einmal das Wort Liebe, doch die unaussprechliche Spannung zwischen uns war noch stärker als eine körperliche Berührung.

Ich bewunderte seine klare, intelligente Art zu denken und sein umfassendes Wissen. Er war nie aufgebracht, sondern sprach stets mit ruhiger und souveräner Stimme, während er versuchte, ein Problem logisch zu analysieren, ohne dabei jemals dem Zuhörer seine Meinung aufdrängen zu wollen.

Zu Hause war ich still und abwesend und lebte in meiner eigenen Welt. Meine Familie nahm an, ich sei unglücklich, weil ich nicht zur Hachschara gehen durfte. Das war ich auch, aber das war es nicht, was mein Herz die meiste Zeit beschäftigte.

Auf einmal veränderte sich alles! Alles um mich herum erstrahlte in leuchtenden Farben. In diesem Jahr war die Natur von den prächtigsten Farbtönen des Herbstes gezeichnet. David und ich schritten leichten Fußes über die gefallenen Blätter, die in allen Schattierungen von rot, gold, rostbraun und grün den Boden bedeckten. Wir saugten den kräftigen Geruch von Erde, Bäumen, brennendem Laub und kalter Luft in uns ein. Mir war, als würde ich zum ersten Mal den Herbst erleben, und ich wollte mein Glück und meine Freude mit der ganzen Welt teilen.

Straßenkampf

Doch die grausame Realität der Zeit, in der wir lebten, brachte mich mit einem Schlag auf den Boden der Tatsachen zurück. Es war Februar 1941, und ich besuchte Kitty. »Jetzt ist es so weit«, erklärte Kittys Vater bitter. »Die Nazis verfolgen immer das gleiche Schema, egal wohin sich ihre beschlagenen Stiefel den blutigen Weg bahnen.«

»Was ist passiert?«, fragten alle und redeten wild durcheinander. Kittys Mutter sah blass aus, als ob sie gleich ohnmächtig werden würde. Iris erklärte: »Die niederländischen Schwarzhemden der NSB haben gemeinsam mit der deutschen Polizei anti-jüdische Ausschreitungen im jüdischen Viertel von Amsterdam angezettelt. Sie behaupten, ein Jude hätte vom Fenster aus auf sie geschossen. Das ist eine Lüge! Dann sind die Moffen und die NSB-Leute durch die Straßen gerannt und haben Fensterscheiben eingeworfen, Leute auf der Straße angegriffen, Juden aus Straßenbahnen gezerrt und Synagogen in Brand gesteckt.«

Ein paar andere Freunde stießen zu uns. Kittys Mutter seufzte: »*Oy, gevalt* – Wehe uns!«

»Aber wartet, das war nicht alles«, rief unsere Nachbarin Frau van Houten. »Die Juden leisteten Widerstand. Zuerst waren sie zu schockiert, um zu reagieren. Aber ratet, was dann passiert ist! Sie haben zurückgeschlagen! Und als würde das nicht reichen, haben die Christen sich in den Kampf mit eingemischt. Sie haben sich grobe Waffen und Eisenstangen gesucht, haben sich zusammengetan und wie die Wilden gekämpft, bis sie die NSB in die Flucht geschlagen hatten. In der Nacht kehrten die Nazis mit Verstärkung zurück. Die holländischen Arbeiter der Kattenburg-Regenmantelfabrik auf dem Waterlooplein kamen angerannt, um den Juden zu helfen. Zusammen verteidigten sie die jüdischen Geschäfte. Christliche Frauen haben während des Kampfes auf die jüdischen Kinder aufgepasst. Das war eine Schlacht! Der Nazimob schlug erneut zu, doch wieder wurde er von den Juden und ihren Freunden abgewehrt. Zum Schluss schickten die Deutschen drei Polizeieinheiten mit Panzern und automatischen Waffen aus, die wahllos in die Menge schossen. Dabei sind leider viele verletzt worden oder ums Leben gekommen. Jetzt ist das jüdische Viertel abgesperrt.«

Diese schrecklichen Entwicklungen riefen Angst und Entsetzen in uns hervor. Doch gleichzeitig waren unsere Herzen von Stolz erfüllt, dass die niederländische Bevölkerung auf unserer Seite war. Sie halfen uns, kämpften Seite an Seite mit uns und trotzten den Nazis.

»Glaubt ihr, dass das im Land Schule machen wird?«, fragte ich. »Vielleicht können wir die Nazis besiegen und sie aus den Niederlanden vertreiben, wenn wir nur alle zusammenhalten.«

»Das ist reines Wunschdenken«, sagte Kittys Vater, »du hast doch gehört, was die Moffen mit dem einen Bezirk in Amsterdam angestellt haben. Stell dir mal vor, was sie tun würden, wenn die ganze Bevölkerung sich auflehnen würde. Sie könnten das ganze Land bombardieren und zerstören!«

»Zumindest sollten wir ihnen zeigen, dass wir ihre Brutalität nicht hinnehmen und diese Form der Verfolgung nicht ohne Gegenwehr über uns ergehen lassen!« Ich kochte vor Wut.

Der 22. Februar 1941 ging als Schwarzer Sabbat in die Geschichte ein. Iris kehrte zutiefst bestürzt und mit einem aufreibenden Bericht von den Geschehnissen aus Amsterdam zurück:

»Die gefürchtete ›grüne Polizei‹ hat erneut das jüdische Viertel überfallen. In einem Haus stießen sie auf Gegenwehr und man kippte ihnen Schwefelsäure ins Gesicht. Als Vergeltungsmaßnahme hat dieser gewaltverliebte Verbrecher, der Generalkommissar Rauter, angeordnet Geiseln zu nehmen. Mehr als 400 anständige, jüdische junge Männer wurden in den Straßen gefangen genommen und gezwungen, dort stundenlang zu knien. Sie mussten auf dem Waterlooplein Gymnastik machen und wurden brutal geschlagen, während die holländischen Einwohner entsetzt zuschauten. Dann wurden die jungen Männer von den Nazis auf Wagen geladen und deportiert.«

Die niederländische Bevölkerung war empört und verbittert. Die Ereignisse in Amsterdam brachten ihre Wut an den Siedepunkt. Und so entschlossen sie sich, zurückzuschlagen!

Es wurden Flugblätter verteilt, die zu einem eintägigen Streik aufriefen, um gegen die Behandlung der Juden zu protestieren. Nichtjuden wurden ermutigt, Juden zu helfen und sich den Nazis zu widersetzen. Niederländische Arbeiter auf Fahrrädern klingelten an Haustüren und hielten Autos an. Sie riefen laut: »Wir streiken für die Juden, wer schließt sich uns an?« Auf der Hauptstraße, der Rokin, zwangen die Streikenden die Passagiere der Straßenbahnen, auszusteigen.

Streik

Am 25. Februar streikte Amsterdam! Das Leben in Amsterdam kam zum Stillstand, während seine Einwohner protestierten. Zuerst streikten die Angestellten der Straßenbahn und Stadtreinigung. Ihnen folgte die gesamte Stadt. Geschäfte waren geschlossen, Fabriken standen leer, Büros waren abgeschlossen und alle blieben zu Hause. Es wurden keine Zeitungen gedruckt, der Versorgungsbetrieb funktionierte nicht. Die Werften waren wie ausgestorben und in den Straßen von Amsterdam war es still. Nur die großen Überfallwagen der grünen Polizei fuhren durch die Straßen. Auf diesen Lastern saßen die Schergen Rücken an Rücken, aufrecht wie Ladestöcke, die Kampfhelme festgezurrt unterm Kinn, die Gewehre neben den Füßen, Handgranaten in den Stiefelstulpen und mit einem weiteren Gewehr quer über dem Schoß, bereit zu schießen.

Amsterdam war still.

Rauter tobte. Er rief den Belagerungszustand aus und verordnete, dass die Arbeit sofort wieder aufzunehmen sei. Aber der Streik dauerte an und breitete sich bis nach Hilversum, Haarlem und Zaandam aus. Die Deutschen waren fassungslos und wussten nicht weiter. So ein Benehmen war ihnen vorher noch nie untergekommen. Es war das erste Mal, dass eine nichtjüdische Bevölkerung so heftig auf die Deportation von Juden reagierte.

Diese offene Demonstration gegen die Besetzer war beispiellos. Rauter sandte sein Totenkopf-Bataillon aus und ordnete an, gnadenlos in die Menschenmengen zu schießen. So wurden viele Unschuldige verletzt oder getötet. Bald waren die Streiks und Demonstrationen zerschlagen. Arbeiter wurden verhaftet und in Konzentrationslager geschickt und den beteiligten Städten wurden schwere Geldstrafen auferlegt.

Am darauffolgenden Tag wurde in allen Zeitungen eine »Mitteilung« des Reichskommissars abgedruckt, in der er anordnete, die Arbeit wieder aufzunehmen. Alle Demonstrationen, Versammlungen und politischen Zusammenkünfte wurden verboten. Streikanstifter würden hart bestraft werden.

Wir waren den Streikenden dankbar und stolz auf sie, weil sie so heftig reagiert und für uns gekämpft hatten. Die gesamte Bevölkerung hatte gegenüber dem Feind Mut und Trotz gezeigt und damit triumphiert.

Auf der anderen Seite hatten die Niederländer die mörderische Unmenschlichkeit der Nationalsozialistischen Polizeitrupps kennengelernt. Der sinnlose Verlust unschuldiger Leben schreckte vor weiteren offenen Demonstrationen ab.

Doch wenn die Deutschen geglaubt hatten, sie hätten den Kampfgeist und die Moral der Niederländer gebrochen, so sollten sie bald herausfinden, dass sie es mit der weitaus zäheren Macht der niederländischen Widerstandsbewegung zu tun bekommen würden, die aus dem Untergrund heraus operierte.

Je härter die barbarische Nazifaust auf ihre leidenden Opfer einschlug, desto entschlossener wurden die Niederländer in ihrer Solidarität und in ihrem Erfindungsreichtum, die verfolgten Menschen zu beschützen.

6 Zwischen den Stühlen

Die Menschen waren verwirrt und besorgt. Sie fragten sich: »Wozu sollte man noch einen weiteren jüdischen Rat – den *Joodsche Raad* – ins Leben rufen? Wir haben in jeder Stadt eine jüdische Gemeindeorganisation, die von Rabbis geleitet wird. Welchen Sinn hat dann noch die Jüdische Koordinations-Kommission, die bereits alle bestehenden nationalen jüdischen Organisationen vertritt?«

Auch ich fragte David: »Was soll das? Erst mussten wir uns als Juden registrieren lassen, jetzt haben sie einen Judenrat eingeführt. Welche Aufgaben soll dieser Rat übernehmen, um die sich nicht auch die Koordinationskommission kümmern könnte? Ich verstehe das nicht.«

Wie immer antwortete David in seiner verständlichen Art: »So wie ich das verstehe, ist Folgendes passiert. Nach den Streiks im Februar und den damit verbundenen blutigen Kämpfen waren die Deutschen wütend und verlangten nach einem ›Beratungsausschuss‹. Abraham Asscher, ein reicher Diamantenhändler, hat sich mit Professor David Cohen zusammengesetzt, einem ehemaligen Professor für Alte Geschichte an der Universität von Amsterdam, der außerdem Vorsitzender des Komitees für jüdische Flüchtlinge ist, und gemeinsam mit anderen jüdischen Führungspersönlichkeiten den sogenannten ›Judenrat‹ ins Leben gerufen.«

»Aber die bereits bestehende Dachorganisation, die Koordinationskommission, hätte doch zum Judenrat werden können. Wozu brauchen wir noch ein Gremium?«, fragte ich.

»Du hast ja recht«, stimmte David zu. »Aber deren Vorsitzender, L. E. Visser, der angesehene Präsident des Obersten Gerichtshofs der Niederlande, der von den Deutschen aus seinem Amt entlassen wurde, hat es kategorisch abgelehnt, irgendetwas mit den Deutschen zu tun zu haben. Seiner Ansicht nach wird der Judenrat sich nicht für die Belange der Juden einsetzen, sondern als Werkzeug missbraucht werden, um ihnen zu schaden. Tatsächlich hat sich die Koordinationskommission unmittelbar nach der Gründung des Judenrats aufgelöst.«

»Aber vielleicht könnte Herr Visser mehr für die Juden erreichen, wenn er im Amt bleiben würde«, sagte ich nachdenklich. »Allerdings kennen wir die Nazis noch nicht gut genug. Ich fürchte, dass selbst die stärksten unserer Anführer sich entweder beugen oder zurücktreten müssten. Allein die Vorstellung macht mir schon Angst. Entweder müssen wir den Nazis entkommen oder sie bekämpfen. Mein Vater meint, dass der Judenrat zum Sprachrohr der Deutschen werden wird.«

»Nun, er muss mit den Deutschen kooperieren, ihre Anordnungen an die jüdische Bevölkerung weitergeben und in den jüdischen Gemeinden für Recht und Ordnung sorgen. Außerdem verwaltet er alle Angelegenheiten der Juden in den Niederlanden, zentralisiert und entscheidet über alle Funktionen und Aktivitäten. Er soll bei rechtlichen und finanziellen Fragen beraten, Genehmigungen ausstellen, Bildungseinrichtungen etablieren und die Verteilung von Nahrungsmitteln organisieren. Wir wissen nicht, was uns noch alles bevorsteht, aber eines ist gewiss: Ohne den Judenrat geht nichts mehr!« Die Situation ging auch David unter die Haut.

Ich saß still auf einer Ecke der breiten Fensterbank und hörte dabei zu, wie David in seinem Klavierspiel seinen Gefühlen freien Lauf ließ. Er spielte eine Mazurka von Chopin und ließ sie scharf, hart und schmerzhaft erklingen.

»David, glaubst du noch an eine ungetrübte Zukunft für die Juden, bei all diesen Einschränkungen und Vorschriften?«, fragte ich verzweifelt.

Er schaute mich an, sein Gesichtsausdruck wurde immer sanfter, während seine Finger ein Arpeggio nach dem anderen anschlugen, als würde er die Noten auf dem Klavier liebkosen.

»Haben wir eine andere Wahl? Wir müssen jeden Tag nehmen, wie er kommt, und hoffen, dass das alles bald vorbei ist. Die Alliierten werden früher oder später eine Offensive starten, dann wird Hitler schnell besiegt sein.«

Es tat gut ihm zuzuhören. Nichts anderes schien wichtig zu sein. Allein schon seine Nähe beruhigte mich und gab mir ein Gefühl von Sicherheit.

Ich lebte mittlerweile in zwei Welten, wie sie unterschiedlicher nicht hätten sein können. In einer Welt war ich mit David zusammen, in der anderen herrschte die grausame und kalte Realität, die uns allen aufgezwungen worden war.

Kurze Zeit später folgte ein weiterer Erlass gegen die Juden: »Juden sind Kinobesuche untersagt.« »Nun«, scherzte mein Vater, »wenigstens tun die Nazis ihr Bestes, um den Familienzusammenhalt zu stärken. Anstatt ins Kino zu gehen, werden wir nun Zeit mit der Familie verbringen. Wir werden lernen, miteinander reden und spielen. Das sollte nicht das Schlechteste sein!«

Meine Mutter brachte ihren Lieblingsspruch an: »Gewöhnt man sich an Leid und Unglück, schließt man irgendwann seinen Frieden damit. Wir kommen gut ohne Cafés, Restaurants und Kinos aus. Selbst unsere Radios dürfen sie gerne haben, so wie sie es fordern – wir können uns an alles gewöhnen, solange sie uns in Ruhe lassen.«

Natürlich händigte mein Vater unser geheimes Radio nicht an die Deutschen aus. Stattdessen gab er ein altes Radio ab, das nicht mehr funktionierte.

Nachrichten

Alle offiziellen Übertragungen und Zeitungen waren sowieso Nazifreundlich, einseitig, unzuverlässig, voller Lügen und Propaganda. Als mein Vater in dieser Nacht seine Freunde zu Besuch hatte und sie im Hinterzimmer Nachrichten aus England hörten, musste die Familie Wache stehen und Ausschau nach NSB-Verrätern halten, die auf Streife gingen, um Juden mit versteckten Radios aufzuspüren. Paul stand im Flur an der Eingangstür und horchte nach Schritten auf der Straße. Mutter hatte sich in die Küche gestellt, bereit, sein Signal an das Hinterzimmer weiterzuleiten. Ich musste bei den Männern bleiben, um dabei zu helfen, die BBC-Übertragung vom Englischen ins Holländische zu übersetzen. Sollten sich unerwünschte Besucher nähern, würde das Radio innerhalb von Sekunden in seinem speziellen Versteck verschwinden.

Kurz danach fing die Nachrichtenüber:ragung an:

Die Vereinigten Staaten unterstützen die Kriegsmaßnahmen der Alliierten, soweit es ihnen möglich ist, ohne selbst offiziell Krieg zu führen. Amerikanische Produkte werden den demokratischen Ländern zur Verfügung gestellt. Es werden viele neue Waffenfabriken gebaut, um die Streitkräfte der Alliierten zu versorgen.

Die Engländer haben einen Sieg in Nordafrika errungen, Bengasi ist gefallen und die Italiener wurden zurückgedrängt.

In den Niederlanden wurden 18 Geiseln erschossen, die der Spionage und Sabotage gegen die Deutschen beschuldigt wurden.

Die Schlacht um England geht weiter! Die Engländer bombardieren strategisch wichtige Einrichtungen in Deutschland.

Die Balkanstaaten sind in den Krieg eingetreten. Daraufhin wurden sie von den Deutschen und den Italienern angegriffen.

Nach der Nachrichtenübertragung kam es zu hitzigen Diskussionen und Spekulationen über den Ausgang des Krieges. Die meisten Neuigkeiten verhießen nichts Gutes, und so verließ ich den Raum gewöhnlich deprimiert und verängstigt.

Ich ging in mein Zimmer, um alldem zu entkommen. Auf dem Heimweg hatte ich mir an diesem Tag einen großen Strauß gelber Narzissen gegönnt, die ich in eine Vase auf meinen Schreibtisch gestellt hatte. Ich schmiss meinen Plattenspieler an, legte eine Aufnahme von Bach auf, schloss die Tür und ließ mich auf mein Bett fallen. So lag ich da und tauchte ab in die Musik. Mein Blick fiel auf die schlanken, langen Osterglocken, die das Licht meiner Delft-blauen Lieblingslampe auffingen. Sie sahen so hübsch aus, wie sie stolz ihre Kronen trugen. Ich konnte einfach nicht meinen Blick von dieser vollkommenen Szene lösen – die Wunder der Natur, die Harmonie der Musik und das Gefühl des Friedens. Ein Dankesgebet stieg in mir auf:

»Dies ist das wahre Leben, nicht die Hässlichkeit dort draußen! Lieber Gott, wann wird das endlich vorbei sein? Ich will doch noch so viele Dinge, so viel von dieser Welt sehen, ich will meinen Platz in ihr finden. Ich möchte noch so vieles tun und etwas Wertvolles hinterlassen.«

Es klopfte leise an meiner Tür und Paul kam herein. Mutters Geburtstag stand kurz bevor und wir wollten sie mit einem schönen Geschenk überraschen. Es war schwierig, etwas Passendes für sie auszusuchen, denn nach einigen Einkaufsbummeln hatten wir festgestellt, dass alles sehr teuer geworden war. Die einzigen Menschen, die sich etwas leisten konnten, waren die Deutschen – und sie kauften alles auf, was sie sahen. Letztendlich kauften wir Mutter einen hübschen Schal.

Doch Paul beschäftigte etwas anderes: »Wir haben darüber in der Schule gesprochen. Viele Menschen sind arbeitslos. Die Arbeitslosenrate steigt immer weiter, besonders jetzt, wo sie die Armee aufgelöst haben und viele Niederländer gezwungen werden, in Deutschland zu arbeiten. Meinst du, dass sie auch Juden dorthin schicken werden?« Da kam Jackie wie ein Wirbelwind ins Zimmer gebraust. Wir tobten mit ihm herum und er freute sich, bis Mutter ihn ins Bett brachte.

Wir waren intensiv mit unserem anhaltenden Projekt beschäftigt, Lebensmittelpakete an unsere Verwandten in den Gettos von Warschau und Lodsch in Polen zu schicken. Nur unregelmäßig ließ sich Kontakt zu ihnen herstellen. Manchmal konnten wir selbst in den offenen Postkarten versteckte Botschaften lesen. Eine Nachricht war besonders beunruhigend für uns, als mein Onkel schrieb:

»Unsere Freunde werden Onkel Joseph einen Besuch abstatten.« Onkel Joseph war bereits in den 20er-Jahren bei dem Aufstand der Araber in Palästina ums Leben gekommen. Sollte das bedeuten, dass Menschen ermordet wurden?

»Nun«, sagte mein Vater, »solange wir die unterschriebenen roten Empfangsbestätigungen für die Pakete zurückerhalten, wissen wir, dass sie noch leben, und werden ihnen weiter Lebensmittel schicken, besonders jetzt vor dem Passahfest.«

Es wurde immer schwieriger, alle Pakete über ein Postamt zu versenden. Neue Verordnungen bestimmten, dass nur ein Paket pro Person und Tag von einem Postamt aus verschickt werden durfte. Wir mussten jede Woche mehrere Stadtteile ablaufen, um die üblichen Mengen zu entsenden.

Passah

1941 feierten wir das erste Passahfest des Krieges. Mutter erstaunte uns alle. Selbst in diesen Zeiten der Rationierung und der Knappheit so vieler Dinge bereitete sie ein wundervolles Festmahl zu. Ich half ihr so gut ich nur konnte, da wir keine Bediensteten mehr hatten. Auch wenn das Putzen und die anderen Vorbereitungen für das Passahfest harte körperliche Arbeit bedeuteten, so war dies mein liebster Feiertag. Ich liebte den Anblick der frisch gewaschenen Vorhänge überall im Haus und den Geruch der gewachsten Böden. Es war jedes Jahr aufs Neue eine besondere Freude, das gute Geschirr auszupacken, das wir nur am Passah benutzten.

Der Duft von gekochter Hühnersuppe, Borscht und gebackenem Biskuitkuchen war himmlisch. Die Aufgabe meines Vaters war, wie in jedem Jahr, den Meerrettich zu reiben (das bittere Gewürz für das Seder-Mahl), was er mit Feuereifer erledigte, während der scharfe Geruch ihm die Tränen über das Gesicht laufen ließ.

Jedes Familienmitglied übernahm eine Aufgabe und es lagen Glück und Vorfreude in der Luft – zu wissen, dass wir gemeinsam als Familie ein herrliches Seder-Mahl erleben würden, das uns mit seinen vielen Zeremonien an das Passahfest erinnern und daran teilhaben lassen würde.

Wir versuchten so gut es ging unsere Beklommenheit und Unsicherheit zu überspielen, um nicht die Festtagsstimmung zu verderben. Doch bevor wir mit der Seder-Zeremonie anfangen konnten, bebte das Haus und die Fensterscheiben klirrten von dem Gedröhne der vielen englischen Kampfflugzeuge, die über uns hinweg flogen, um Deutschland zu bombardieren. Wir konnten das grelle Licht der Suchscheinwerfer sehen und das Staccato der Flakgeschütze hören.

Obwohl wir nicht wie in den Jahren zuvor eine neue Frühjahrsgarderobe erhalten hatten, waren wir alle zu Ehren des Feiertages fein angezogen. Mutter versprach uns: »Dieses Jahr lassen wir die Säume aus und waschen und bügeln alles ordentlich. Nächstes Jahr, wenn mit Gottes Hilfe der Krieg vorbei ist, kaufen wir alles neu.«

Mein Bruder Jackie half uns dank seiner kindlichen, fröhlichen und unschuldigen Art, mit der Kriegssituation umzugehen, und auch dabei, die große Traurigkeit zu überwinden, die wir alle empfanden, wenn wir an die vergangenen Passahfeste in den Friedenszeiten dachten. Ihm zuliebe gaben wir uns alle fröhlich, während wir aus der Haggada rezitierten und sangen. Wir freuten uns auf die Erläuterungen meines Vaters, mit denen er uns wie jedes Jahr die gesamte Passahgeschichte erklären würde. Seine Stimmung riss uns alle mit, als er davon erzählte, wie Gott die Juden aus der bitteren Sklaverei in Ägypten erlöst hatte, und er versicherte uns, dass wir mit Gottes Hilfe vom Joch der Unterdrückung durch die Nazis befreit werden und wieder in Frieden leben würden. Als wir am Ende der Seder-Zeremonie alle gemeinsam »Nächstes Jahr in Jerusalem« sangen, spürten wir es tief in unseren Herzen. Nachdem wir fertig waren, kam Vater auf mich zu und umarmte mich. Fühlte er sich schuldig, weil er meine Pläne, nach Palästina zu gehen, durchkreuzt hatte, oder hatte er meine plötzlich aufkommenden Tränen gesehen? Es machte keinen Unterschied – es tröstete mich, seine Liebe zu spüren.

Unter Freunden

Unsere Familie und unser Freundeskreis waren die einzigen Orte, an denen wir noch echte Geselligkeit erfahren konnten. Da unsere Unterhaltungen nun von unserem Einfallsreichtum abhingen, wurde unsere Welt immer begrenzter. Und all das nur wegen der Verordnungen der Nazis gegen die Juden in den Niederlanden.

»Jetzt haben wir mehr Zeit, unsere philosophischen Gespräche zu genießen«, bemerkte Bram, ein Mitglied der intellektuellen Gesprächsrunde, zu der auch ich gehörte. Wir trafen uns jede Woche in unseren Häusern, wo wir unter Anleitung eines Lehrers oder Professors das Werk des Autoren Ascher Ginsberg, *Al paraschat ha-drachim* (»Am Scheideweg«), lasen und diskutierten. Die anregende Wirkung und das Vergnügen, welche uns diese Sitzungen bescherten, hielten von einem Treffen zum nächsten an.

Am beliebtesten war das Hebräisch-Seminar, das eine Reihe von Kursen anbot. Die Teilnehmer arbeiteten fleißig und nahmen das Studium sehr ernst.

Es hatte keinen Sinn, sich an »die guten alten Zeiten« zu erinnern – dafür waren wir zu realistisch. Wir versuchten uns, so gut es eben ging, an die Gegebenheiten anzupassen und unser Leben sowohl körperlich als auch geistig so erträglich zu machen, wie es die vielen Verordnungen und daraus resultierenden Einschränkungen eben zuließen.

Der neueste Erlass richtete sich gegen studierte Juden. Jüdische Ärzte und Zahnärzte durften nur noch Juden behandeln. Jüdische Anwälte und Apotheker durften nur noch jüdische Klienten und Kunden haben. Juden durften nicht mehr an der Börse aktiv sein.

Wie sollten wir unter solchen Umständen wirtschaftlich überleben? Die Nazis machten keinen Hehl daraus: »Die Juden sind nicht Teil der niederländischen Bevölkerung. Sie sind der Feind und müssen zerstört werden.«

Jeder Niederländer, der nicht für die Deutschen war, wurde automatisch als Gegner eingestuft. So nahm die Verbitterung in der Bevölkerung zu. Jemand war in ihr schönes Leben eingedrungen. Ihre Königin und ihre Regierung waren vertrieben worden.

Die wiederholten Versprechen seitens des Reichskommissars Seyß-Inquart, die nationalen Traditionen der Niederländer und ihre Regierungsform zu wahren, entpuppten sich als ein Sack voller Lügen. Alles Wertvolle, was das Land zu bieten hatte, wurde geplündert. Niederländische Arbeiter wurden nach Deutschland geschickt und zur Zwangsarbeit verpflichtet. Grundnahrungsmittel wurden entweder rationiert oder waren nicht erhältlich. Es herrschten permanent das Verdunkelungsgebot und die Ausgangssperren; die Straßenbahnen waren nur bis zum Einbruch der Dunkelheit in Betrieb. Die Bombardements und Luftkämpfe zwischen englischen und deutschen Kampfflugzeugen, die über unseren Köpfen ausgetragen wurden, zehrten an unseren Nerven.

All das nur ein Jahr, nachdem die Deutschen so brutal und überraschend in den Niederlanden eingefallen waren. Trauer und Groll machten sich im gesamten Land bemerkbar. Wie lange sollte das noch ungestraft so weitergehen?

7 · Vorwärts oder rückwärts?

Eines Morgens wurden wir von Neuigkeiten geweckt, die sich wie ein Lauffeuer verbreiteten: »Rudolf Hess, der Zweite in der Rangordnung nach Hitler, ist nach England geflohen. Er ist mit einem Fallschirm in der Nähe von Glasgow gelandet!«

»Ist das wahr?«, fragten die Leute aufgeregt. »Findet jetzt der große Umschwung in Deutschland statt? Wird Hess die deutschen Flieger an die Engländer verraten? Wird das deutsche Lager nun gespalten?«

»Ihr werdet schon sehen, die bringen sich jetzt gegenseitig um! Der Krieg wird bald vorbei sein. Habt ihr gehört, dass Hitler und Ribbentrop aus Deutschland geflohen sind?«

Was für ein Wunschdenken! Aus der Nachrichtenübertragung der BBC erfuhren wir die traurige Wahrheit:

»Die Deutschen haben London bombardiert und den Big Ben, Westminster Abbey und die Parlamentsgebäude getroffen. Die Balkanstaaten, einschließlich Griechenland und Jugoslawien, sind jetzt in deutscher Hand. Sie haben Belgrad in Schutt und Asche gelegt.«

»Unsere einzige Hoffnung ist Amerika. Eigentlich befinden sie sich schon im Krieg mit Deutschland«, beteuerte mein Vater. »Die USA haben die deutschen Botschaften, die deutsche Bücherei und deutsche Reisebüros in New York geschlossen, um der Nazipropaganda einen Riegel vorzuschieben. In Deutschland und den besetzten Ländern haben sie ihre konsularischen Dienste eingestellt. Es gibt keinen besseren Beweis dafür, dass sie auf unserer Seite in den Krieg einsteigen werden.«

Der Frühling des Jahres 1941 war besonders kalt, die Menschen drängten sich dick eingepackt um ihre Öfen. Sie fragten sich, ob es im nächsten Jahr genug Kohle geben würde, um die Häuser warm zu halten, sollte der Krieg, Gott bewahre, bis dahin andauern.

Die Nazis hatten wohl ihren Urlaub und ihr Vergnügen im Sinn, als sie ihre neuesten Pläne für die Juden bekanntgaben. Von nun an war es uns verboten, öffentliche Badeanstalten und Parks zu besuchen, außerdem durften wir nicht mehr zu den Rennen gehen. Es war uns nicht gestattet, Zimmer in Hotels, Gasthäusern oder Pensionen zu mieten, die in Feriengebieten lagen.

Kitty und ich waren frustriert und wütend. »Kein Urlaub und kein Spaß an den Seen und Stränden mehr! Auf Wiedersehen, ihr schönen Zeiten in unserem Lieblingspark! Verpesten wir mit unserer bloßen Anwesenheit die Luft?« Kitty platzte fast vor Wut.

»Wir sind genauso gesund und sauber wie alle anderen auch. Was wollen die denn nur von uns?« Ich empfand tiefen Groll bei dem Gedanken daran, dass uns selbst die einfachsten Vergnügungen verwehrt wurden. Es war eine weitere Strategie der Deutschen, uns vom Rest der Welt zu isolieren.

Frühlingsgefühle

Obwohl diese Einschnitte in meine persönliche Freiheit mich wütend machten, frustrierten und meinen Bewegungsradius einschränkten, schwebte ich innerlich, meine Gefühle blühten auf und erwachten durch die neu entdeckte Welt der Liebe.

Der Frühling war mir noch nie so wunderschön und majestätisch vorgekommen. Die treibenden grünen Büsche und Bäume waren in dieser frühen Wachstumsphase noch nie so zart gewesen. Nie zuvor hatte das Wunder knospender Blüten Tränen der Dankbarkeit in meine Augen getrieben, zeugten sie doch von Gottes Wunder der Schöpfung. Der Geruch von Erde und Regen erweckte in mir eine tiefe Sehnsucht, die einerseits schmerzte und mich andererseits in einen Freudentaumel versetzte.

Während einem unserer vielen Ausflüge mit dem Fahrrad schenkte mir David eine Abbildung von Rodins Skulptur *La main de Dieu* (die Hand Gottes) – eine starke, schlanke, alabasterfarbene Hand, die einem marmornen Sockel entspringt, in der

Handfläche ein Stück Marmor, in dem gerade die Menschheit erschaffen wird. Die Symbolik und Schönheit der Form und die realistische Darstellung der Skulptur berührten mich zutiefst.

Während ich die Abbildung genau betrachtete, griff ich plötzlich nach Davids Hand und sagte: »Weißt du, ich habe mich immer gefragt, warum die Hand auf diesem Bild mir so bekannt vorkommt. Es liegt daran, dass sie deiner ähnelt. Sieh nur, deine ist genauso schlank, groß, stark und weich. Ich werde sie *La main de David* nennen – die Hand Davids.«

David nahm mein Gesicht in seine Hände, und wir schauten uns eine gefühlte Ewigkeit in die Augen. Ich spürte durch seine Finger, wie sich unser Herzschlag zu einem fast ohrenbetäubenden Crescendo vereinte. Mit den Lippen formte er die Worte: »Danke dir.« Dann war der Moment vorüber. Es war das erste Mal, dass er mich berührt hatte.

Das war meine Welt. Niemand konnte sie mir nehmen, niemand konnte in diese süße Intimität eindringen. Ich schwebte, war eins mit dem Universum.

Ostfront

In dieser Stimmung war ich noch immer, als mein Vater mich bat, ihm die neueste Übertragung zu übersetzen. Aber meine Gedanken waren überall, nur nicht bei den Nachrichten.

»Was haben sie gesagt? Komm schon, das klang wichtig. Konzentrier dich bitte. Was ist denn los mit dir?« Mein Vater verlor die Geduld, daher hörte ich nun genau zu und berichtete:

»Deutschland hat Russland angegriffen. Die Deutschen führen eine 3 000 km lange Offensive von der Grenze Finnlands bis hin zum Schwarzen Meer. Churchill hat den Russen seine Unterstützung zugesichert; sie werden Deutschland rund um die Uhr bombardieren.«

Die Freunde meines Vaters vom »Wohnzimmer-Kriegsrat« waren begeistert. Diese Nachricht war wie Öl in das Feuer ihrer Fantasie.

»Also, wenn Hitler gegen die Russen kämpft, wird er den Einmarsch in England wahrscheinlich auf nächstes Jahr verschieben. Und da die USA immer stärker werden, wird er es niemals bis nach England schaffen. Gott sei Dank.«

»Wie dreist muss man sein, Russland anzugreifen, nachdem sie einen Nichtangriffspakt unterzeichnet haben? Nicht, dass die Russen unsere besten Freunde sind, aber ab jetzt stehen sie auf der Seite der Alliierten.«

Die Kriegshandlungen nahmen ihren Lauf und wir erfuhren, mit welcher Macht die Deutschen auf ihrem Weg nach Moskau, Stalingrad und Kiew in Russland einfielen. Während die Russen sich zurückzogen, zerstörten und verbrannten sie alles, was ihnen auf ihrem Weg begegnete. Dadurch waren die deutschen Armeen gezwungen, sich mit Beständen aus Deutschland zu versorgen, da sie sich nicht mit russischer Beute über Wasser halten konnten. Die Deutschen bezeichneten dieses Verhalten als unerhört kriminell. Als sie es später selbst genauso machten, nannten sie ihr Handeln Teil der Kriegsanstrengungen.

Offensichtlich herrschte in Deutschland ein großer Mangel an Rohstoffen, da alle Niederländer nun gezwungen wurden, sämtliche Objekte aus Kupfer, Zinn, Bronze, Nickel und Blei abzugeben.

»Ich wette, dass sie alles einschmelzen und daraus neue Waffen für den Kampf gegen die Alliierten herstellen«, mutmaßte Paul. »Unsere Kupfervase könnte einen unserer Freunde töten. Mutter, ich bin dagegen, den Deutschen diese Sachen auszuhändigen. Lass sie uns vergraben. Besser sie verrotten im Boden, als dass sie in die Hände der Nazis geraten.«

Vater stimmte zu: »Erst wollen sie unsere Goldmünzen, jetzt das. Als Nächstes werden sie das Silber einfordern. Sie berauben unser Land all seiner Güter. Ich habe auch gehört, dass sie niederländische junge Männer zum Kampf an die russische Front schicken. Warum rekrutieren sie nicht ihre treuen Freunde von der Nationalsozialistischen Bewegung? Sollen die doch kämpfen! Obwohl sie nur eine Minderheit in unserer Bevölkerung sind, bedrohen diese Nazisympathisanten unseren Frieden. Manchmal versuchen sie sogar, die Deutschen zu übertreffen. Sie verfluchen Churchill, Roosevelt und Stalin gleichzeitig als Repräsentanten des Kapitalismus, der Juden und des Kommunismus. Was für eine Kombination!«

Wenn die jüdische Bevölkerung bislang entsetzt und frustriert war darüber, dass sie mehr und mehr ausgegrenzt und isoliert wurde und dass die Nazis angeordnet hatten, alles jüdische Eigentum zu konfiszieren, so wuchs ihre Furcht vor dem drohenden Verderben noch mehr, als im Juli 1941 erlassen wurde, dass jeder Ausweis eines Juden nun mit dem Buchstaben »J« gekennzeichnet werden musste.

Die BBC brachten eine niederschmetternde Nachricht nach der anderen. »Die Japaner haben Indochina besetzt. Die Moffen haben Stalins Reihen durchbrochen.«

Den Freunden meines Vaters verging die Lust an ihren Sitzungen, bei denen sie den Krieg diskutierten. Es wurde immer deutlicher, dass die Nazis etwas Schlimmes mit uns vorhatten. Die Geschäftsfreunde meines Vaters pflegten einen steten Kontakt, tauschten sich aus, berieten sich in finanziellen Belangen; doch letztendlich musste jeder für sich selbst entscheiden.

Diebstahl

Es war ein schwarzer Tag für die jüdischen Erwerbstätigen, als verkündet wurde, dass alle ihre Bankkonten eingefroren wurden und alle Juden ihre Wertpapiere und Anleihen, alle Wertsachen und ihr gesamtes ausländisches Geld bei der Firma Lippman & Rosenthal abgeben mussten, welche die geplünderten Güter für die Deutschen verwalten würde.

»Wie sollen wir von 250 Gulden im Monat leben? Mehr lassen sie uns nicht von unseren eingefrorenen Konten abheben! Ohne Geld sind wir verloren!« Vater musste wohl finanzielle Vorkehrungen getroffen haben, da wir immer noch Lebensmittelpakete an unsere Verwandten in die polnischen Gettos von Warschau und Lodsch schickten.

Die Menschen wurden immer einfallsreicher darin, ihre Wertsachen vor den Nazis zu verstecken. Eines Nachts wurde unsere Familie Teil eines wichtigen Unternehmens. Vater gehörte eine beachtliche Sammlung talmudischer Bücher. Nur seine große Verzweiflung trieb ihn dazu, diese wunderschönen, großen, dicken und ledergebundenen Bände zu anderen Zwecken als dem Studium zu nutzen. Sehr behutsam öffnete er die Lederumschläge und machte einen Längsschnitt in den Karton, in den er dann Aktienzertifikate von *Anaconda* und *Bethlehem Stahl* sowie ein paar amerikanische Dollarnoten schob. Es erforderte Geschicklichkeit, das Leder wieder so über die Ecken zu schlagen und auf der Innenseite des Buches festzukleben, dass man dem Buch nichts ansah. Vater ließ uns alle die Nummern der Aktienpapiere auswendig lernen, damit wir sie nach dem Krieg zurückfordern konnten, sollten die Bücher verloren gehen.

Es war das erste Mal, dass wir gegen das Gesetz verstoßen hatten, und wir fühlten uns wie eine Bande Verschwörer. Später erfuhren wir, dass alle anderen ebenfalls ihre Wertsachen und ihr Geld versteckten.

Wir verloren immer mehr den Mut, als uns bewusst wurde, dass der Krieg doch nicht so schnell vorbei sein würde. Die Deutschen bombardierten nun Moskau und Japan und wurden von Tag zu Tag immer unverfrorener.

Nur David konnte meine Stimmung heben. Seine Musik bewirkte Wunder in mir, während er spielte, löste sich meine hartnäckige Traurigkeit langsam in Luft auf, und ich kam zur Ruhe. Ich fühlte mich so wohl bei ihm. Unsere Seelen waren miteinander verbunden und die Gesellschaft des anderen tröstete uns, egal wie viel Druck die Welt dort draußen auf uns ausübte.

Er spielte den Anfang von Beethovens *Fünfter Symphonie*, die zum Symbol für Freiheit und Triumph geworden war. Die ersten vier Noten der Symphonie und das »V« für »Victory« (Triumph) ähnelten dem Zeichen, das Churchill machte, um das Versprechen des sicheren Sieges der Alliierten und die Befreiung von der Unterdrückung für uns alle zum Ausdruck zu bringen.

»David, warum treffen sich Churchill und Roosevelt gerade irgendwo auf dem Atlantischen Ozean? Und was hat es mit dieser Atlantikcharta auf sich?« Ich fragte ihn, da ich überzeugt war, dass er alles wusste. Und tatsächlich erklärte er es mir auf seine analytisch-präzise Art:

»Während dieser dreitägigen Konferenz soll ein Plan über eine Kooperation ausgearbeitet werden, um gegen die Angriffe der Nazis und Japaner vorzugehen. Amerika und England beteiligen sich nicht an diesem Krieg, um mehr Land für sich zu gewinnen, sondern haben allen eroberten Staaten die Freiheit zugesichert. Jede Nation hat das Recht auf Selbstverwaltung und Selbstbestimmung. Sie wollen die Freiheit der Meere herstellen und dem Terror der Nazis ein Ende bereiten, damit alle Menschen leben können, ohne Angst haben zu müssen. Sie wollen der Bedrohung und Unterdrückung Einhalt gebieten und einen weltweiten und anhaltenden Frieden herbeiführen. Das kann nur passieren, wenn die Achsenmächte, Deutschland und Japan, komplett entwaffnet werden.«

»O David, das klingt wundervoll, aber das scheint noch alles so weit weg zu sein. Vielleicht wird ihre Entscheidung den Frieden einleiten und uns allen eine bessere Zukunft bescheren! Meinst du, das passiert bald?«

Er antwortete mir nicht direkt, sondern zündete seine Pfeife an und schaute aus dem Fenster auf die verregnete Straße.

»Weißt du, welchen Schaden der Regen anrichtet? Die Ernte verrottet auf den Feldern. Das hat noch größere Not zur Folge, der nächste Winter wird hart. In unserem Land, das uns immer mit allem versorgt hat, herrscht nun Dürre und Armut. Ob der Krieg bald vorbei ist? Ach *meisje*, mein liebes Mädchen, lass es uns hoffen. Bis jetzt sind die Alliierten gut im Reden. Währenddessen behandeln uns die Nazis wie Ausgestoßene.« Noch nie hatte ich ihn so verbittert erlebt, es berührte mich zutiefst.

»Es kann doch nicht für immer so weitergehen! Nach dem Krieg sind wir wieder freie Menschen. Bis dahin machen wir das Beste aus der Situation und verhalten uns so unauffällig wie möglich, damit uns die Nazis in Ruhe lassen. David, wir werden das überstehen, egal welche Steine uns in den Weg gelegt werden!«

Ich ging zu ihm hinüber. Ganz natürlich legte er seine Arme um meine Schultern. Mein Kopf ruhte auf seiner Brust. Ich wurde von meinen Gefühlen übermannt, einer Mischung aus Erregung durch seine Nähe und unendlichem Kummer und Hilflosigkeit. Ich traute mich nicht, mich zu bewegen, die Situation fühlte sich fast unwirklich an. Ich wollte diesen Moment für immer in meinem Gedächtnis bewahren. Aber ich musste los. David half mir in meinen Regenmantel und band mir den Gürtel zu. Anscheinend wollte er mich nicht gehen lassen. Dann verabschiedeten wir uns voneinander. Wir gaben uns voller Wärme und mit tiefer Zuneigung die Hand und versprachen uns ein baldiges Wiedersehen.

Die Mitglieder der jüdischen Gemeinschaft waren immer noch dabei, ihr finanzielles Unglück zu verkraften, als die Nazis einen weiteren Schlag gegen das Bildungssystem der Juden richteten. Jüdische Kinder durften nicht mehr auf öffentliche Schulen gehen und jüdischen Lehrern war es ab sofort verboten, an diesen Schulen zu lehren. Der Judenrat wurde angewiesen, Sonderschulen für jüdische Kinder als Teil eines separaten jüdischen Bildungssystems zu organisieren, an denen jüdische Lehrer unterrichten würden.

Meine Mutter versuchte, das Gute darin zu sehen: »Es gibt einige hervorragende jüdische Lehrer, die Schüler werden trotzdem eine gute Ausbildung bekommen. Vielleicht ist es besser so. Vielleicht lassen sich so auch ein paar der positiven jüdischen Werte an nicht praktizierende Schüler vermitteln. Es bietet den gläubigen Lehrern und Schülern die Gelegenheit, gerade die Kinder zu lenken und zu unterstützen, die in diesen Zeiten geistlichen Beistand brauchen. Das ist eine große Aufgabe und ich hoffe, dass sie damit Erfolg haben.«

Die nächtlichen Überflüge der englischen Bomber gingen weiter. Das Dröhnen der Motoren, die Flakgeschütze und der Luftkampf der Jagdflugzeuge hielten uns stundenlang wach und machten uns nervös. Die Deutschen beklagten sich in Zeitungen darüber, dass die Engländer Krankenhäuser, Kirchen und Schulen bombardiert hatten, während die Deutschen angeblich nur militärische Ziele, Waffenfabriken und Hafenanlagen angriffen.

Verlassen

Mich überkam ein beunruhigendes Gefühl, als ich merkte, dass etwas fehlte. David hatte sich seit Tagen nicht mehr gemeldet. »Ich warte ein bisschen, bis ich ihn anrufe«, dachte ich mir. »Wahrscheinlich ist er beschäftigt und kann mich deswegen nicht besuchen.«

Doch ich konnte mich nicht mehr auf meinen Lernstoff konzentrieren, allerdings wollte ich meine Besorgnis meiner Familie und meinen Freunden gegenüber nicht zeigen.

Eines Abends nach der BBC-Übertragung erzählte einer der Freunde meines Vaters: »Wusstet ihr, dass David und seine Familie weg sind? Sie haben sich in die Schweiz geschmuggelt. Sie müssen sicher angekommen sein, sonst hätten wir schon etwas gehört. Seit der Einfrierung der Konten und der ›J‹-Markierung auf den Ausweisen versuchen viele Menschen zu fliehen. Sie suchen Schmuggler auf, die an der schwer bewachten Grenze zwischen den Niederlanden und Belgien Stellen finden, an denen man illegal passieren kann. Entweder verstecken sie sich dann dort für einige Tage oder gehen direkt nach Frankreich weiter, wo sie wieder eine gefährliche Grenze überqueren müssen. Wenn sie es bis nach Paris geschafft haben, müssen sie jemanden finden, der ihnen zeigt, wo man die Grenze in die Schweiz passieren kann, die schwierigste von allen. Manchmal verweigert die Schweizer Polizei die Einreise und schickt die Leute zurück in die Nazihölle, nachdem sie es durch die vorangegangenen Gefahren geschafft haben. Es ist ein sehr riskantes Unterfangen, ganz abgesehen von der Bezahlung für die Schmuggler und den anderen Ausgaben.«

Langsam begann sich das Zimmer um mich herum zu drehen. In meinen Ohren pfiff ein Geräusch und die Stimmen der anderen verschwammen. Ich merkte, wie ich mich durch das

Zimmer tastete. »Wie konnte er mir das verheimlichen? Warum hat er nichts gesagt? Er hat sich noch nicht einmal von mir verabschiedet!«

Ich fiel auf mein Bett, drückte mir das Kissen ins Gesicht und mein ganzer Körper schüttelte sich vor Traurigkeit, Enttäuschung und Schmerz.

In meinem Kopf überschlugen sich die Fragen. Ich konnte an nichts anderes denken. Davids Ausreise war wie ein unerwarteter Schlag unter die Gürtellinie für mich.

Meine Familie wusste nichts von meinen starken Gefühlen für David und bemerkte nicht, was ich durchmachte. Ich versuchte, mich normal zu benehmen. Mein Stolz, auch wenn er verletzt war, hielt mich aufrecht und half mir dabei, nicht schwach zu werden und mich dem Selbstmitleid hinzugeben. Nachts war es am schwersten für mich und ich hasste es, ins Bett zu gehen, immer in der Gewissheit, wieder den vertrauten Schmerz unbeantworteter Fragen durchleiden zu müssen.

»Hat David mir nicht vertraut? Wusste er nicht, dass ich ihm im Leben nur das Beste wünschte und ihn sogar ermutigt hätte, sich in Sicherheit zu bringen? Ich würde mich eher bestrafen lassen, als ein Geheimnis zu verraten. Warum konnte er es mir nicht sagen? Stand ich ihm dafür nicht nah genug? Vielleicht habe ich in unsere Freundschaft zu viel hineininterpretiert. Aber ich konnte mich in dieser Hinsicht nicht irren! Ich habe die Liebe, die Zärtlichkeit und Besorgnis für mich in seinen Augen, seinen Worten und seinem ganzen Verhalten gelesen. Nein, ich konnte mich nicht irren!«

Ich vertraute meinem Gespür und meiner ausgeprägten Auffassungsgabe wie einem präzisen Messgerät. Das kleinste Zögern in seinen Gefühlen hätte mich sofort dazu gebracht mich zurückzuziehen. »Könnte es sein, dass seine Eltern ihm streng verboten hatten, mit irgendjemandem darüber zu sprechen? Vielleicht hat er selbst erst in letzter Minute davon erfahren?«

Ich überlegte: »Wie hätte ich mich in seiner Lage verhalten?« Die starken Gefühle, die mich schon bei dem bloßen Gedanken überkamen, ihn zu verlassen, machten mir sofort klar, dass ich

Himmel und Erde in Bewegung gesetzt hätte, nur um ihn noch einmal zu sehen und mit ihm sprechen zu können.

So quälte ich mich durch die Tage und die Nächte waren reinste Folter. Ich wusste, dass es so nicht weitergehen konnte, war aber trotzdem nicht in der Lage, meine Gefühle und Gedanken an ihn abzustellen. Mein Herz begann wild zu schlagen, wenn ich eine große dunkle Gestalt auf der Straße sah. Immer war ich mir sicher, dass es David war. Wenn ich hörte, wie jemand Klavier spielte, fühlte ich mich jedes Mal schwach und mir stiegen die Tränen in die Augen.

Doch die Realität des Lebens verlangte nach sofortiger Handlung. Dies war nicht die Zeit, um mich meinem Schmerz hinzugeben. Ich fühlte mich innerlich kalt und leer. Meine Gefühle für David und unsere Freundschaft hatten einen weichen und schützenden Stoßdämpfer gegen die schweren Schläge der Nazis gebildet. Ohne ihn war der Aufprall nun hart und rau. Wie sollte ich es alleine schaffen?

8 Aus dem Weg

»Zur Sicherheit und zum Schutz der niederländischen Bevölkerung sind für Juden ab sofort folgende Aktivitäten verboten: Besuche in Museen, Aufenthalte in Hotels oder Restaurants, die Nutzung von Schlafabteilen in Zügen sowie das Essen an Essensständen oder Einkäufe auf dem Markt.«

Mein Vater las diese Mitteilung mit wachsender Empörung. »Zur Sicherheit und zum Schutz der niederländischen Bevölkerung! Wir haben in diesem Land jahrhundertelang Seite an Seite in Frieden und Freundschaft gelebt. Was wollen die damit ausdrücken?!«

Mutter versuchte ihn zu beruhigen. »Reg dich nicht so auf, Liebster, das bringt doch nichts. Diese Moffen sagen, was sie wollen. Die Holländer sind auch darüber aufgebracht, wie die Nazis mit uns umgehen. Ich bete nur dafür, dass sie nicht die Familie auseinanderreißen! Solange wir zusammen sind, kommen wir schon zurecht. Wir brauchen keine Hotels und Restaurants, und bis nach dem Krieg kommen wir auch ohne ein Museum aus. Lieber Gott, lass uns nur zusammenbleiben! Solange die Nazis uns in Ruhe lassen, kommen wir auch mit einem Minimum an Dingen zurecht.«

Paul erzählte uns von dem jüdischen Gymnasium, das er nun besuchte. Der Judenrat hatte es gegründet und es schien soweit in Ordnung zu sein. Jackie ging nun in den Kindergarten und genoss es dort sehr. Ich schrieb mich für ein zweites Semester an der Hochschule für Modedesign ein. Da man keinen Stoff mehr bekommen konnte, funktionierten wir alte Kleider zu Röcken um oder verwandelten zwei alte Kleider in ein neues. Je schwieriger die Lage für die jüdische Bevölkerung wurde, desto mehr nahm mein Interesse an dem Kurs ab. Das Leiterseminar der zionistischen Organisation war im vorangegangenen Frühling eingestellt und nicht wieder aufgenommen worden.

Wir fürchteten den Einbruch des kalten Winters, da wir wussten, dass die Deutschen die gesamte Kohle verschifft hatten, die wir so dringend brauchten, um unsere Häuser warm zu halten. Die BBC rief die Menschen dazu auf, die militärischen Zielgebiete zu verlassen, die in Rotterdam bombardiert wurden. Manche Menschen übernachteten außerhalb der Stadt, um der nächtlichen Gefahr zu entgehen, während andere ganz wegzogen.

Es war erstaunlich, wie die Menschen mit all den zunehmenden Entbehrungen und Schwierigkeiten klarkamen. Der konstante, aber schleichende Verlauf der Dinge verhinderte, dass uns bewusst wurde, wie sehr wir eigentlich litten, was wir alles aufgeben mussten und auch wie wenig wir alldem entgegenzusetzen hatten.

Der Grund für dieses fehlende Bewusstsein war die Angst vor Bestrafung, mit der uns gedroht wurde, sollten wir die Vorschriften nicht genauestens befolgen. Viele teilten die Gebete meiner Mutter: »Solange wir nur zusammenbleiben dürfen. Dann essen wir eben weniger und gehen nicht ins Theater oder zu anderen Vergnügungen, aber wir werden das bis zum Ende durchstehen und ich bete zu Gott, dass das Ende bald naht.«

Die Leute begannen die jüdische Wochenzeitung zu lesen, die vom Judenrat herausgegeben wurde und uns genau über die Erlasse der Deutschen informierte. Einmal fragte Jackie unseren Vater: »Meine Freunde haben etwas von einem Konzentrationslager erzählt. Was ist das? Machen die Leute im Lager in Buchenwald Ferien? Wo ist das?«

Was sollte Vater darauf antworten? Niemand von uns wusste genau, was mit den Menschen passierte, die in ein Konzentrationslager geschickt wurden. Wir wussten, dass Westerbork ein Übergangslager in den Niederlanden nahe der deutschen Grenze war. Wir hörten auch von Vught, Amersfoort, Ommen und dem »Oranjehotel«, dem Gefängnis in Scheveningen. Außerdem hatte man Postkarten von Geiseln erhalten, die während der Demonstrationen im Februar festgenommen und nach Mauthausen geschickt worden waren. Später dann wurden ihre Angehörigen benachrichtigt, dass sie an »Lungenentzündung« gestorben seien und ihre Asche gegen die Zahlung von 75 Gulden bei der Gestapo abgeholt werden könnte. Waren sie wirklich an »Lungenentzündung« gestorben?

Eines Tages wurde die Eröffnung einer »Zentralstelle für jüdische Auswanderung« in Amsterdam unter der Leitung von SS-Hauptsturmführer Ferdinand aus der Fünten verkündet. Sollte das bedeuten, dass wir aus den Niederlanden ausreisen durften und hingehen konnten, wo wir wollten? Oder war das nur der Beginn einer neuen Grausamkeit gegen die Juden?

Lebenskunst

Bei einem unserer Mizrahi-Jugendtreffen überbrachte unsere Freundin Nettie Weil uns eine freudige Nachricht: »Etwas Großartiges ist in Amsterdam passiert. Ich bin so aufgeregt. Auf Initiative der jüdischen Gemeinde hin wird die *Hollandse Schouburg* jetzt als jüdisches Theater genutzt. Die jüdischen Künstler, die sonst nicht mehr arbeiten dürfen, geben dort Konzerte und Aufführungen nur für Juden, und jüdische Komponisten spielen jüdische Musik. Ich bin auf ein Konzert gegangen und es war einfach wundervoll. Ihr müsst es auch sehen, um es zu glauben!«

Ihr Bericht war ein guter Anlass, bei unserem Treffen die Unverwüstlichkeit des jüdischen Volkes zu diskutieren. Elie de Jong, einer unserer dynamischsten Leiter, ermutigte uns:

»Dieses Beispiel sollte Schule machen. Wenn die Nazis uns verbieten, an öffentlichen kulturellen Veranstaltungen teilzunehmen, organisieren wir eben unsere eigenen. Ihr habt gerade gelesen, dass Juden nicht mehr Mitglieder bestimmter öffentlicher Organisationen und Gesellschaften sein dürfen. Das ist traurig, wohl wahr. Aber dann gründen wir eben unsere eigenen jüdischen Gesellschaften. Die Nazis können nicht unseren Geist bezwingen. Wir werden uns auf unseren reichen kulturellen Hintergrund und unsere eigene wundervolle Lehre besinnen. Wir sind stolz auf die vielen jüdischen Menschen, die für die Künste und Wissenschaften dieser Welt gearbeitet haben, diese erschaffen und ihren

Beitrag dazu geleistet haben. Unsere Geschichte mit ihrer Tradition der Stärke und Standhaftigkeit, auch in schweren Zeiten der Unterdrückung und Verfolgung, ist für uns nun ein leuchtendes Vorbild. Die Nazis werden uns mit ihren Verordnungen nicht brechen. Sie mögen uns vielleicht vom öffentlichen Leben ausgrenzen, aber wir werden trotzdem ein kulturelles Leben führen, bis der Krieg vorbei ist.«

Es gab noch viele solcher wundervoll idealistischen Mizrahi-Treffen, die uns immer wieder dabei halfen, den Mut nicht zu verlieren. Wir sprachen nie konkret über die Zukunft, wir sagten nur hoffnungsvoll: »Wenn all das vorbei ist...«.

In diesem Jahr waren die hohen Feiertage *Rosch HaSchanah* und *Jom Kippur* ganz besonders ehrfürchtige Tage; und niemals wurden die Gebete so innig, so inständig und so flehentlich gesprochen. Wie nie zuvor versammelten sich Jung und Alt in den Synagogen, um ihrem Glauben an den Allmächtigen Ausdruck zu verleihen und um die Erlösung von der Tyrannei zu bitten.

»Allmächtiger Gott, erhöre unser Flehen. Empfange unsere Worte, unsere innigen Gebete. Herr, gib uns nicht auf; wir bitten dich, verlasse uns nicht...«

»Am Neujahrstag wird es erlassen und am Tag der Versöhnung besiegelt, wie viele sterben und wie viele geboren werden; wer im Feuer und wer im Wasser vergehen soll; wer an Hunger und wer an Durst; wer ruhen darf und wer weiterwandern muss...«

»Unser Vater, unser König, mache nichtig die Gedanken derer, die uns hassen...«

»Unser Vater, unser König, vereitle den Rat unserer Feinde...«

»Unser Vater, unser König, zerstöre die Macht eines jeden Unterdrückers und Widersachers. Bringe zum Schweigen jene, die uns falsch beschuldigen...«

Wir verstanden die Bedeutung unserer Gebete mit Leib und Seele. Wir flehten aus den Tiefen unseres Elends heraus:

»Unser Gott und Gott unserer Väter, stoße in das große *Schofar* zu unserer Befreiung...!«

Freiheit? Wenn Hitler ausschlägt gegen »das internationale Judentum«, das er für den gefährlichsten Anstifter aller Revolutionen hielt?

Freiheit? Wenn uns das Recht zu reisen verwehrt worden war und wir jedes Mal die Genehmigung der Deutschen einholen mussten, um die Stadt verlassen zu dürfen?

Freiheit? Wenn jüdische Bekleidungsläden und Gold- und Silber-Geschäfte schließen mussten und gezwungen wurden, ihr Inventar für einen Bruchteil ihres Werts an die Deutschen zu verkaufen?

Wir waren von so viel Schaden und Zerstörung, von so viel Leid und Qual umgeben.

»Gott, steh uns bei! Wir brauchen dich so!«

Voller Hoffnung sprachen wir davon, dass wir uns in Zeiten des Friedens wiedersehen würden, und fragten uns doch insgeheim, ob wir uns überhaupt noch nächstes Jahr zur gleichen Zeit wieder treffen würden.

Während der folgenden Wochen erfuhren wir, dass junge jüdische Männer verhaftet und nach Deutschland deportiert wurden. Junge Juden trauten sich nicht mehr auf die Straße. Da die Deutschen nachts zu ihnen nach Hause kamen und sie aus ihren Betten holten, übernachteten viele bei nichtjüdischen Freunden.

Es ging das Gerücht herum, dass zahllose deportierte junge Männer nach ein paar Monaten gestorben waren, weil die Nazis an ihnen medizinische Experimente vornahmen und sie unter furchtbaren Bedingungen gezwungen wurden, in den Zinn- und Quecksilberminen zu arbeiten. Diese Nachricht erschütterte meine ganze Familie. Wir hatten solche Angst um Paul.

Dann ordneten die Deutschen an, dass alle Juden aus den Provinzen ihre Häuser verlassen und nach Amsterdam ziehen mussten, wo sie gezwungen wurden, in den überfüllten Gettobezirken der Stadt zu leben.

Die vertrauten Geräusche der Straße – der Verkehr, das Läuten der Kirchglocken zu jeder vollen und halben Stunde, die Rufe der

Fischhändler und der Fensterputzer, die laut ihre Dienste anpriesen, und die Musik der Leierkästen – vermischten sich nun mit dem furchterregenden Hall vorbeirasender Nazilaster, ihren lauten Sirenen und dem Stampfen der genagelten Stiefel der Deutschen.

Weltkrieg

Eines Abends kam Vater so aufgeregt nach Hause, dass er kaum die BBC-Nachrichten abwarten konnte. Seine Freunde versammelten sich. Auch sie hatten Bruchstücke beunruhigender Nachrichten aufgeschnappt, die sie kaum glauben konnten. Dann hörten wir es aus unserem versteckten Radio:

»Japan hat einen Überraschungsangriff auf Pearl Habor gemacht! Die USA befinden sich nun offiziell im Krieg gegen Deutschland und Japan! Hongkong und Singapur wurden von den Japanern bombardiert. Es wurden viele Schiffe versenkt und es gab viele Tote. Der Schaden ist unbegreiflich.«

Wir waren untröstlich. »Jetzt ist es ein Weltkrieg! Fast jedes Land ist involviert. So schnell wird der Krieg nicht vorbei sein! Was für ein feiges und schändliches Verhalten! Die Japaner sind genauso grausam wie die Nazis!«

Es schien, als stolperten wir von einem Unglück ins nächste. Der letzte Erlass verbot uns, weiter Pakete an unsere Verwandten in den Gettos von Warschau und Lodsch zu schicken. Wir befürchteten das Schlimmste für sie, besonders seitdem wir keine Empfangsbestätigungen mehr von ihnen erhalten hatten. Ich sah, wie sehr das alles meine Eltern mitnahm. Meine Mutter weigerte sich zu essen und verlor an Gewicht.

»Was wird nun aus ihnen?«, sorgte sie sich. »Wie sollen sie den Krieg ohne das bisschen Extraessen überstehen?«

Mein Vater sah aus, als bedrückte ihn eine schwere Last. Es gab keine Post aus den Gettos und wir konnten nicht herausfinden, was dort vor sich ging.

Der einzige kleine Lichtblick war, dass die Russen dem Angriff der Deutschen standhielten. Die deutsche Armee zog sich langsam von der kalten russischen Front zurück, wobei sie Waffen und Proviant zurückließ und große Verluste erlitt.

Meine Freundschaft zu Kitty und ein paar anderen Mädchen hielt mich bis zu einem gewissen Grad aufrecht. Jeder war mit seinen eigenen Problemen beschäftigt und versuchte, unter den gegebenen Umständen das Beste aus der Situation zu machen. Unsere Mizrahi-Jugendorganisation traf sich heimlich in kleinen Gruppen in den Häusern der Mitglieder, da es nicht ratsam war, große Versammlungen abzuhalten.

Abends saßen wir um unseren großen Kohleofen herum, um Kohle und Gas zu sparen. Meine Mutter kochte, während wir uns warm hielten. Trotz des Verdunkelungsgebots, unserer Angst vor den Deutschen und dem Dröhnen der Bomber über uns war es schön, in unserem vertrauten Kreis zusammenzusitzen. Wir waren alle abhängig voneinander. Der leckere Geruch des Essens, der rot glühende Ofen und die gegenseitige Sorge umeinander schafften eine Insel wohliger Zugehörigkeit.

Wir besprachen Pauls Sicherheit: Sollte er sich in den Niederlanden verstecken oder lieber versuchen, in die Schweiz zu entkommen, um den Arbeitslagern in Deutschland und Polen zu entgehen?

Auch ich sehnte mich nach Veränderung. Die Schule für Modedesign hatte ihren Reiz für mich verloren und ich wusste, dass es für mich an der Zeit war, etwas Konstruktiveres zu machen. Eine Idee nahm in meinem Kopf Gestalt an.

9 Die Krankenschwester

Anfang 1942 bewarb ich mich als Lernschwester an mehreren jüdischen Krankenhäusern in Amsterdam, um meinem Plan, eine medizinische Karriere zu verfolgen, zumindest ein Stück weit treu zu bleiben. Ich erhielt eine Zusage von der *Joodsche Invalide*, einem Pflegeheim, das hauptsächlich Invaliden und chronisch kranke Patienten behandelte. Meine Ausbildung sollte Anfang April beginnen. Meine Eltern und ich waren überglücklich, denn Krankenschwester zu werden bedeutete im Moment die Erhörung meiner Gebete. Auch meine Freunde freuten sich für mich, da sie wussten, wie viel mir dieser Schritt bedeutete.

Zum ersten Mal verließ ich das sichere und geborgene Nest meiner Eltern und meine Freunde beneideten mich um meine neu gewonnene Unabhängigkeit. Zu dieser Zeit konnte ich noch nicht ahnen, wie endgültig diese Abnabelung sein würde. Nicht im Traum hätte ich geglaubt, dass ich nie wieder die liebevolle Wärme meines Zuhauses und die schützenden Schwingen meiner Eltern spüren sollte: Ich war so sehr darauf erpicht, mein Zuhause zu verlassen, um meinen eigenen Weg zu gehen.

De Joodsche Invalide, das jüdische Pflegeheim, lag im jüdischen Viertel Amsterdams auf der Weesperplein. Die schmale, von Kanälen und Brücken unterbrochene Straße, die zu ihm führte, hieß Jodenbreestraat und war das Zentrum des jüdischen Viertels. Hier fand man viele Geschäfte und Stände, an denen Juden zu bestimmten Tageszeiten einkaufen durften. Nachts, nach der Ausgangssperre, die ab 20:00 Uhr verhängt wurde, waren die Straßen leer gefegt. Die Deutschen drängten hier so viele Juden aus den umliegenden Gebieten, Nachbarstädten und Dörfern zusammen wie es nur ging; der Bezirk war Teil des Amsterdamer Gettos.

Endlich war der Tag gekommen, an dem ich mich vorstellen sollte. Als ich auf das Krankenhausgebäude zuging, war ich beeindruckt von seiner modernen Glasfassade, die im Sonnenlicht glänzte. Der schwere Koffer und die anderen Pakete, die ich trug, konnten meine zunehmende Aufregung nicht dämpfen. Zum ersten Mal in meinem Leben wurde mir bewusst, dass mir eine kalte und ungewisse Zukunft entgegentrat, der ich mich nun ganz alleine stellen musste.

»De Joodsche Invalide«, das jüdische Pflegeheim am Weesperplein in Amsterdam.

Ich betrat die Empfangshalle und wurde zum Krankenhausleiter, Dr. J. H. Buzaglo, geschickt, der mich begrüßte und mir die weiteren Abläufe erklärte. Dann wurde ich der Oberschwester, Schwester Oppenheimer, vorgestellt, die mich für den dritten Stock einteilte, auf dem ich unter der Leitung der Stationsleiterin Schwester Hartog arbeiten würde.

Im Schlafsaal der Lehrschwestern auf der sechsten Etage packte ich meinen Koffer zwischen den Reihen der Einzel- und Doppelstockbetten aus und versuchte, meine wenigen Habseligkeiten in einen kleinen Schrank zu stopfen. Eifrig zog ich zum ersten Mal meine Uniform an. Sie bestand aus einem hellblauen Kleid, einer weißen Schürze, einem steifen Peter-Pan-Kragen, weißen Manschetten und einem gestärkten weißen Häubchen. Ich betrachtete mich im Spiegel und redete mir selbst zu: »Nicht schlecht! Wenn ich nur den ängstlichen Blick aus meinen Augen und den Kloß in meinem Hals loswerden könnte.«

Während ich die Treppe hinunterging, hielt ich mich am Geländer fest. In meinem Kopf kreisten immer wieder dieselben Gedanken:

»Ich darf nicht zeigen, wie nervös ich bin. Ich muss das hier schaffen. Ich bin genauso fähig wie all die anderen Lehrschwestern, die hier so beschäftigt und übereifrig herumlaufen und so aussehen, als wüssten sie, was sie tun.«

Vor meinen Augen verwandelte sich das Treppenhaus vom sechsten Stock bis hinunter zum Erdgeschoss in eine schwindelerregende Spirale. Ich musste mich mit beiden Händen am Treppengeländer festhalten, um mich wieder zu fangen. Später sollte dieses Treppenhaus während der vielen nächtlichen Besuche der Deportationsbeamten der Gestapo zu unserem effektivsten und schnellsten Kommunikationsweg zwischen dem Erdgeschoss und den oberen Etagen werden.

Berufung

Krankenschwester zu sein lag mir im Blut. In kürzester Zeit gelang es mir, die sehr strammen und ordentlichen Ecken zu spannen, wie es beim Bettenmachen im Krankenhaus Vorschrift war. Ich empfand es als dankbare Arbeit, den Patienten mit ihren verschiedenen Bedürfnissen zu helfen. Keine Aufgabe war zu niedrig oder schwierig für mich. Selbst das unumgängliche Waschen und Säubern der Bettpfannen und Spucknäpfe wurde zu einer befriedigenden Arbeit. Häufig sang und plauderte meine Freundin und Kollegin Ann mit mir, wenn wir im Badezimmer unserer nicht besonders zauberhaften Aufgabe nachgingen. Dabei sangen wir verschiedene Sonaten, Symphonien und Kompositionen, die wir kannten – sehr zum Vergnügen der Patienten.

Wie bemitleidenswert doch diese Menschen waren! Viele von ihnen litten unter chronischen Krankheiten wie Lähmungen, Diabetes, Muskelschwund oder Arteriosklerose, und fast alle waren bettlägerig. Zum ersten Mal in meinem Leben war ich mit der unausweichlichen, unheilbaren Endlichkeit des Lebens konfrontiert. Das Leiden der Patienten zu verringern war mit viel Arbeit verbunden. Zu allem Übel erreichten mich von zu Hause immer bedrückendere Neuigkeiten und die Tragödien, die fast alle meine Bekannten ereilten, schienen kein Ende nehmen zu wollen. Ich gab mich mit Herz und Seele meiner Arbeit hin, um ein wenig Licht in die dunkle und hoffnungslose Zukunft dieser chronisch Kranken zu bringen.

Unser gesellschaftliches Leben hing mehr oder weniger von dem ab, was wir hinter den Krankenhausmauern organisieren konnten, da es uns nicht erlaubt war, Theater, Kinos, Cafés oder Restaurants zu besuchen oder auf der Straße gesehen zu werden.

Bald war ich von einer gleichgesinnten, sehr intelligenten und lebenslustigen Truppe umgeben, die aus Marge, Ann, Suzanne, Sis und mir bestand. Wir schliefen in den Hochbetten neben- oder übereinander. Nicht nur einmal krachte eine von uns als unerwarteter Besucher durch das obere Bett auf das Bett darunter, gefolgt von hysterischem Gelächter und Fassungslosigkeit der anderen Schülerinnen im Schlafsaal.

Dr. Buzgalo war ein aristokratisch aussehender Mann spanisch-portugiesischer Abstammung, der gläubig und fürsorglich war und das Krankenhaus kompetent leitete. Zusammen mit seiner Frau, die auch Ärztin war, organisierte er jeden Freitagabend eine Diskussionsrunde. Die besprochenen Themen waren immer sehr interessant und wir kehrten jedes Mal angeregt von diesen Treffen zurück.

An anderen Abenden hielt die Ernährungsberaterin, Else Hartog, die Frau des Hausmeisters Alan Hartog, Vorträge zu Hauswirtschaft, Ernährung und Wohnkultur, die wir sehr genossen. Alan Hartog führte uns ein in die Welt antiker und moderner Architektur.

Jules Godefroi, der Leiter der technischen Abteilung, organisierte Plattenkonzerte, bei denen er die Auswahl der Stücke kompetent kommentierte.

Diese dankbar angenommenen Aktivitäten wurden von allen Schwestern, Ärzten und dem technischen Personal des Krankenhauses treu besucht.

Wir lebten in unserer eigenen Welt wie auf einer Insel, abgegrenzt vom Rest der Welt draußen. Dadurch wurde unsere Freundschaft zueinander stark und tief.

Dieses neue Leben bekam mir sehr gut. Ich war rund um die Uhr beschäftigt und hatte kaum Zeit, mir Gedanken über den Krieg und seine schrecklichen Folgen zu machen. Die körperliche Anstrengung hatte eine wunderbar ermüdende und beruhigende Wirkung auf mich.

Ich fand es spannend, immer neue Menschen kennenzulernen und mich täglich neuen Herausforderungen zu stellen. Daher nahm ich an allen Kursen und sozialen Treffen teil. Für mich war jegliche Aktivität eine gute Entschädigung dafür, von meinem Zuhause und meiner Familie getrennt zu sein.

Gelber Stern

Doch unglücklicherweise ließ sich die Welt dort draußen nicht ganz ausschließen. Die neueste Verordnung zielte darauf ab, uns auch äußerlich als Juden zu kennzeichnen.

Ab Mai 1942 mussten wir einen gelben, handflächengroßen Judenstern tragen, der schwarz umrandet war und die Aufschrift »Jood«, das holländische Wort für Jude, in hebräischer Schrift trug.

Ann hatte bereits ein paar Sterne gekauft und war gut informiert: »Wir müssen ihn immer auf der linken Seite unserer Kleidung tragen, selbst auf unseren Uniformen. Man darf nie vergessen ihn zu tragen, und erwischen sie einen ohne den gelben Stern, wird man bestraft oder deportiert. Das sind die großen Neuigkeiten. Was haltet ihr davon?«

»Und für diesen Witz müssen wir auch noch selbst bezahlen. Die Sterne werden nicht von den Nazis zur Verfügung gestellt«, ergänzte Schwester Hartog verbittert.

Zu Besuchszeiten war es seltsam mit anzusehen, wie Menschen mit den gelben Sternen auf der Brust durch das Krankenhaus liefen. Zu unserem großen Erstaunen trugen die meisten Juden zu dieser Zeit ihren Stern voller Stolz. Viele Niederländer verabscheuten die Art und Weise, wie mit den Juden umgegangen wurde, und drückten ihre Solidarität aus, indem sie gelbe Blumen an ihrem Revers trugen.

»Seht ihr, die Niederländer sind wirklich gute Freunde«, sagte einer der Besucher stolz. »Sie fühlen mit uns. Einige tragen sogar einen gelben Stern. Ihr solltet hören, wie sie die Nazis verfluchen. Sie sind so wütend! Ich habe gehört, dass sie in Rotterdam Plakate an die Wände kleben, um ihre Landsleute zu ermahnen, die Juden zu respektieren. Sie hassen die Nazis genauso sehr wie wir!«

Ich sagte nichts, aber es war klar, dass die Anordnung, den Stern zu tragen, nichts Gutes verhieß. War dies ein weiterer Schritt im bösartigen Gesamtplan der durchtriebenen Nazis gegen die Juden? Ich erschauderte vor Furcht und dem Gedanken daran, was uns noch bevorstehen könnte.

Als Ergänzung zu den Krankenhausmahlzeiten erhielt ich von Zeit zu Zeit Lebensmittelpakete von zu Hause. Einmal, als ich ein Päckchen öffnete, fiel ein Stück Pappe heraus, auf das meine Mutter auf Hebräisch geschrieben hatte: »*Mishloah Manot Lihvod Purim* – ein paar Leckereien zum Purimfest«. Ich sah das Paket in meinen Händen an und war erstaunt, welch starke Gefühle diese wenigen Worte in mir auslösten. Ich konnte es nicht weiter auspacken. Stattdessen wollte ich es unversehrt als Erinnerung aufbewahren. Nur einen einzelnen Keks nahm ich heraus und wollte ihn mir gerade in den Mund stecken, als ich plötzlich in Tränen ausbrach und fast das Paket fallen ließ. Voller Sehnsucht nach meinem Vater, meiner Mutter und meinen Brüdern brach eine Welle des Heimwehs über mich herein.

Die Erinnerung an glückliche Feiertage wie dem Purimfest, wenn für das traditionelle Festessen viele Freunde und Gäste in unser Haus kamen und dieses von Gelächter und Gesang erfüllt war, erweckte in mir großes Verlangen nach meinem Zuhause. Mir kam in den Sinn, wie wir uns als Kinder in Purimkostümen verkleideten und Freunde besuchten. Jetzt, da ich daran dachte, fühlte ich mich einsam und vermisste mein Zuhause und meine Familie unsagbar. Ich wollte unabhängig sein, aber die Trennung ließ mich wertschätzen, was ich zurückgelassen hatte. Die Verbundenheit zu meiner Familie war stark, sogar stärker als zuvor.

In dieser Nacht, nachdem die Nachtruhe begonnen hatte, sammelten Ann, Marge, Suzanne und ich all unsere Leckereien zusammen und schlichen uns in unseren Schlafanzügen auf Socken in den Wintergarten nebenan. Die Umgebung erstrahlte im silbernen Licht des Mondes und wir konnten über die Dächer der gesamten Nachbarschaft blicken. Uns bot sich ein gespenstisches Stillleben, kein Mensch war auf der Straße zu sehen.

Wir wollten gerade mit den Feierlichkeiten beginnen, als sich die Tür öffnete und eine kleine Gruppe Schwestern sich zu uns gesellte, von denen jede eine Erfrischung zu dem Treffen mitgebracht hatte. Wir setzten uns in einen Kreis und verspeisten fröhlich scherzend unseren Proviant. Jede von uns hatte eine Geschichte auf Lager, die an diesem Tag im Krankenhaus vorgefallen war. Wir mussten leise sein, konnten unser Gelächter aber kaum unterdrücken. Es war für uns das so dringend benötigte Ventil angesichts all des unglaublichen Leids und Elends, das wir tagsüber im Krankenhaus und draußen erlebten. Als die Party vorbei war, waren wir so erschöpft, dass wir wortwörtlich in unsere Betten fielen. Ich schwang mich auf die obere Liegefläche und fiel prompt durch die Matratze auf das Bett darunter. Das war der lustige Höhepunkt unserer nächtlichen Festivitäten, denn fast alle auf dem Stock waren nun wach. Am nächsten Tag wurden wir zwar von der Oberschwester zurechtgewiesen, merkten aber, dass sie uns keinen großen Vorwurf machte, weil wir doch nur versuchten, das Leid um uns herum zu vergessen. Sie wusste, dass wir alle so verzweifelt bemüht waren, ein normales Leben zu führen und unser Dasein als junge Menschen zu genießen.

Jeder Tag brachte neue Realitäten, mit denen wir uns auseinandersetzen mussten. Einmal betrat ich die Station mit einem fröhlichen: »Einen guten Morgen euch allen.« Meine Patienten sagten mir immer, dass sie meine freundliche und fröhliche Art sehr genossen, doch dann wurde meine Stimmung von Schwester Hartogs Mitteilung gedämpft: »Frau Freed ist gestorben. Der Doktor war schon da. Könnt du und Betty sie waschen und für den Abtransport herrichten?« Ich spürte, wie mir die Farbe aus dem Gesicht wich. Schwester Hartog musste mir meine Furcht angesehen haben, doch sie fuhr unbeirrt fort: »Es gibt immer ein erstes Mal. Los jetzt. Betty weiß genau, was zu tun ist. Vielleicht geht es Frau Freed dort besser, wo sie jetzt ist.«

Frau Freed hatte unter einem sehr ernsten Herzleiden gelitten. Als ich auf das Bett zuschritt, erinnerte ich mich an ihre sanfte Stimme und ihre umgängliche Art. Was ich nun sah, war ein unpersönliches, lebloses Objekt und ich war gleichzeitig verängstigt und eingeschüchtert. Ich traute mich nicht sie anzufassen. Betty, ein starkes, kräftiges Mädchen, die bereits ihr zweites Jahr im Krankenhaus absolvierte, sagte in einem nüchternen Ton: »Komm jetzt, lass uns keine Zeit verschwenden.«

Ich tat, was immer von mir verlangt wurde, ohne dabei Frau Freed ins Gesicht zu schauen, bis wir fertig waren. Dann begann ich zu zittern und rannte ins Badezimmer, um mich zu übergeben.

Besuchstag

Ab und zu war es mir möglich, meine Familie für ein Wochenende in Den Haag zu besuchen, indem ich zwei oder drei Wochen am Stück arbeitete und so freie Tage erhielt. Aufgrund der Reisebeschränkungen, die für Juden galt, musste ich immer erst eine Reisegenehmigung bei den Deutschen beantragen – ein Verfahren, das über den Judenrat lief.

Es war so schön, nach Hause zu kommen und wieder Teil des Familienlebens zu sein, und es hätte mir nichts ausgemacht, noch härter für diese kurzen Besuche zu arbeiten, denn das war es mir wert.

Wenn ich zu Besuch kam, war immer viel los. Es gab einfach nie genug Zeit miteinander zu reden und beisammen zu sitzen. Mir wurde bewusst, wie sehr ich sie alle vermisste und wie sehr ich mich ihnen zugehörig fühlte. Meine Familie war stolz auf meine Arbeit im Krankenhaus und von meinen Erlebnissen dort beeindruckt.

Kitty und ich waren so glücklich uns wiederzusehen, dass wir gar nicht aufhören konnten zu reden. Wir versprachen uns gegenseitig, dass Entfernungen und unterschiedliche Interessen uns niemals trennen könnten. Unsere Freundschaft würde weiter so stark und tief sein als wären wir eine Familie.

Die neuesten Bestimmungen der Nazis verlangten, dass wir unsere Fahrräder abgaben, das letzte uns verbleibende Transportmittel. Außerdem mussten wir den Deutschen unseren Schmuck und sämtliche Kunstgegenstände aushändigen.

Das war ein furchtbarer Schlag, besonders für Paul, der auf sein Fahrrad angewiesen war, um zur Schule zu kommen. Wir konnten es schlecht heimlich benutzen und trauten uns nicht, es bei einem nichtjüdischen Freund aufzubewahren, aus Angst, ein Informant könnte uns verraten. Die Folgen wären verheerend.

Für unseren Schmuck hatte Vater einen Plan: »Wir werden ihn gut einwickeln, in Einweckgläser packen und im Garten vergraben. Paul hat recht, wenn er sagt, dass es besser ist, dass der Schmuck im Boden verrottet, als dass er die deutschen Truhen füllt. Wir werden auch Mutters silberne Kerzenleuchter und unsere zeremoniellen silbernen Weinkelche verstecken.«

Wir wussten, dass wir nicht die Einzigen waren, die versuchten, die Deutschen zu überlisten. Die meisten jüdischen Familien versteckten Schmuck und andere Wertsachen in Schränken, Türpfosten, unter Holzböden und an vielen anderen Orten.

Dann fiel das Beil! Die Juden wurden nach Deutschland deportiert und zum »Arbeitseinsatz im Osten« gezwungen. Zu diesem Zweck beauftragten die Deutschen den Judenrat, die Juden für den Transport auszuwählen.

Der Judenrat wies 4 000 Juden im Alter zwischen 16 und 40 Jahren an, sich an einem bestimmten Ort zu versammeln und genug Verpflegung und Kleidung für acht Tage mitzubringen, gerade so viel, wie sie selbst tragen konnten.

Kummer und Hoffnungslosigkeit machte sich in unseren Herzen breit. Das Schwert des Todes, das so lange über uns geschwebt hatte, senkte sich nun auf uns herab. Wir hatten entgegen aller Vernunft gehofft, dass der Nazidrache seinen Hunger mit der Plünderung unserer Wertgegenstände und unserer sozialen Ausgrenzung gestillt hätte, dass er sich zufriedengeben würde mit den erbarmungswürdigen Zuständen, in denen wir aufgrund der vielen Vorschriften und Verordnungen leben mussten.

Doch wir waren der Feind, sagten sie; wir sollten erst unserer gesamten Besitztümer, dann unserer Kraft beraubt und schlussendlich deportiert werden. Was stand uns noch bevor?

Die meisten Menschen ignorierten den Aufruf. Natürlich hatten wir Angst, aber wir waren außerdem wütend und empört. Die Nazis drohten uns mit der Deportation in das Konzentrationslager in Mauthausen; viele Geiseln wurden verhaftet. Wir saßen wie Mäuse in der Falle!

Als wollten sie uns geistige Unterstützung zukommen lassen, hörten wir, dass die christlichen Kirchen vehement gegen die Deportation der Juden protestierten. Der geteilte Unmut brachte die verschiedenen christlichen Konfessionen zusammen, und so arbeitete die römisch-katholische Kirche Hand in Hand mit der protestantischen, um dem gemeinsamen Feind als eine geschlossene Front gegenüberzutreten. Ein Protestbrief wurde an den Reichskommissar Dr. Seyß-Inquart entsandt und entsprechende Botschaften und Hirtenbriefe von den Kanzeln aus verkündet und gepredigt.

Wir rechneten ihnen ihren Mut, sich für uns einzusetzen, hoch an! Doch die ernste Bedrohung für unser Leben bestand nach wie vor.

10　Auf und davon

Die Menschen versuchten alles in ihrer Macht Stehende, um der Deportation zu entgehen, auch wenn sich dies später nur als kurzer Aufschub der Vollstreckung herausstellen sollte.

Einige versuchten mithilfe von Schmugglern, denen sie ein Vermögen zahlten, auf gefährlichen Wegen in die Schweiz oder nach Spanien zu entkommen. Viele ergriffen die Möglichkeit, sich in den Häusern nichtjüdischer Freunde zu verstecken. Andere versuchten sich in Listen einzutragen, die versprachen, dass man so von der Deportation ausgenommen wurde.

Ich beschwor meine Familie, sich bei nichtjüdischen Freunden zu verstecken. Mein Vater hatte sich schon erkundigt. »Ich habe mit Herrn de Groot, meinem Geschäftspartner, gesprochen, und er sagt, es sei zu riskant. Er kennt niemanden, der bereit wäre, das Risiko für uns einzugehen.«

»Vielleicht finde ich ja jemanden in Amsterdam«, erwiderte ich. »Natürlich sollt ihr euch nicht in Den Haag verstecken, wo jemand euch erkennen könnte. Die ganze Idee, sich bei Nichtjuden zu verstecken, ist noch sehr neu. Aber bitte lass uns anfangen, Vorkehrungen zu treffen, bevor es zu spät ist.«

»So etwas wäre eine große Belastung für eine nichtjüdische Familie«, überlegte meine Mutter laut. »Natürlich würden wir sie für unseren Unterhalt bezahlen, aber wie würden wir uns verhalten, wenn wir noch vier weitere Personen in unser Haus aufnehmen sollten, deren Anwesenheit wir geheim halten müssten? Nur tapfere und mutige Menschen würden so ein Risiko auf sich nehmen.«

»Na gut«, sagte Vater zu mir. »Schau, ob du etwas in Amsterdam erreichen kannst. In der Zwischenzeit versuche ich die Familie auf der ›Weinreb-Liste‹ eintragen zu lassen. Das kostet pro Person 100 Gulden. Die Eintragung auf dieser Liste soll die Freistellung von der Deportation gewährleisten und zu einem

›Sperrstempel‹ im Ausweis verhelfen. Du hättest einmal die lange Schlange von Menschen vor Herrn Weinrebs Haus in Scheveningen sehen sollen! Ich habe dort gestern stundenlang gewartet. Endlich war ich an der Reihe und mir wurde versprochen, dass wir einen Platz auf der Liste bekämen.«

»Das ist erstaunlich! Wie kann Herr Weinreb als Jude über die Macht verfügen, andere Juden für die Deportation zu sperren?« Ich war verblüfft.

»Ich habe gehört, dass er einmal einem hochrangigen deutschen Offizier geholfen hat und nun als Gegenleistung sich und seine Familie vor der Deportation retten darf. Derweil ist die Anzahl seiner Familienmitglieder explosionsartig angestiegen.«

Mutter schüttelte den Kopf: »Wie kannst du gewiss sein, dass das zuverlässig ist und kein Schwindel? Wenn man dabei ist zu ertrinken, greift man selbst nach dem schwächsten Halm. Trotzdem mache ich mir immer noch furchtbare Sorgen! Vielleicht sollten wir doch versuchen, in die Schweiz zu entkommen. Was meinst du, Liebling?«

Fluchtpläne

Mein Vater wandte sich an mich und sagte: »Solange du als Krankenschwester im jüdischen Pflegeheim arbeitest, das unter dem Schutz des Judenrats steht, wirst du von der Deportation ausgeschlossen, bist sicher und bekommst einen Sperrstempel in deinen Ausweis.« Er seufzte. »Paul, würdest du den Weg in die Schweiz wagen? Wenn du dort sicher angekommen bist, werden wir dir folgen. Was meinst du?«

Paul sprang auf. Von einem Augenblick auf den anderen schlug die tragische Stimmung in Aufregung um. »Einige meiner Freunde haben sich gerade vor ein paar Tagen auf den Weg gemacht. Vielleicht schaffe ich es ja noch sie einzuholen. Ich gehe, natürlich gehe ich!«

Vater lief im Zimmer auf und ab. Ich konnte fast sehen, wie es in ihm arbeitete.

»Ich bitte unseren Freund Herrn Flinker, mich mit einem Schmuggler in Verbindung zu bringen; er hat sich schon umgehört, weil er selbst versucht, Vorkehrungen für seine Familie zu treffen. Hör zu, Paul. Wir werden dich mit warmer Kleidung ausstatten und dir Geld mitgeben, das du gut verstecken musst. Ich gehe jetzt und sehe nach, ob Lazer Flinker zu Hause ist.«

»Meinst du, ich sollte mir die Haare färben? Vielleicht dunkelrot, ich kann ja nicht mit meiner dunkelbraunen Naturfarbe herumlaufen, so sehe ich zu jüdisch aus«, sagte Paul.

Ich schaute ihn an. Er hatte so ein schönes Gesicht. Entsprach er den stereotypen Vorstellungen der Nazis, wie ein Jude auszusehen hatte? Seine Nase war weder lang noch gebogen, sein Haar war glatt, seine Lippen nicht zu ausgeprägt. Trotzdem war es riskant, da jeder mit dunklen Haaren und Augen für einen Juden gehalten wurde. Die Mehrheit der Einwohner in den Niederlanden war blond und blauäugig.

»Wie du wohl mit roten Haaren aussehen würdest? Wenn du dich so sicherer fühlst, solltest du es tun, denn es wird dir mehr Selbstvertrauen verleihen, Paul. Ich hoffe, du schaffst es in die Schweiz. Ich wünsche dir alles Glück der Welt, verlier nur nicht den Mut!« Ich liebte ihn so sehr. Wir umarmten uns tränenreich.

Zwei Wochen später, als ich für ein Wochenende nach Hause fuhr, fand ich zu meinem großen Erstaunen einen rothaarigen Paul vor. Er war niedergeschlagen und enttäuscht:

»Alles war bereits vorbereitet. Der Schmuggler holte mich ab, wir machten uns zur belgischen Grenze auf. Dort versteckten wir uns in einem Graben und warteten darauf, von ihm sicher über die Grenze geführt zu werden. Nach sieben Stunden nervöser Anspannung, der Gefahr entdeckt zu werden und entsetzlichen körperlichen Unannehmlichkeiten mussten wir wieder umkehren, weil die illegale Route nach Belgien von den Deutschen entdeckt worden war und sie den Mann geschnappt hatten, der mich über die belgisch-französische Grenze bringen sollte. Die ganze Operationskette war aufgeflogen. Es ist ein Wunder, dass ich nicht von den Deutschen erwischt worden bin.«

»Glaub mir, Gott ist auf unserer Seite. Ich bin so dankbar. Dann probierst du es eben ein anderes Mal«, ermutigte Mutter ihn.

»O nein, ich gehe nicht mehr in die Schweiz. Ich muss einen anderen Weg finden, zu entkommen. Ich kann wegen meiner roten Haare nicht länger hierbleiben. Die Leute könnten misstrauisch werden. Man weiß nie, wie Nachrichten sich verbreiten. Wohin soll ich gehen?«

Durch einen seiner Freunde fand Paul eine sichere Adresse in Gouda, wo er bei einer nichtjüdischen Familie unterkam. Nach und nach brachte er seine Habseligkeiten in seinen Unterschlupf. Er nahm seinen gelben Stern ab und reiste nur abends. Im Schutze der Dunkelheit würde er sich in unsere Straße stehlen und in unser Haus schlüpfen. Noch besaß er keinen gefälschten Ausweis mit falschem Namen. Wäre er in eine Straßenrazzia oder in eine der üblichen Personenkontrollen der Deutschen geraten, so hätte dies seine Deportation zur Folge gehabt. Wir versuchten, den Kontakt zu der Widerstandsbewegung aufzubauen, doch dies war ein schwieriges und gefährliches Unterfangen, da die Organisation mit ihren illegalen Aktivitäten noch ganz am Anfang stand.

Treibjagd

Mitte des Sommers 1942 wurde uns endlich klar, was mit den Deportationen der Juden in den Osten verbunden war. Die Deportationen waren keine »Umsiedlungen in den Osten«. Sie bedeuteten Zwangsarbeit und Schlimmeres. Die Menschen weigerten sich, auf die Aufrufe des Judenrats und die Drohungen der Deutschen zu reagieren und freiwillig zu den Deportationszentren zu kommen.

Daraufhin veränderten die erbarmungslosen deutschen Schlächter ihre Taktik, indem sie in nächtlichen Razzien ganze Straßenblöcke umstellten, tausende von Juden einkesselten und sie auf Laster und Transporter verfrachteten. Leider stießen sie dabei auf so gut wie keinen Widerstand, da die Menschen starr vor Angst waren. Sie packten die wenigen Habseligkeiten zusammen, die ihnen gestattet waren, und fügten sich in diese Erniedrigung, um einer noch brutaleren Behandlung durch die Nazitrupps zu entgehen.

Meist hörten wir nachts, nachdem um 20:00 Uhr die Ausgangssperre in Kraft getreten war, wie die großen Transporter der deutschen Überfallkommandos, die *Overval Wagens*, durch die leeren Straßen rasten, beladen mit den unglückseligen Juden, die man ergriffen hatte, um sie zu deportieren. Das donnernde Echo wurde zwischen den Hauswänden hin- und hergeworfen. Wir hielten die Luft an, während wir warteten und darauf lauschten, vor welcher Tür sie diesmal haltmachen würden. Oft genug hörten wir die schweren Nagelstiefel der Nazisturmtruppen, wie sie von ihren Lastern sprangen; dann die bellenden Befehle, gefolgt vom Wehgeschrei, Weinen und Bitten der hilflosen Opfer, die mit Knüppeln auf die Wagen getrieben wurden.

»Wie viele denn noch? Wie lang soll das noch so weitergehen? Wann werden wir an der Reihe sein und von diesen furchtbaren Todestransportern abgeholt werden, damit wir wie Vieh einem entsetzlichen Schicksal entgegengekarrt werden?«

»Gott im Himmel, steh uns bei! Womit haben wir all das verdient? Wir sind gottesfürchtige Leute, die ein ehrenhaftes und anständiges Leben führen, keinem Menschen je etwas Böses getan haben und niemandem etwas Böses wollen. Wer hat das Recht, ohne Gesetz und Grund unsere Leben auszulöschen? Wer sind wir, dass bösartige Menschen uns ermorden, verstümmeln und zerstören dürfen? O Gott, bitte hilf uns, wir können uns selbst nicht mehr helfen – wir sind den widerwärtigen deutschen Bestien hilflos ausgeliefert.«

Jeden Tag hörten wir Geschichten von Eltern, Verwandten, Nachbarn und Freunden, die aus ihren Häusern gerissen und deportiert wurden, wobei sie ihre gesamten Besitztümer zurücklassen mussten – all das, wofür sie ein Leben lang hart gearbeitet hatten. Menschen von höchstem Ansehen – Pädagogen, Künstler, Wirtschaftsgrößen, Junge und Alte, Arme und Reiche – sie alle wurden zu hilflosen Kreaturen reduziert und wie Dreck behandelt. Junge Menschen, selbst Kinder, die gerade erst begonnen hatten, das Leben auszukosten, denen die Zukunft noch bevorstand, wurden mit bösartigem Sadismus den grausamsten Misshandlungen und Leiden ausgesetzt. Bald war es an der Tagesordnung, dass Menschen zusammengetrieben und deportiert wurden. Wir fragten nicht mehr nach dem Warum, wir hörten auf zu weinen, wir versuchten uns vor den ständig gegenwärtigen Szenen des Leids zu schützen, indem wir taten, als ob uns das alles nichts anging.

Inzwischen konnten wir bereits zwischen den Geräuschen der Messerschmitt-Flieger der Deutschen und den englischen Bombern unterscheiden. Wir löschten das Licht und zogen die Verdunkelungsvorhänge auf, um dem Klack-Klack-Geräusch der Flakgeschütze zuzuhören und den Suchscheinwerfern zuzusehen, wie sie versuchten, die Flugzeuge und Bomber am Himmel einzufangen.

Wir gewöhnten uns so sehr an die Luftkämpfe über unseren Köpfen, dass wir nach einiger Zeit nur noch sagten: »Oh, da sind sie wieder.« Dabei hofften wir stets auf möglichst dunkle Nächte, damit die Bombenflugzeuge der Alliierten auf ihrem Weg nach Deutschland nicht so schnell entdeckt werden würden.

Selbst im Krankenhaus wurden wir durch Freunde auf dem Laufenden gehalten, die auf ihren versteckten Kurzwellenradios die BBC-Nachrichten und Radio Oranje verfolgten, die niederländische Radiostation, welche aus London sendete. Das war natürlich verboten, denn in unserer besetzten Heimat durften wir nur die Übertragungen der offiziellen Station in Hilversum hören, die in der Hand der deutschen Besatzer lag und die offizielle Naziinterpretation der Nachrichten wiedergab. Nachrichten, die für die Nazis unvorteilhaft waren, wurden zurückgehalten. Nur die bombastischen Wunder des Hitlerregimes fanden ihren Weg ins Radio.

Meine Eltern schrieben mir öfters, dass unsere Freunde, die Flinkers, »verreist waren«. Ich las daraus, dass sie Richtung Süden geflüchtet sein mussten. Ebenso merkte ich, wie sehr auch meine Eltern fliehen wollten, aber dann vor dem Risiko zurückschreckten, geschnappt zu werden.

Jeden Tag hörten wir von Freunden und Bekannten, die die Niederlande verließen. Es war ein seltsames Gefühl, als verließen die Leute das sinkende Schiff, ohne vorher ein Wort darüber zu verlieren.

Bei einem meiner Besuche zu Hause bat mich meine Freundin Sophie um Erlaubnis, die letzte Nacht bevor sie in die Schweiz aufbrechen würde, in unserem Haus zu verbringen. Es wäre zu auffällig gewesen, ohne den gelben Stern das eigene Haus zu verlassen, da die Nachbarn sie dabei beobachten könnten. Doch in unserer Straße kannte sie niemand gut genug.

Ich sagte ihr: »Sophie, du weißt doch, wie verzweifelt wir versuchen, einen sicheren und verlässlichen Kontakt zu finden, der uns in die Schweiz schmuggeln kann. Könntest du uns vielleicht verraten, wie wir mit deinem Kontakt in Verbindung treten können?«

Sie antwortete ausweichend: »Ich frage meine Eltern und sage dir dann Bescheid, wenn ich heute Abend zu euch komme. Ich weiß nur, dass dieser Mann meiner Familie einen Gefallen erweist. Er will nicht zu viele Menschen mitnehmen, weil es dann zu riskant wird.«

Als sie an diesem Abend zu uns kam, war sie nicht allein. Sie brachte noch ein Mädchen mit. »Ich hoffe, das ist in Ordnung«, entschuldigte sie sich, »ich musste sie mitbringen. Sie ist die Tochter eines Geschäftspartners meines Vaters.«

Ich war wie vor den Kopf geschlagen und sprach kein Wort mehr mit ihr. Dann bereitete ich das zusätzliche Bett für sie, bot ihnen Erfrischungen an und murmelte ein schnelles »Gute Nacht«. Sophie und ich waren seit Jahren schon gute Freunde gewesen. Deshalb war ich jetzt bestürzt, verletzt und empört! Sie nutzte unser Haus als Unterschlupf und nahm unsere Hilfe in Anspruch, um zu fliehen. Und anstatt sich zu revanchieren, indem sie uns den richtigen Kontakt vermittelte, was sie nichts kostete und ihr auch sonst nicht schaden konnte, besaß sie die Frechheit, uns noch eine Fremde zuzumuten, die sie mit in Sicherheit brachte, während sie die Not der eigenen, engen Freunde komplett ignorierte. Mit anderen Worten: Ich war gut genug, um gebraucht zu werden, aber nicht gut genug, um gerettet zu werden!

Sophie musste mir meine Stimmung angesehen haben. Sie kam heraus und dankte mir: »Wir wissen eure Gastfreundschaft wirklich zu schätzen. Ich habe nach dem Kontakt zu dem Schmuggler gefragt, aber meine Eltern sagten, dass wir die Letzten waren, denen er bereit war zu helfen. Ist das nicht schade?«

Ich konnte ihr nicht ins Gesicht sehen. Zum ersten Mal in meinem Leben erkannte ich, dass man den Charakter und die Integrität eines Menschen nur in Zeiten der Not wirklich bewerten kann. Sophie stellte ihre eigenen, selbstsüchtigen Interessen offensichtlich über alles andere.

Schlupflöcher

Eines Tages erzählte mir meine Freundin und Kollegin Marge, dass ihre Eltern und Schwester untergetaucht waren. Ich musste ihr schwören, dass ich nichts weitersagen würde. Ich fragte sie: »Wer hat euch dabei geholfen unterzutauchen?«

Marge erklärte mir: »Man muss den Kontakt zu einer illegalen Widerstandsbewegung aufnehmen, die im Untergrund heimlich gegen die Nazis vorgeht. Die Mitglieder dieser Organisation erscheinen nach außen hin wie ganz normale Bürger. Eine ihrer Aktivitäten im Kampf gegen die Deutschen konzentriert sich darauf, Juden in Häusern von Nichtjuden in den ganzen Niederlanden unterzubringen, wo sie versteckt und versorgt werden, um dem Tod im Konzentrationslager zu entgehen. Die Organisation stattet sie mit gefälschten Ausweisen aus, die aus den Meldeämtern entwendet werden. So können sie Essen für die versteckten Menschen besorgen. Die Mitglieder des Untergrunds dienen als Kontaktmänner für diese untergetauchten Menschen. Sie führen ein sehr gefährliches Leben, denn wenn ihre illegale Arbeit aufgedeckt wird, landen sie umgehend im gefürchteten Konzentrationslager in Mauthausen.«

Das war genau die Information, die ich für meine Eltern und Brüder benötigt hatte. Marge versprach mir, für mich mit dem Untergrund in Verbindung zu treten, damit auch meine Familie

bei niederländischen Nichtjuden untertauchen könnte und die
notwendigen gefälschten Papiere erhalten würde.

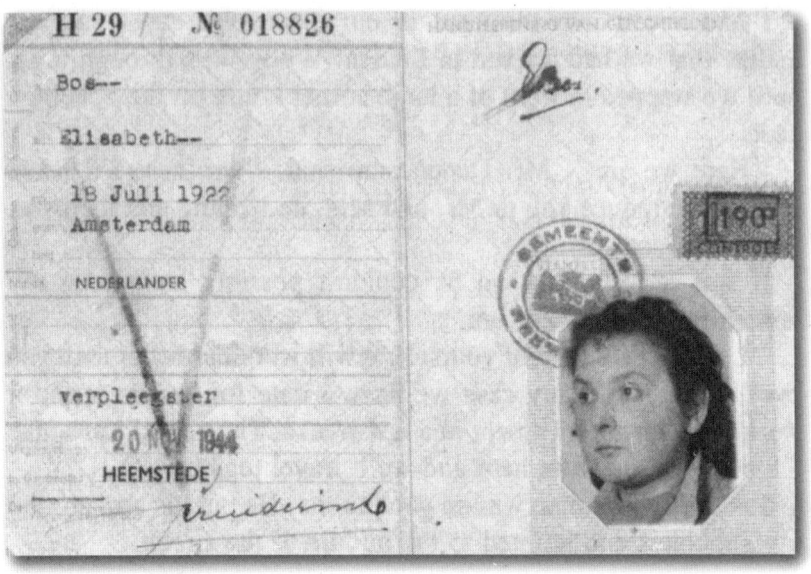

Mein gefälschter Ausweis

»Meinst du, ich könnte mich verstecken?«, fragte ich Marge. »Ich
habe dunkles Haar und dunkle Augen. Die Holländer sind alle so
hell, mit ihrem blonden Haar und den blauen Augen. Sie werden
mich direkt als Jüdin entlarven. Außerdem habe ich gehört, dass
wenn man untertaucht, man nicht mehr auf die Straße darf und
ständig im Haus bleiben muss. Ich glaube nicht, dass ich es lang
aushalten würde, ständig eingesperrt zu sein. Unterzutauchen ist
nichts für mich! Da bleib ich lieber hier im Krankenhaus!«

Marge erwiderte: »Was meinst du denn, wie lange es dau-
ert, bis sie anfangen, auch die Patienten und das Krankenhauspersonal zu deportieren? Noch haben wir die Sperre und sind
geschützt, solange das jüdische Pflegeheim in Betrieb ist. Wusstest
du, dass der Judenrat Dr. Buzaglo mehrfach davor gewarnt hat,
dass das Krankenhaus evakuiert werden soll?«

Kurz nach diesem Gespräch ging tatsächlich jedes Mal, wenn zur Ausgangssperre um 20:00 Uhr geläutet wurde, eine Welle des Schreckens und der Vorahnung durch das gesamte Krankenhaus. Sofort positionierte sich unser Kommunikationsteam im Treppenhaus und informierte jede Etage entlang der Wendeltreppe darüber, dass die Spitzenvertreter des Judenrats und der Generaldirektor unseres Krankenhauses sich mit dem blutrünstigen Leiter der Zentralstelle für jüdische Auswanderung, SS-Hauptsturmführer Ferdinand aus der Fünten, trafen, der die Deportation der Juden aus Amsterdam zu verantworten hatte. Viele Monate lang war es Dr. Buzaglo und den Repräsentanten des Judenrats gelungen, Fünten davon abzuhalten, die Patienten des jüdischen Pflegeheims aufgrund ihres schlechten Gesundheitszustandes zu evakuieren. Nachdem die unwillkommenen Besucher wieder weg waren, konnte man fast hören, wie ein Seufzer der Erleichterung durchs Krankenhaus ging.

Die Anspannung nahm mit jedem Tag zu.

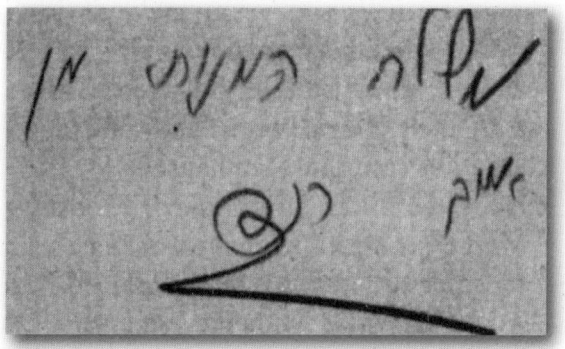

Die hebräische Handschrift meiner Mutter auf einem Stück Pappe, das sie mir in einem Paket anlässlich des Purimfestes mitschickte – es ist das einzige Schriftstück, das mir von meiner Mutter geblieben ist.

11   Vater, lieber Vater

Das enge Miteinander meiner Familie schien sich langsam aufzulösen. Mein Bruder Paul war in Gouda untergetaucht, und wir beteten für seine Sicherheit. Mein Schicksal war an das des jüdischen Pflegeheims gebunden. Unsere Sicherheit hing nur davon ab, wie lange die Nazis den Krankenhäusern in Amsterdam den Betrieb noch gestatteten.

Da mein Vater ein sehr vorsichtiger Mensch war, wollte er sich nicht allein auf den Schutz der »Weinbergsperre« verlassen. Gerüchten zufolge wurden Familien so lange in Ruhe gelassen, wie eines der Familienoberhäupter im Krankenhaus lag. In diesen Fällen wurde die Deportation ausgesetzt, bis die erkrankte Person wieder nach Hause durfte. Viele jüdische Männer wählten diesen Weg, um etwas Zeit zu schinden. Auch mein Vater schaffte es, sich in einer privaten Klinik aufnehmen zu lassen. Er erhielt diesen Platz, nachdem er dem Direktor der Klinik eine großzügige Geldspende hatte zukommen lassen.

Mein starker, kluger, gebildeter, stolzer und dynamischer Vater, der Fels von Gibraltar unserer Familie, bekam von einem Arzt bescheinigt, dass er selbstmordgefährdet war und in die Klinik eingewiesen werden musste, um psychologisch betreut zu werden!

Die jüdischen Patienten der Klinik trafen sich heimlich, um den Talmud zu studieren. Allerdings konnte mein Vater dort nicht essen, da die Speisen nicht koscher zubereitet wurden, und so musste er mit Lebensmitteln von zu Hause versorgt werden. Inzwischen war es den Juden verboten, Autos oder Straßenbahnen zu nutzen. Wir mussten bei Wind und Wetter über eine Stunde laufen, um ihm seine Mahlzeiten zu bringen.

Ich erinnere mich daran, wie ich ihn das letzte Mal in der Klinik besuchte. Wir umarmten und küssten uns. Ich weinte. Irgendwie spürte ich, dass dies unsere letzte Begegnung sein würde.

Traurig sagte er: »Wir Juden haben es niemals leicht gehabt. Gott weiß, dass ich große Pläne für dich hatte, mein liebes Kind! Ich hätte mir eine andere Welt für dich und deine Jugend gewünscht!«

Ich fühlte die Nähe und Liebe zu ihm wie nie zuvor. Mit Herz und Seele hielt ich an ihm fest, doch ich hatte das Gefühl, als würden mir beide herausgerissen.

Am 2. Januar 1943 wurde die Klinik »von allen jüdischen Patienten gesäubert«, wie die Nazis es ausdrückten. Sie wurde »judenrein«. Nun halfen auch keine Verbindungen oder Schmiergelder mehr. Gemeinsam mit den anderen jüdischen Patienten wurde mein Vater mit einem Frachtzug in das Übergangslager Westerbork im Osten der Niederlande gebracht, nahe der deutschen Grenze.

Als ich hörte, was mit Vater passiert war, überwältigte mich die Traurigkeit und ich weinte den ganzen Tag und die ganze Nacht.

Ich hatte mir zwei freie Tage erarbeitet, um meine Mutter in Den Haag zu besuchen. Über den Judenrat beantragte ich eine zweitägige Reisegenehmigung bei den Deutschen. Ohne diese Sondergenehmigung war es Juden nicht gestattet, öffentliche Verkehrsmittel zu nutzen. Doch ich hatte Glück und bekam die Erlaubnis erteilt, nach Den Haag zu reisen.

Als ich zu Hause ankam, musste ich sehr vorsichtig vorgehen, da meine Familie die Aufforderung erhalten hatte, sich zur Deportation zu melden, und so durften wir offiziell nicht zu Hause sein. Meine Mutter hatte nicht auf die Anordnung, die sie und Jackie betraf, reagiert.

Als ich das Haus betrat, drückte meine Mutter mich fest an sich, so erleichtert war sie, mich zu sehen. Wir standen einfach nur da und weinten uns an der Schulter der Anderen aus.

Ich drängte sie dazu unterzutauchen. Alle notwendigen Informationen und Kontakte hatte ich gesammelt, doch sie weigerte sich. Oft genug wurden Leute, die sich in den Häusern von Nichtjuden versteckten, von den Deutschen entdeckt und daraufhin sofort deportiert. Das Risiko war ihr zu groß, daher traute sie sich nicht.

»Wenigstens hättest du dann eine Chance«, argumentierte ich. »Du kannst nicht hierbleiben. Früher oder später werden die Nazis dich holen kommen, jetzt wo sie merken, dass die Leute sich nicht mehr freiwillig deportieren lassen. Sie werden jedes jüdische Haus durchsuchen. Wie lange willst du das durchhalten?«

»Lass mich noch eine Sache versuchen«, erwiderte sie. »Dr. Petersen, ein Gynäkologe am Zuidwal-Krankenhaus, führt Schönheitsoperationen an Patienten durch, die bereit sind, seinen Preis zu zahlen. Man kann ihm vertrauen. Ich habe gehört, dass Frau de Fries sich einer solchen Operation unterzogen hat und zwei Wochen im Krankenhaus bleiben durfte. So kann ich die Deportation wenigstens zwei Wochen hinauszögern. Jackie kann so lange im jüdischen Waisenhaus bleiben. Ich habe schon mit Frau de Fries gesprochen und sie hat mir versprochen, Kontakt mit Dr. Petersen aufzunehmen.«

Meine Mutter traf selbst alle Vorkehrungen, ließ sich im Krankenhaus aufnehmen und tatsächlich operieren. Als ich sie besuchte, fand ich sie schwach und einsam vor, weiß wie die Laken, auf denen sie lag. Sie sah mir an, dass ich mich um Fassung bemühte und versuchte, mir meine Gefühle nicht anmerken zu lassen. Leise sagte sie: »Das ist es wert. Wenigstens kann ich ein paar Tage ruhig schlafen, ohne nachts darauf hören zu müssen, ob der Transporter der Nazis vor meiner Tür hält.«

Ich versprach ihr, dass ich ab sofort mehr Lebensmittelpakete an Vater ins Westerbork-Lager schicken würde. Berichten zufolge war das Essen dort ungenießbar. Wenn man dort keine Nahrung geschickt bekam, war die Chance zu überleben gering. Mein Vater durfte Lebensmittelpakete erhalten, aber da alle Waren rationiert wurden und ich keine Extra-Marken für ihn hatte, musste ich alles zu extrem hohen Preisen auf dem Schwarzmarkt kaufen. Mutter sagte mir, dass wir Geld bei Herrn de Groot, Vaters Geschäftspartner, versteckt hatten, und dass er mir helfen würde, wenn ich ihn brauchte.

Als ich an diesem Abend ins jüdische Pflegeheim zurückkehrte, erwartete mich die tragische Nachricht, dass sich einer unserer

Ärzte das Leben genommen hatte, nachdem er erfahren hatte, dass das Versteck seiner Frau und seiner Kinder aufgeflogen war und sie ins Konzentrationslager geschickt worden waren.

Das unbeschreibliche Gefühl von Hilflosigkeit, Bedrückung und Entsetzen angesichts der grausamen Macht, von der wir umgeben waren, nahm mit jedem Tag zu und ließ unsere Seelen verzweifeln.

Erbarmungslos

Am 21. Januar 1943 wurde *Het Apeldoornse Bos*, die jüdische Nervenheilanstalt in Apeldoorn, evakuiert. Die grauenhaften Geschichten, die von dieser Deportation berichteten, erschütterten und entsetzten uns.

Mit der Hilfe von 100 jüdischen Krankenpflegern aus Westerbork, die der Judenrat zu diesem Zweck ausgewählt hatte, und einer Kompanie SS-Soldaten wurden 900 psychisch kranke Erwachsene und Kinder mit Lkws abtransportiert und am Bahnhof auf Viehwaggons geladen. Die meisten Patienten trugen nur ihre Nachthemden, einige wurden sogar nackt transportiert. Die 50 mitreisenden Krankenschwestern wurden in separaten Waggons untergebracht, zu weit weg von den Kranken, um sich um diese kümmern zu können. Die erste Gruppe Patienten wurde auf Bahren in die Waggons getragen. Als der deutsche Henker Ferdinand aus der Fünten, der gekommen war, um die Evakuierungsaktion zu kontrollieren, dies sah, schrie er seine Untergebenen an:

»Bin ich von Idioten umgeben? Habt ihr euch bei diesen Verrückten angesteckt? Meint ihr, wir können uns leisten, noch mehr Waggons zu benutzen? Die müssen alle da rein passen. Die Bahren nehmen zu viel Platz weg, also weg mit ihnen! Und wenn die Leute nicht nebeneinander passen, dann stapelt sie eben übereinander!«

Der Zug fuhr los mit »unbekanntem Ziel«. Tote Körper wurden abgeworfen, noch ehe er die deutsche Grenze überquert hatte. Dann reisten die Waggons vier Tage lang, hermetisch abgeriegelt, quer durch Deutschland. Als sie endlich Auschwitz erreichten, wurden die Überlebenden und das Pflegepersonal auf Laster verladen und wurden nie wieder gesehen. (Diese niederträchtige Tat wurde Jahre später während des Gerichtsverfahrens gegen Fünten im Dezember 1949 von den nüchternsten Zeugen der Welt bestätigt – den phlegmatischen niederländischen Eisenbahnern.)

Während die Bedrohung deportiert zu werden wie ein Damokles-Schwert über mir schwebte, versuchte ich mich noch tiefer in die Arbeit zu vergraben und verstärkte meine Bemühungen, die Patienten aufzuheitern. Während ich sie versorgte und fütterte, erzählte ich ihnen Geschichten, sang ihnen etwas vor und versuchte ihnen jeden Wunsch von den Augen abzulesen. Nach den Besuchszeiten war es besonders schwierig für die Kranken. Sie wussten nie, ob sie ihre Kinder und Verwandten, von denen sie sich gerade verabschiedet hatten, jemals wiedersehen würden. Sehr oft mussten wir die hysterischen Anfälle, Weinkrämpfe und Depressionen der Patienten mit ansehen und versuchen, sie wieder zu beruhigen.

Jeden Tag wurden immer mehr Kranke und Personal im Krankenhaus aufgenommen. Das jüdische Pflegeheim wurde »der menschliche Tresor« genannt, und viele Leute versuchten durch Beziehungen entweder als Patienten oder als Personal aufgenommen zu werden, um der Deportation wenigstens zeitweise zu entgehen.

Alle im Krankenhaus verspürten Angst und Trauer über die neuesten Kriegsentwicklungen. Die täglichen Deportationen, das Auseinanderreißen der Familien und vor allem die Tatsache, dass man nicht mehr in der Lage war, sein eigenes Schicksal oder die eigene Zukunft zu bestimmen, gab uns das Gefühl, in den Klauen der Nazibestien gefangen zu sein.

In diesen Zeiten der Not erwies sich Jules Godefroi von unschätzbarem Wert für mich und wir wurden Freunde fürs Leben. Er war ein sehr einfühlsamer, freundlicher und zuvorkommender 40-jähriger Mann. Seine gepflegte und schlanke Erscheinung ließ ihn um einiges jünger wirken. Anfangs schien er nicht besonders energisch und hielt sich bei unseren Diskussionsrunden meist zurück. Doch nach einiger Zeit machte er sich auf eine ruhige, bescheidene Art bemerkbar. Da er der technische Leiter des Krankenhauses war, waren wir uns schon oft über den Weg gelaufen. Wir begegneten uns auch oft bei den Diskussionsrunden, die Dr. Buzaglo freitagabends veranstaltete, und bei den musikalischen Abenden, die Jules selbst organisierte.

Es war leicht, sich ihm anzuvertrauen, denn er hatte immer ein offenes Ohr für mich und spendete mir so Trost. Zwischen uns entwickelte sich eine starke persönliche Anziehung. Es war ein Gefühl gegenseitiger Wertschätzung, gemischt mit seiner tiefen Sorge um mich, weil ich noch so jung und unerfahren war. Es war schön, in einer rein freundschaftlichen Art mit ihm verbunden zu sein; ein Umstand, der unsere Freundschaft sowohl in ihrem Ausdruck als auch in ihrer Intensität tiefer und freier werden ließ.

Während meiner freien Zeit von 18:30 Uhr bis 20:00 Uhr, kurz bevor die Ausgangssperre verhängt wurde, nahmen wir uns oft die Zeit, um gemeinsam entlang der Kanäle und über die kleinen Brücken Amsterdams zu schlendern. Diese Spaziergänge waren der einzige Zeitvertreib, der uns außerhalb des Krankenhauses geblieben war. Ich genoss den Anblick der letzten Sonnenstrahlen des Tages, wie sie durch die Trauerweiden auf das Wasser fielen. Ich genoss jede Blume, jeden Busch und jedes Stück Rasen, das in den Gärten entlang der Straße wuchs. Ich bewunderte die Bögen der kleinen Brücken, wie sie sich von einer Seite des Kanals zur anderen erstreckten. Es tat gut, mit einer Person zu reden, die offensichtlich um mein Wohlergehen besorgt war. In einer Welt, in der jeder und alles zu verkommen schien, bildete diese Beziehung eine geistige Oase, die selbst die schwärzesten Tage erhellen konnte.

Von Zeit zu Zeit fanden im Krankenhaus zur Unterhaltung der Patienten und des Personals musikalische Darbietungen statt. Die leichte Operette »Im weißen Rössl« sollte am 28. Februar 1948 aufgeführt werden. In dieser Woche übernahm ich die Nachtschicht von 23:00 Uhr abends bis 7:00 Uhr morgens und bekam wegen der Aufregung, des Lärms und des ins Zimmer fallenden Lichts kaum Schlaf. Ich stand auf und schaute zusammen mit ein paar Patienten und anderem Krankenhauspersonal bei den Proben zu. Die Lieder, das Schauspiel und die Kostüme verzauberten mich. Ich sehnte mich danach, genauso sorglos, jung und glücklich zu sein wie die jungen Menschen, die auf der Bühne dargestellt wurden.

Räumung

Und dann traf uns die furchtbare Nachricht mit der Wucht einer Granate. Als hätte uns die eisige Kralle des Verderbens gepackt, ließ die Nachricht, die wir so lange gefürchtet hatten, das Blut in unseren Adern gefrieren: »Die *Joodsche Invalide* wird am 1. März evakuiert.«

Die Information hatte sich durch eine undichte Stelle im Judenrat verbreitet. Bis dahin hatte es immer wieder Gerüchte von Deportationsplänen gegeben, sodass wir uns nicht sicher sein konnten, ob es sich nicht auch diesmal um falschen Alarm handelte. Wir lebten in ständiger Angst. Doch am 28. Februar sagte Dr. Buzaglo die Aufführung der Operette ab. Der Judenrat bestätigte, dass der 1. März als Termin für unsere Deportation feststand. An diesem Morgen blieb ich nach der Nachtschicht auf. Nach und nach verließen die Leitung und das Personal das Krankenhaus. Ich war nun, genau wie alle anderen Krankenhausangestellten, mit einer sehr ernsten Lage konfrontiert. Erstens: Wann würde die Deportation tatsächlich stattfinden? Zweitens: Falls das wirklich alles stimmen sollte, müsste ich mich in Sicherheit bringen, da es dumm wäre, das unausweichliche Schicksal offenen Auges abzuwarten. Drittens: Wenn ich das Krankenhaus jetzt sofort vor der Ausgangssperre verließe, wer würde dann nachts für all die armen, kranken, behinderten und gelähmten Patienten sorgen? Viertens: Wie könnte ich es mir je verzeihen, so feige weggerannt zu sein und die Patienten so hilflos zurückgelassen zu haben, falls die Deportation nicht stattfinden sollte?

Diese vier Fragen trieben mich um und um. Meine Mutter rief aus Den Haag einen Freund an, der mich überreden sollte zu fliehen. Ann, Marge und meine anderen Freunde entschlossen sich zu gehen. Doch sie versprachen zurückzukommen, wenn am nächsten Morgen nichts passiert sein sollte.

Eine Krankenschwester namens Laura hatte den Entschluss gefasst, sich mir anzuschließen, egal wie meine Entscheidung ausfallen würde. Ihr Verhalten irritierte mich sehr und ich scheute mich vor der großen Verantwortung, die mit meiner Entscheidung verbunden war.

»Laura«, sagte ich zu ihr, »warum entscheidest du nicht selbst, was du tun willst? Bitte frag mich nicht. Ich weiß selbst nicht einmal, was ich tun werde.«

Doch Laura erwiderte hartnäckig: »Mir ist egal, wie du dich entscheidest, ich mache mit. Wenn du gehst, gehe ich auch. Wenn du bleibst, bleibe ich auch!«

»Laura, du machst es mir wirklich schwer. Ich kann nicht die Verantwortung für dich übernehmen. Ich will für mich selbst entscheiden, nicht für dich«, sagte ich ihr ganz direkt. »Angenommen, du bleibst wegen mir hier und die *Joodsche Invalide* wird morgen geräumt, dann werde ich mich für deine Deportation verantwortlich fühlen. Es geht hier um Leben und Tod. Du musst deine eigene Entscheidung treffen.«

Jules, Marcia und Alan fingen mich eine Stunde vor der Ausgangssperre ab und beknieten mich zu gehen. Jules flehte mich regelrecht an und nahm mich beiseite, um mir klarzumachen, dass ich es mir selbst schuldig war, vor der Deportation zu fliehen.

Inzwischen hatte ich mich entschieden, im Krankenhaus zu bleiben, und mein Herz und meine innere Stimme sagten mir, dass dies der richtige Weg für mich war.

»Jules, ich kann einfach nicht anders. Ich kann diese armen Menschen nicht zurücklassen! Wer wird den Behinderten und Gelähmten helfen? Auch sie haben von den Gerüchten gehört. Verstehst du nicht, dass sie starr vor Angst sind? Ich könnte mir nie vergeben sie in der Stunde der Not sitzen gelassen zu haben. Ich muss bleiben. Ich kann sie nicht im Stich lassen. Was werden du und Alan tun?«

»Oh, wir bleiben hier. Jemand muss doch das Gebäude und all die technischen Geräte warten. Ich muss bleiben.«

»Siehst du? Warum bestehst du dann darauf, dass ich gehe, wenn du selbst bleiben willst? Ist dein Leben denn nicht genauso wertvoll?«

Mit Beginn der Ausgangssperre wurden um 20:00 Uhr die Türen verschlossen und ich stellte fest, dass das Pflegepersonal außer mir nur noch aus wenigen Krankenschwestern und der Oberschwester Oppenheimer bestand. Auch Dr. Buzaglo, seine Frau und sein Kind, das Ehepaar Hartog und Jules Godefroi waren geblieben.

An diese Nacht des 28. Februar 1943 erinnere ich mich genau. Ich war alleine und zuständig für eine ganze Station mit 50 Patienten. Außerdem musste ich während der Nacht auf einer anderen Station aushelfen. Die Kranken lagen angsterfüllt in ihren Betten und vermochten kaum ihre Tränen zu unterdrücken. Ich machte ruhig und effizient meine Runden, verabreichte Medikamente und kümmerte mich um die Patienten. Auf einmal überkam mich das Gefühl von Liebe, Wärme und Mitgefühl für diese Menschen. Ich ging zu jedem von ihnen hin, beruhigte den einen, streichelte den anderen und rückte ihnen die Bettdecken zurecht. Ihre Tränen der Dankbarkeit und Worte des Segens weckten in mir eine tief empfundene Liebe. Als die Oberschwester vorbeischaute, merkte ich, dass sich unser Verhältnis geändert hatte – dank der gemeinsamen Anstrengungen waren wir uns nun ebenbürtig. Sie lobte mich dafür, dass ich geblieben war, und für die Art und Weise, wie ich meinen Pflichten nachging.

Während dieser Nacht war Jules der Vermittler zwischen den Etagen. Er brachte mir etwas zu essen, obwohl ich nicht wirklich hungrig war. Wir redeten über uns, über unsere Hoffnungen und Träume, als wäre der nächste Tag einfach nur ein weiterer Tag und nicht der Tag des Verderbens. Zwischen uns entwickelte sich eine feine Zuneigung, die uns als Schutzschild gegen die brutale Realität diente, mit der wir uns konfrontiert sahen.

Alan und Jules hatten ein Versteck im Keller unter der Krankenhaussynagoge eingerichtet. Eine kleine, durch einen Teppich verdeckte Falltür führte in dieses Versteck, das sie mit Decken, Matratzen, Lebensmitteln, Wasser und Kerzen ausgestattet hatten. Der Plan sah vor, dass für den Fall, dass die Deutschen wirklich kamen, alle Gebliebenen umgehend die Synagoge aufsuchen und durch die Falltür in das Versteck schlüpfen sollten.

Jules ließ mich ihm versprechen, dass ich bei Gefahr schnell handeln würde. Wir konnten uns nicht sicher sein, dass unser Versteck während der Evakuierung des Krankenhauses nicht entdeckt werden würde. Wir konnten nur hoffen, beten und uns ruhig verhalten.

In dieser Nacht fanden viele Absprachen statt unter dem Personal, das zurückgeblieben war. Es wurde beschlossen, dass wir zunächst versuchen würden, über das Dach des Krankenhauses zu fliehen, sollten die Deutschen wirklich kommen. Vom Dach aus konnte man auf das Dach des städtischen Amts für Gesundheit und Medizin springen, durch die Dachluke in das Gebäude eindringen und dann die Treppen hinunter und durch die Tür hinaus laufen, um sich in Sicherheit zu bringen. Eine Alternative war, sich im Keller der Synagoge zu verstecken. Als die Dunkelheit der Nacht vom frühen Licht des Morgens abgelöst wurde, stiegen wir auf das Dach, um unseren Fluchtweg zu inspizieren. Alles war so ruhig und friedlich – das schöne Amsterdam schlief noch.

Zu spät

Ich kehrte zu meinen Patienten zurück, denn ich wusste, dass sie mich brauchten. Sie fragten mich leise, ob ich etwas Neues gehört hätte und ob es irgendein Zeichen von den Deutschen gäbe. Um 6:00 Uhr morgens endete die Ausgangssperre und keiner der Krankenhausmitarbeiter kehrte zurück. Um 7:00 Uhr brachte ich den Patienten ihr Frühstück. Wir waren noch immer voller Hoffnung und mutmaßten, dass wenn die Deutschen bis jetzt noch nicht da waren, sie auch später nicht mehr kommen würden. Unser gutes Gefühl wurde um 8:30 Uhr durch einen Anruf von Herrn Asscher vom Judenrat weiter bestärkt, der uns sagte, dass wir uns keine Sorgen mehr zu machen brauchten, da die Gefahr der Deportation nun nicht mehr bestünde. Ein paar

Minuten später kam Pfleger Hammelburg, der einzig verbliebene männliche Pfleger in dieser Nacht, vom Dach gerannt, auf dem er Ausschau gehalten hatte, und rief: »Die Deutschen sind dabei, das Gebäude zu umstellen!« Alan und Else Hartog, die sich im Pförtnerhäuschen aufhielten, gaben das vereinbarte Signal, indem sie das Telefonbuch auf den Summer warfen, um den Krankenhausleiter Dr. Buzaglo zu alarmieren.

Ich spürte die Angst wie ein glühend heißes Messer durch mich hindurchfahren, doch anstatt in Panik zu geraten, wurde mein Geist auf einmal sehr klar und wachsam. Sechs von uns liefen schnell auf das Dach, um über den geplanten Fluchtweg zu entkommen. Als wir über den Rand des Krankenhauses blickten, schnappten wir ungläubig nach Luft. Wir sahen endlose Reihen von Lkws, Wagen und Transportern, welche den gesamten Block der Weesperplein, Sarfatistraat und der Nieuwe Achtergracht umzingelten, einschließlich des städtischen Amts für Gesundheit und Medizin. An verschiedenen Positionen hielten Soldaten der Wehrmacht und die gefürchteten SS-Männer mit aufgepflanzten Bajonetten Wache.

Es war klar, dass unser Fluchtweg blockiert war und wir nun auf Plan B ausweichen mussten. Wir kehrten um und liefen die Treppen hinunter, um uns im Keller unter der Synagoge zu verstecken. Doch die Deutschen hatten schon alle Türen und Ausgänge versperrt, damit niemand entkommen konnte. Unsere letzte Hoffnung und Chance, uns in Sicherheit zu bringen, die so nah lag, war nun unerreichbar geworden. Die Enttäuschung über diese zerstörte Hoffnung war eine wahrhaft bittere Pille. Wir saßen in der Falle!

Die deutschen Offiziere, die die Deportation überwachten, befahlen uns, zu unseren Patienten zu gehen, um sie für den Transport vorzubereiten. Einer von ihnen nahm sein Gewehr in die Hand und befahl mir, auf die Krankenstation vorauszugehen. Wir sollten uns in Zweiergruppen zusammentun. Betty und ich arbeiteten zusammen und versuchten unser Möglichstes, um die Patienten zu beruhigen und sie auf ihr Rendezvous mit dem Tod vorzubereiten.

Es brach mir fast das Herz, als ich mir bewusst wurde, wozu ich nun gezwungen wurde. Das machte mich so wütend, dass ich einen deutschen Soldaten, der eine Patientin grob auf eine Trage zerrte, anschrie: »Haben Sie denn keinen Funken menschlichen Anstands? Diese Patientin hat entsetzliche Schmerzen. Wie können Sie sie so quälen?«

»Ihr Leid wird bald vorüber sein«, erwiderte er.

Wir ignorierten die SS-Männer und versuchten, unseren Patienten so gut es ging zu helfen. Die ganze Operation verlief in schrecklicher und anklagender Stille. Um 15:00 Uhr war die grauenvolle Arbeit getan. Mehrere hundert alte, kranke, blinde, gelähmte und senile Patienten waren entweder mit Tragen oder zu Fuß auf die Wagen verfrachtet worden. Sie waren so tapfer – es gab kein Wehgeschrei, keine hysterischen Anfälle.

Unsere kleine Schwesternschaft wurde nach unten beordert, um auf die Wagen mit den Patienten verteilt zu werden. So standen wir in der Eingangshalle des Krankenhauses im Kreis: Dr. Buzaglo, Oberschwester Oppenheimer, Jules, Betty, Laura und ich. Mir fiel auf, dass Alan und Else Hartog und Pfleger Hammelburg in unserer Runde fehlten, und ich hoffte, dass sie im Keller der Synagoge in Sicherheit waren.

Als Dr. Buzaglo uns die Hand schüttelte, entdeckte ich Tränen in den Augen des beherrschten und stolz aussehenden Mannes. Er sagte zu uns: »Ich habe erneut versucht, Aufschub bei Fünten zu erwirken, doch diesmal bin ich gescheitert. Wie kann ich Ihnen für all das danken, was Sie getan haben? Sie hätten sich selbst in Sicherheit bringen können, doch Ihr Gewissen hat Sie anders entscheiden lassen. Nur starke Persönlichkeiten verhalten sich so, wie Sie es getan haben. Sie haben einen Akt größter Nächstenliebe vollbracht – eine *Mitzwa*. Ich danke Ihnen allen im Namen der unglückseligen Patienten. Möge Gott mit Ihnen sein!«

Wir schüttelten uns die Hände und blickten einander dabei tief in die Augen, in dem Bewusstsein, dass dies vielleicht das letzte Mal war, dass wir uns sahen. Das wars.

Die Tür

Das Einzige, was uns jetzt noch zu tun blieb, war, den Anweisungen Folge zu leisten und die Patienten auf ihrer Reise an ein »unbekanntes Ziel« zu begleiten. Ich drehte mich um, schaute durch die offenen Türen auf den Hof und sah die voll beladenen Laster, auf die gerade die letzten Patienten geschoben wurden.

In diesem Moment kam mir ein Gedanke. Mein Herz klopfte und ich spürte, wie mein Überlebenswille das Heft in die Hand nahm. Mit dem Mut der Verzweiflung setzte ich meinen Plan in die Tat um. Ich legte meinen Rucksack neben der Wand ab, nahm mein Portemonnaie und meinen Ausweis heraus und faltete dann meine Schwesternschürze so, dass sie nicht unter meinem Mantel hervorschauen würde. Laura beobachtete mich genau und stöhnte leise:

»Was machst du da? Was hast du vor?«

»Lass mich in Ruhe. Sprich nicht mit mir, sonst werden sie auf mich aufmerksam. Lass mich bitte!« Sie regte mich auf.

»Nein, ich will mit dir gehen. Lass mich bitte mitkommen«, flehte sie mich an.

»Ich werde hier rausspazieren. Das ist sehr riskant. Es ist durchaus möglich, dass sie mich erschießen, und ich will nicht für dich mitverantwortlich sein. Lass mich bitte allein!« Ich versuchte, einfühlsam zu sein, aber sie war hartnäckig.

»Das ist mir egal, ich komme mit dir.«

Die Zeit drängte. Mir wurde klar, dass ich sie nicht loswerden würde, also sagte ich ihr, dass sie meinen Anweisungen folgen sollte.

»Sei einfach ruhig und mach alles, was ich tue. Ganz ruhig und locker!«

Wir gingen durch die Tür und bogen links Richtung Sarfatistraat ab. Alle paar Meter standen schwarzbehemdete Soldaten mit aufgepflanztem Bajonett Wache. Laura ging die ganze Zeit über einen halben Schritt hinter mir her.

»Tu so, als würdest du einen Spaziergang in der Sonne machen«, sagte ich leise, kaum meine Lippen bewegend. Wir gingen an den Reihen von Soldaten, Lastern, Transportern und Motorradeinheiten vorbei. Wir hatten fast die Straßenecke der Sarfatisstraat erreicht, als wir hörten, wie einer der Schwarzhemd-Soldaten hinter uns herrief:

»Hey, wo wollt ihr hin? – Halt!«

Laura wimmerte, und mir wurden die Knie schwach. Doch ich beschwor sie durch zusammengebissene Zähne:

»Geh einfach weiter. Hör auf zu jammern und dreh dich nicht um! Tu so, als hättest du ihn nicht gehört. Lauf bloß nicht los, sonst erschießen sie uns beide!«

Wir gingen um die Ecke und trafen auf weitere Schwarzhemden, die etwa drei Meter weit weg standen. Der Verkehr in der Sarfatistraat lief weiter wie gewohnt. Als wir, immer noch in ruhigem Tempo, die Mitte des Häuserblocks erreicht hatten, griff ich nach Lauras Hand und lief direkt in den Verkehr hinein, der mir in diesem Moment weniger gefährlich vorkam als die SS-Soldaten. Als wir die andere Straßenseite erreicht hatten, gingen wir etwas schneller. Wir bogen in eine Seitenstraße hinter den Brauereien ab und befanden uns jetzt außer Sichtweite der Soldaten. Nun rannten wir los, als sei der Teufel hinter uns her, bis uns die Lungen zu platzen drohten. Ich fragte Laura:

»Wo sollen wir denn jetzt hin? Wo sind wir sicher? Sie werden uns gewiss nachstellen!«

Sie schlug vor, zum Haus ihrer Cousine im Osten Amsterdams zu gehen. Wir liefen eine Stunde weiter, bis wir endlich bei ihrer Cousine ankamen. Es brauchte einige Zeit, bis wir uns beruhigt hatten. Ich machte mich frisch, ging zu Bett und schlief zwölf Stunden durch. Am nächsten Morgen entschloss ich mich meine Mutter zu besuchen.

Dieses Mal verzichtete ich darauf, eine Reisegenehmigung zu beantragen. Ich nahm einfach meinen gelben Stern ab, stieg in eine Straßenbahn und fuhr mit dem Zug nach Den Haag.

Wiedersehen

Es war wunderbar, nach meinem knappen Entkommen meine Mutter wiederzusehen. Ich war dankbar und glücklich, obwohl die Gefahr deportiert zu werden, immer noch nicht gebannt war. Wir besuchten Kitty und Iris, die auf der gegenüberliegenden Straßenseite lebten. Sie konnten kaum glauben, dass ich gewagt hatte, die Deutschen an der Nase herumzuführen. Meine Mutter konnte ihre Gefühle nicht mehr kontrollieren. Immer wieder weinte, küsste und umarmte sie mich.

Gemeinsam hörten wir uns die BBC-Nachrichten aus London an, die von Gerüchten berichteten, dass Menschen in den Konzentrationslagern vergast wurden. Langsam waren uns die Namen von Orten wie Theresienstadt, Bergen-Belsen, Dachau, Auschwitz und Buchenwald vertraut, auch wenn sie in uns großes Entsetzen und Schrecken hervorriefen.

Die Welt um uns herum zerfiel in Schutt und Asche und wir waren kurz davor, mit ihr unterzugehen.

Nachdem wir alle Vor- und Nachteile diskutiert hatten, kamen Mutter und ich zu dem Schluss, dass es trotz der Risiken am besten wäre, wenn ich nach Amsterdam zurückkehren und versuchen würde, als Krankenschwester in dem *Nederlands-Israelitisch Ziekenhuis*, dem Niederländisch-Jüdischen Krankenhaus (NIZ), aufgenommen zu werden. Ich war nicht offiziell gemeldet und hatte keine Reisegenehmigung. Sollte ich hier erwischt werden, würde das auch die Sicherheit meiner Mutter gefährden.

Erneut versuchte ich meine Mutter zu überreden unterzutauchen, doch sie weigerte sich.

»Außerdem«, sagte sie selbstsicher, »da dein Vater Vorkehrungen getroffen hat und uns auf der Palästina-Austausch-Liste hat registrieren lassen, können wir in Westerbork bleiben, bis wir nach Palästina übersiedeln können, und werden so nicht ins Konzentrationslager geschickt.«

Um auf diese Liste aufgenommen zu werden, musste Vater über das Rote Kreuz eine eidesstattliche Erklärung unserer Verwandten in Palästina einholen. Herr E.A.P. Puttkammer, ein deutscher Prokurist bei der *Rotterdamse Bank* in Amsterdam, organisierte diese Leistung, für die er Diamanten, Geld, fremde Währung oder manchmal auch alle drei Währungsmittel von uns verlangte. Ich wurde zum Mittelsmann, indem ich Herrn Puttkammer in unregelmäßigen Abständen die Diamanten oder das Geld überbrachte.

Schließlich umarmte ich meine Mutter. Wir standen so eine Weile lang da und wollten uns nicht voneinander trennen. Ich machte mir große Sorgen um sie.

»O Gott«, betete ich, »bitte enttäusche sie nicht in ihrem Vertrauen und in ihrer Zuversicht. Hilf uns, o Herr! Bitte steh uns in unserem Kampf ums Überleben bei.«

12 Eine neue Chance

Als ich das Niederländisch-Jüdische Krankenhaus, das NIZ, in Amsterdam erreichte, traf ich auf mehrere meiner Freunde, die mich informierten, dass der Direktor des Krankenhauses, Dr. Kronenberg, bereitwillig ehemalige Schwestern des jüdischen Pflegeheims einstellte. Er empfing mich herzlich in seinem Büro und ich erzählte ihm die Geschichte meiner Flucht. Nachdem ich mich der Oberschwester vorgestellt hatte, wurde ich für den alten Trakt des Krankenhauses eingeteilt, der viele ehemalige Patienten des Apeldoornse-Bos-Krankenhauses beherbergte. Aufgrund einer Sondergenehmigung waren diese vor der Evakuierung der Klinik hierher verlegt worden.

Das NIZ auf der Nieuwe Keizersgracht war das größte und älteste jüdische Krankenhaus in Amsterdam. In der Mitte der verschiedenen Klinikgebäude befand sich ein Garten mit Bäumen und Bänken, in dem die Schwestern, Ärzte und Patienten sich entspannen konnten.

Ich genoss die harte Arbeit und das professionelle medizinische Ambiente sehr. Dieses Krankenhaus, in dem immer reger Betrieb herrschte, unterschied sich extrem von der *Joodsche Invalide*, in der ich mich hauptsächlich um chronisch kranke und meist ältere Patienten gekümmert hatte.

Bald schon wurde ich der Männerstation zugeteilt. Nie werde ich vergessen, wie geschockt ich war, als ich zum ersten Mal einen männlichen Patienten waschen musste. Doch ich lernte schnell und entwickelte die notwendige professionelle und effiziente Einstellung.

Das Krankenhaus war bereits überfüllt, doch jeden Tag wurden dank einer Sondergenehmigung, der Zahlung von Schmiergeldern und dem »Einfluss« des Judenrats oder einer einflussreichen Persönlichkeit des Krankenhauses mehr Patienten und mehr Personal aufgenommen. Gesunde Menschen ließen sich den Blinddarm entfernen, nur um ihre Deportation hinauszuzögern.

Die Jagd auf die Juden, die auch Razzia genannt wurde, war in vollem Gange. Im April 1943 verkündete der gewaltverliebte Generalkommissar Hans Rauter, dass Amsterdam Stadtteil für Stadtteil »entjudifiziert« werden sollte. Wir lebten in ständiger Angst.

Kontakt

Eines Tages sollte ich einem Patienten, der unter Polizeibewachung stand, sein Essen und seine Medikamente bringen. Die Stationsschwester erzählte mir, dass ihm in die Brust geschossen worden war, als er versucht hatte zu fliehen. Er musste wichtig für die Deutschen sein, sonst hätten sie nicht gestattet, dass er im Krankenhaus behandelt wurde.

Ich ging ins Zimmer und sah, wie Peter, so hieß der junge Mann, fast leblos im Bett lag. Als ich ihn berührte, öffnete er die Augen. Sein Blick war so eindringlich, es kam mir vor, als schaute er mir direkt in die Seele. Erst nach einiger Zeit merkte ich, dass er mir etwas zuflüsterte:

»Sie wissen wahrscheinlich, warum ich hier unter Bewachung stehe. Diesmal haben sie mich erwischt und ich weiß, dass ich nicht überleben werde. Ich muss schnell sein, denn die Wache überprüft in regelmäßigen Abständen, ob ich noch da bin. Ich leide, nicht nur körperlich, sondern auch, weil ich meinen Auftrag nicht beenden konnte.«

Er hielt inne, um nach Luft zu ringen, und als er den verständnislosen Blick auf meinem Gesicht sah, fuhr er fort:

»Wer wird meine Arbeit im Untergrund weiterführen? Wer wird Verstecke für die Kinder aus den Krankenhäusern und Heimen in nichtjüdischen Häusern finden, damit sie den eisernen Klauen der Nazis entgehen? Ich kann nicht hier heraus und darf keine Besucher empfangen. Die Widerstandsbewegung im Untergrund hat keine Möglichkeit, mit mir in Kontakt zu treten.«

In diesem Moment steckte die Wache den Kopf durch die Tür. Ich tat schnell so, als sei ich damit beschäftigt, Peter zu füttern. Beruhigend redete ich auf ihn ein:

»Peter, die Ärzte tun alles, was in ihrer Macht steht. Sie werden schon sehen, in kürzester Zeit sind Sie wieder auf den Beinen.«

»Und wozu soll das gut sein? Damit die Nazis mich foltern können, um wertvolle Informationen aus mir herauszuquetschen und mich dann zu erschießen? Nein, meine Liebe, für mich gibt es keine Hoffnung mehr. Aber Sie könnten mir auf viel bedeutendere und wichtigere Art und Weise behilflich sein, und wenn Sie zustimmen, werde ich meinen Seelenfrieden auch wiederfinden.«

»Ich werde alles in meiner Macht Stehende tun, um Ihnen zu helfen«, versicherte ich ihm aus tiefstem Herzen.

»Treffen Sie keine übereilte Entscheidung. Ich möchte, dass Sie ein paar Tage darüber nachdenken. Die Aufgabe, um die ich Sie bitte, ist keine leichte und wird Sie in Lebensgefahr bringen. Was sagen Sie nun?«

Ich dachte an meine Mutter und meine beiden Brüder, die noch frei waren, und an meinen Vater im Übergangslager Westerbork.

»Mein liebes Mädchen, ich kenne Sie nicht persönlich, aber Hilda, die Stationsschwester, erzählte mir von Ihrer Flucht aus dem jüdischen Pflegeheim. Ich kann Ihnen ansehen, dass Sie eine sehr entschlossene junge Dame sind und, wie man hört, auch sehr einfallsreich. Meine Frage lautet: Wären Sie bereit, meinen Kampf gegen die Nazis für mich weiterzuführen, indem Sie sich der niederländischen Widerstandsbewegung anschließen, um jüdische Kinder und Erwachsene davor zu retten, in die Falle der Nazis zu tappen? Es gibt so viel zu tun und zu wenig Zeit. Antworten Sie mir nicht direkt, denken Sie erst darüber nach. Da ich nicht weiß, ob ich morgen noch am Leben sein werde, merken Sie sich einfach diese Adresse.«

Er flüsterte mir die Adresse mit dem Passwort »Die Tulpen sind rot« ins Ohr.

»Die werden wissen, dass ich Sie geschickt habe. Gehen Sie jetzt bitte und nehmen Sie das Tablett mit. *Je maintiendrai* [1]. Gott schütze Sie!«

Ich verließ ihn und ging aus dem Zimmer an der Wache vorbei. Innerlich war ich extrem aufgewühlt und hatte das Gefühl, ich würde in einen riesigen, unbekannten Ozean stürzen. Sollte ich mich der Widerstandsbewegung anschließen? Was würde meine Mutter dazu sagen? O nein, ich konnte niemandem etwas davon erzählen, nicht mal meinen engsten Verwandten und Freunden. Ich würde die Mitglieder der Widerstandsbewegung dadurch in Gefahr bringen. Sollte ich es wagen, wie Peter es ausdrückte, mich in Lebensgefahr zu begeben, wenn ich gegen die Nazis kämpfte? Ich wusste, was mich erwartete, sollte ich gefasst werden.

Andererseits war mein Leben jetzt auch nicht sicher. Sie konnten mich jederzeit auf der Straße anhalten und in ein Konzentrationslager schicken. Die Deutschen könnten heute das Krankenhaus räumen und niemand wäre in der Lage, etwas dagegen zu tun. Und wieso sollte ich ihnen folgsam und ohne Gegenwehr auf die Schlachtbank folgen? Ich wollte nicht länger ein Leben in Angst führen.

Mutter

Plötzlich sah ich, wie meine Zimmergenossin Etty vom anderen Ende des Flures auf mich zugerannt kam und mir signalisierte, ich solle zu ihr kommen. Sie brachte die Worte kaum heraus: »Dein Bruder Paul hat gerade aus Den Haag angerufen. Sie haben deine Mutter und den kleinen Jackie aus eurem Haus in Den Haag geholt und an die zentrale Sammelstelle auf der Paviljoensgracht, dem ehemaligen Zwaluwenrest, gebracht, wo sie bleiben müssen, bis sie morgen nach Westerbork deportiert werden.«

---

[1] Spruch im Wappen von Prinz Wilhelm von Oranien: Ich werde (Nassau) nicht aufgeben. Seit 1813 Wappenspruch im Staatswappen der Niederlande.

Ihre letzten Worte hörte ich schon fast nicht mehr. Mein Kopf und mein Herz überschlugen sich und ich geriet in Panik. Mein erster Instinkt war, zu ihnen nach Den Haag zu reisen. Ich rannte los, um die Oberschwester zu suchen, und sie erteilte mir die Erlaubnis zu gehen. Doch die Zeit reichte nicht, eine Reisegenehmigung beim Judenrat zu beantragen, also nahm ich meinen gelben Stern ab und machte mich auf den Weg zum Bahnhof. Erst als ich mich auf den Sitz des Zuges niederfallen ließ, wurde mir die Nachricht meines Bruders bewusst. Ich wandte mein Gesicht der Fensterscheibe zu, aus Angst, jemand könnte mich verdächtigen. Durch einen Schleier aus Tränen sah ich dabei zu, wie die Landschaft an mir vorbeirauschte.

Als ich in der Straße ankam, in der meine Familie lebte, lief ich zunächst ein paarmal an unserem Haus vorbei, die Straße hoch und runter. Ich wusste nicht, wo mein Bruder Paul war und ob unser Haus bereits abgeriegelt oder »gepulst« war, was bedeutete, dass die große Umzugsfirma Puls es im Auftrag der Deutschen geplündert hatte, so wie es mittlerweile üblich war, wenn die Bewohner der jüdischen Häuser deportiert worden waren.

Ich hörte Schritte hinter mir und wie jemand meinen Namen rief. Ich drehte mich um und sah zu meiner Erleichterung unseren Nachbarn, der mich in sein Haus bat. Dort war auch Paul. Wir versuchten, einander zu trösten. Er sagte:

»Als die Deutschen in unsere Straße kamen, flehte Mutter mich an, durch den Garten zu fliehen.«

Ich erkundigte mich bei Paul nach unserem kleinen Bruder Jackie. Mutter hatte ihm gesagt, er solle sich keine Sorgen machen, da wir alle auf der Palästina-Austausch-Liste, der sogenannten Puttkammer-Liste stünden. Außerdem glaubte sie sowieso nicht daran, dass sie kleinen Kindern etwas antun würden.

Paul erzählte, wie die Deutschen an der Tür klingelten und er in den Garten gerannt und über den Zaun in den Garten unserer Nachbarn gesprungen war, wo er sich unter Büschen versteckte, bis die Razzia vorüber war.

»Ich habe mitbekommen, wie die Deutschen den Garten mehrmals durchsuchten. Aus dem Inneren des Hauses hörte ich Türen schlagen, als sie dort nach versteckten Personen suchten. Ich habe mich die ganze Zeit über nicht gerührt.«

Die deutsche Zerstörungsmaschinerie war sehr effizient vorgegangen und die Geier hatten ihre Beute verschlungen.

»Dann war alles still«, fuhr Paul fort. »Ich wartete ein paar Stunden, bevor ich an die Hintertür des Nachbarhauses klopfte. Als sie mich erkannten, ließen sie mich sofort rein. Ich kann dir gar nicht sagen, wie nett sie alle sind. Ich durfte sogar ihr Telefon benutzen, um dich im Krankenhaus anzurufen. Es ist so schön, dich zu sehen!«

Ich wollte mich beim Ehepaar van Heeren bedanken, doch Herr van Heeren unterbrach mich: »Ich bin mir sicher, ihr hättet genauso gehandelt. Wir kennen euch nun schon so lange und mögen eure Eltern sehr gern. Lasst uns nun überlegen, was zu tun ist. Ich werde durch den Garten in euer Haus gehen, um zu sehen, was darin vor sich geht. Bald beginnt die Ausgangssperre, dann könnt ihr nicht mehr rausgehen.«

Als Herr van Heeren zurückkehrte, berichtete er, dass die Deutschen die Tür versiegelt hatten, aber dass sonst alles im Haus mehr oder weniger intakt war.

»Bleibt heute Nacht in eurem Haus. Ich bin mir sicher, dass sie es nicht heute Nacht noch ›pulsen‹ werden. Denkt daran, die Fenster zu verdunkeln und verhaltet euch ruhig. Wir lassen unsere Hintertür unverschlossen. Wenn ihr meint, die Deutschen kommen zurück, lauft sofort zu uns herüber, auch wenn es mitten in der Nacht ist. Morgen früh könnt ihr durch unser Haus verschwinden.«

Paul und ich dankten ihnen ausgiebig und schlichen uns leise in unser eigenes Haus zurück. Unser einst so gemütliches, warmes und sicheres Zuhause war nun verlassen und fremd. Uns war, als hätten wir uns bereits von unseren Besitztümern verabschiedet. Die eigene Einrichtung wirkte so fremdartig, als würde sie uns gar nicht gehören. Paul und ich setzten uns in die Küche und unterhielten uns leise, während wir unser Abendbrot verzehrten. Wir erinnerten uns an die Zeit vor dem Krieg, an unsere Eltern und Jackie, unseren süßen kleinen Bruder. Wir hatten ihn immer furchtbar verwöhnt, er war der Liebling der Familie. An ihn zu denken tat sehr weh.

Wir entschieden uns dafür, gemeinsam im Schlafzimmer meiner Eltern zu übernachten und nicht in unseren jeweiligen Zimmern, für den Fall, dass wir mitten in der Nacht flüchten mussten. Ich empfand eine Zärtlichkeit und Liebe für Paul wie nie zuvor in meinem Leben, und wir unterhielten uns bis tief in die Nacht hinein, unfähig Schlaf zu finden oder Antworten auf die Fragen, die ständig in unserem Kopf herumkreisten:

»Warum? Wie lange wird unser Leid noch andauern? Haben wir überhaupt eine Zukunft? Werden wir heiraten, Kinder bekommen und wie normale menschliche Wesen leben dürfen?«

Wir wollten doch so sehr das Leben genießen! Paul griff nach meiner Hand und so schliefen wir endlich Hand in Hand ein.

Abschied

Am nächsten Morgen packten wir unsere wenigen Habseligkeiten zusammen. Paul musste umgehend in seinen Unterschlupf nach Gouda zurückkehren. Es war zu gefährlich für ihn, sich in Den Haag aufzuhalten. Obwohl er wusste, dass das Risiko, von den Deutschen geschnappt zu werden, groß war, war er gekommen, um Mutter und Jackie zu treffen, denn sein Verlangen die beiden zu sehen war größer als seine Angst vor der Gefahr.

Es fiel uns schwer, uns voneinander zu trennen. Was hatte er denn jemals getan, um so verfolgt zu werden? Mein gut aussehender, gebildeter, einfühlsamer und wundervoller Bruder! Wir klammerten uns aneinander und versprachen in Kontakt zu bleiben, dabei aber äußerst vorsichtig vorzugehen.

Ich wusste damals nicht, dass dies unser letztes Treffen sein sollte.

Wir verließen das Haus, bedankten uns bei unseren Nachbarn und sagten den van Heerens, dass sie sich alles aus unserem Haus nehmen dürften, was sie gebrauchen konnten. Lieber sollten sie unsere Habseligkeiten bekommen, als dass die Deutschen sich daran bereicherten. Wir waren uns sicher, sie würden uns unsere Sachen zurückgeben, wenn der Krieg vorüber wäre.

Weil ich als aktive Krankenschwester vom Judenrat einen Sperrstempel in meinen Ausweis bekommen hatte, der mich von der Deportation ausschloss, war es mir gestattet, meine Mutter und Jackie in der Deportationsauffangstelle auf der Paviljoensgracht zu besuchen. Es war eine sehr emotionale und auch schmerzliche Begegnung für uns. Mutter versuchte, mich zu beruhigen:

»Mein liebes Kind, du musst stark sein. Du wirst schon sehen: Wir werden freigestellt und dürfen in Westerbork bleiben, bis wir an der Reihe sind und nach Palästina ausgesiedelt werden. Gott wird uns sicherlich helfen! Bis dahin musst du vorsichtig sein, Liebling! Im Krankenhaus bist du sicher. Sie werden das Krankenhaus in Ruhe lassen, da es so wichtige Dienste leistet!«

»Was kann ich für dich tun?«, fragte ich sie. »Ich kann dich einfach nicht gehen lassen! Ich brauche dich!« Mutter zog mich in ihre Arme.

»Ich weiß, ich weiß. Aber was können wir schon tun? Du musst tapfer sein. Pass gut auf dich auf, mein liebes Kind, und sei eine gute jüdische Tochter. Wenn das alles vorbei ist, werden wir mit Gottes Hilfe wieder zusammen sein. Du weißt, wo das Geld ist. Bitte schick weiter Lebensmittel nach Westerbork. Wir werden dir schreiben. Bitte halte dich an unsere Anweisungen, was die Übergabe des Geldes und der Wertsachen an Herrn Puttkammer betrifft, da wir unter allen Umständen auf der Palästina-Austausch-Liste bleiben müssen. Das wird uns davor retten deportiert zu werden.« Ich versprach es ihr.

Der kleine Jackie kam hereingerannt und sprang mir in die Arme, als er mich sah. Ich hatte ihm Schokolade und Spielzeug mitgebracht. Er plapperte aufgeregt über die netten Freunde, die er hier bereits kennengelernt hatte, während ich ihn immer wieder umarmte und küsste; ich konnte mich kaum zurückhalten. Er gab mir ein blaues Etikett, das sie benutzten, um ihre Habseligkeiten zu kennzeichnen. Darauf schrieb er in seiner Erstklässler-Handschrift: Jackie darf hier in Den Haag bleiben.

Trotz der vielen gefährlichen Situationen, die ich seitdem durchlebt habe, ist dieses kleine Etikett noch heute in meinem Besitz.

Dann mussten wir Abschied nehmen, weil ich vor der Ausgangssperre wieder im Krankenhaus sein musste. Auf meinem Weg nach draußen sah ich hunderte von Juden, darunter auch einige unserer guten Freunde, die sich in der Auffangstelle drängten. Ich konnte mich nicht von Mutter und Jackie losreißen. Nie hätte ich geglaubt, dass es überhaupt solch einen Schmerz, solche Traurigkeit und solches Unglück geben könnte. Es fühlte sich an, als würde ein Stück von mir herausgerissen.

Noch heute sehe ich das Bild vor mir, wie Mutter und Jackie am Eingang standen und mir winkten. Ich sah ihnen solange es ging nach, dann bog ich um die Straßenecke. Kälte machte sich in meinem Herzen breit. Verbitterte, machtlose Wut rann durch meine Adern.

»Wie konnten wir diesen Nazimördern gestatten, unser Leben so auf den Kopf zu stellen, unsere Lieben zu ermorden und unser Eigentum zu plündern? Und warum lassen wir das alles über uns ergehen ohne Gegenwehr zu leisten? Es wird ihnen so leicht gemacht, ihre unmenschlichen und bösen Taten zu vollziehen.«

Nun stand meine Entscheidung fest: Ich würde mich der Widerstandsbewegung des Untergrunds anschließen. Ich war entschlossen, mich nicht vernichten zu lassen, und ich würde bis zum bitteren Ende kämpfen.

13 Der erste Schritt

Direkt nachdem ich im Niederländisch-Jüdischen Krankenhaus in Amsterdam angekommen war, eilte ich in Peters Zimmer. Dort herrschte große Betriebsamkeit, Ärzte und Schwestern kamen und gingen, daher war es dem deutschen Wachmann an der Tür nicht möglich, einen Überblick über das Personal zu behalten. Ich griff mir ein paar Laken und folgte einem Arzt in das Zimmer hinein. Peter sah gar nicht gut aus und schien große Schmerzen zu haben.

Ich versuchte, ihn auf mich aufmerksam zu machen. Als er mich anschaute, nickte ich. Der Ausdruck der Erleichterung auf seinem Gesicht sagte mir, dass er meine Geste der Einwilligung, in die Widerstandsbewegung einzutreten, verstanden hatte. Das Zimmer war noch immer überfüllt, als ich wieder unbemerkt hinausschlüpfte. Ich war froh, dass ich noch einmal mit Peter kommunizieren konnte, da er wenige Tage später verstarb.

Später suchte ich die Adresse auf, die Peter mir genannt hatte. Dort wurde ich von einem jungen Mann namens Jan herzlich begrüßt. Wir sprachen über Peter und seinen Wunsch, dass ich der Widerstandsbewegung beitreten sollte. Jan hieß mich willkommen und erklärte mir, auf welche Weise ich der Organisation von Nutzen sein konnte.

So wurde ich zu einer Verbindungsperson im Krankenhaus, die dabei half, Patienten in nichtjüdischen Haushalten zu verstecken. Wann immer ich von jemandem hörte, der gewillt war unterzutauchen, sprach ich mich heimlich mit dieser Person ab. Während der Besuchszeiten kam daraufhin ein Mitglied der Widerstandsbewegung unter dem Vorwand ins Krankenhaus, einen Patienten zu besuchen. Am Ende der Besuchszeit verließen beide unbemerkt in der Menge der anderen Besucher gemeinsam das Krankenhaus. Manchmal brachte ich auch Kinder an einen verabredeten Treffpunkt, an dem sie von einem Untergrundkontakt abgeholt und in ihr Versteck gebracht wurden. Es war eine sehr gefährliche, aber befriedigende Arbeit.

Ich hatte keine Zeit für Selbstmitleid. Meine Arbeit im Krankenhaus, das Einkaufen und Versenden der Lebensmittelpakete an meine Eltern im Durchgangslager Westerbork und die enormen Anstrengungen, die damit verbunden waren, meine Familie weiterhin auf der Palästina-Austausch-Liste zu halten, hielten mich den ganzen Tag auf Trab. Ich folgte den Anweisungen meines Vaters und lieferte in regelmäßigen Abständen Geld oder Wertsachen für Herrn Puttkammer bei der Rotterdamschen Bank in Amsterdam ab, um zu gewährleisten, dass meine Eltern und Brüder auf der Liste blieben. Die Sorge um ihre Sicherheit ließ mir keine Ruhe.

Mit meiner Versetzung auf die Entbindungsstation eröffnete sich mir eine neue Welt. Nun durfte ich bei Geburten dabei sein und helfen. Schon immer hatte mich das Wunder der Geburt erstaunt und mit Ehrfurcht erfüllt. Doch diesem Ereignis leibhaftig beizuwohnen und den ersten Schrei des neugeborenen Lebens zu hören, nachdem der Arzt das Kind an den Beinen gehalten und ihm einen kleinen Klaps gegeben hatte, machte mich zum Zeugen des herrlichen Wunders der Schöpfung.

Mehr als einmal war ich dabei, wenn die Eltern sich glücklich anschauten und der Vater den Arzt fragte: »Was sollen wir nun mit unserem Baby tun? Wie kann ich es vor den Nazis und ihren Übergriffen beschützen? Schon bald könnten wir gewaltsam aus unserem Haus vertrieben und deportiert werden. Sollen wir untertauchen? Das Weinen des Kindes wird uns bestimmt verraten. Doktor, ich fühle mich schuldig, ein neues Leben in diese schreckliche Welt gesetzt zu haben!«

In solchen Fällen konnte ich helfen. Nachdem ich mich mit meinem Kontaktmann in der Widerstandsbewegung abgesprochen hatte, wurden das Baby und die Eltern getrennt voneinander in Haushalten irgendwo in den Niederlanden versteckt.

Paul

Am 9. April 1943 wurde ich zur Pförtnerloge des Krankenhauses gerufen. Dort erwartete mich ein Anruf aus Rotterdam. Während ich mich beeilte, den Anruf entgegenzunehmen, fragte ich mich, von wem der Anruf sein könnte, da ich niemanden in Rotterdam kannte. Bald fand ich es heraus. Es war mein Bruder Paul, der bei einer Razzia der Deutschen auf einem Bahnsteig in Gouda festgenommen worden war. Als der Zug anhielt, wurden alle Juden und Nichtjuden mit gefälschten Papieren auf Laster verladen und zur zentralen Auffangstelle in Westerbork gebracht. Er rief an, um sich von mir zu verabschieden.

Ich wurde hysterisch. Gott, sollte das nie aufhören? Einer der anwesenden Männer, Herr Wolf, der Vertreter des Judenrats im Krankenhaus, versuchte mich zu beruhigen. Er sprach mit meinem Bruder und bat ihn darum, später noch einmal anzurufen. Bis dahin wollte er versuchen, seinen Einfluss geltend zu machen, damit mein Bruder in Rotterdam bleiben könnte. Herr Wolf wies mich an ihn aufzusuchen, nachdem er mit dem Judenrat Rücksprache gehalten hatte. Er tröstete mich und sagte mir, dass noch Hoffnung für Pauls Rettung bestünde.

Als ich traurig und verzweifelt auf mein Zimmer kam, waren meine Freundinnen sehr mitfühlend. Dennoch warnten sie mich: »Dieser Herr Wolf ist ein echter Wolf. Trau seinen Versprechen nicht. Er hat einen zweifelhaften Ruf, also geh nicht in sein Zimmer. Er mag junge, hübsche Krankenschwestern wie dich.«

Doch mein Bruder war mir wichtiger als der Tratsch, also ging ich in Herrn Wolfs Büro. Herr Wolf war sehr förmlich und informierte mich über seine Bemühungen bezüglich meines Bruders. Er bot mir echten Kaffee an, was für mich eine Delikatesse war, da es sonst nur Kaffee-Ersatz gab.

Dann teilte er mir mit, dass er noch auf Antwort des Judenrats wartete und dass ich ihn am nächsten Tag wieder aufsuchen sollte, um alles Weitere zu besprechen. Als ich aufstand, legte er seinen Arm um mich, als wollte er mich freundlich trösten, und bevor ich mich versah, hielt er mich fest in seinen Armen, küsste mich und versuchte, mich anzufassen. Ich hatte keine Ahnung, wie mir geschah, riss mich blitzschnell von ihm los und verpasste ihm eine schallende Ohrfeige. Als ich ging, hörte ich, wie er sagte: »Das wird dir noch leidtun.«

Als ich versuchte, meinen Bruder in Rotterdam zu erreichen, teilten mir die Wachmänner der Auffangstelle mit, dass alle Gefangenen, einschließlich Paul, bereits nach Westerbork abtransportiert worden waren. Meine Freundinnen hatten recht gehabt; all die Versprechen, die Herr Wolf gemacht hatte, sollten nur dazu dienen, mich in seine Fänge zu locken. Ich befand mich in einer verzweifelten Lage, denn nun war meine gesamte Familie in Westerbork.

Mir blieb nur die Hoffnung, dass Paul genau wie der Rest der Familie auf die Palästina-Austausch-Liste gesetzt werden würde, damit auch ihm die weitere Deportation erspart bliebe.

Die Menschen versuchten verzweifelt sich von der Deportation freistellen zu lassen, auch wenn es nur für kurze Zeit war. Jeden Dienstag verließen Züge den Westerborker Bahnhof Richtung Osten mit unbekanntem Ziel.

An einem Tag im Juni bekam ich unerwarteten Besuch aus Den Haag. Es war der Sohn von Freunden meiner Eltern, sein Vater war ein berühmter Kantor. Er war auf der Flucht vor den Deutschen und hatte gehört, dass ich am NIZ arbeitete. Er fragte, ob ich ihn für eine Nacht im Krankenhaus verstecken könnte, da er sonst niemanden in Amsterdam kannte. Ich besprach mich mit meinen Zimmergenossinnen und wir entschlossen uns, für eine Nacht bei den Schwestern nebenan unterzukommen und ihm unser Zimmer zu überlassen. Innerhalb von Minuten wussten alle auf der Etage, dass wir einen jungen Mann in unserem Zimmer versteckten. Wir hatten Angst, dass die Oberschwester oder der Krankenhausdirektor davon erfahren könnten. Aber wir konnten ihn einfach nicht abweisen. Wir versorgten ihn mit Essen und Trinken, fühlten uns wie Verschwörer und waren nervös und aufgeregt wegen der Gefahr, in die wir uns begeben hatten. Am nächsten Tag verließ er das Krankenhaus zusammen mit den anderen Krankenhausbesuchern am Ende der Besuchszeit.

In dieser Zeit waren meine Spaziergänge mit meinem Freund Jules Godefroi die einzigen Momente der Erholung für mich. Nach meiner Flucht aus der *Joodsche Invalide* war unsere Freundschaft noch enger geworden. Er hatte sich schreckliche Sorgen um mich gemacht, da er nicht mitbekommen hatte, was mit mir geschehen war, nachdem uns die Nazis auf die Laster befohlen hatten. Auch er hatte es geschafft, den Deutschen zu entkommen. Als sie ihn in der Eingangshalle antrafen, fragte ihn ein Oberoffizier: »Was machst du hier?«

Jules konnte ihm schlecht sagen, dass er es nicht geschafft hatte, wegzulaufen oder sich unter der Synagoge zu verstecken, also sagte er schnell: »Ich bin hiergeblieben, um bei der Versorgung der Kranken zu helfen.«

Aber der Deutsche blieb hartnäckig: »Wo sind die anderen? Haben sie sich versteckt? Sind sie weggerannt? Warum bist du nicht weggerannt?« Die Nazis waren wütend, dass sie nicht mehr Personal geschnappt hatten.

»Ich muss nicht weglaufen«, prahlte Jules. »Ich bin nur zu einem Viertel jüdisch. Meine Großmutter war nichtjüdisch und mein Großvater nur zu einer Hälfte. Sie können das überprüfen. Ich habe einen speziellen Stempel in meinem Ausweis.«

Bis zu seiner Einstellung am jüdischen Pflegeheim hatte Jules eine Sonderausnahme gewährt bekommen, weil er damals als technischer Experte bei einer niederländischen Reederei angestellt gewesen war, der *Koninklijke Paketvaart Maatschappij*, auch KPM genannt.

Erneut fragte ihn der Deutsche: »Wie heißt du? Godefroi? Das ist kein jüdischer Name. Ja, ich sehe den Stempel. Na gut, du kannst gehen.«

Jules lebte gemeinsam mit seinem technischen Assistenten Kurt in der Amstelstraße. Eine Woche nachdem das Krankenhaus geräumt worden war, nahmen die Deutschen Kontakt mit den beiden auf, da man einen technischen Leiter für das jüdische Pflegeheim benötigte. Dr. Mayer, der zum deutschen Leiter des Krankenhauses ernannt wurde, versprach ihnen, sie von der Deportation ausschließen zu lassen.

Jules erzählte mir von unseren gemeinsamen Freunden, Alan und Else Hartog, und wie sie sich gemeinsam mit Pfleger Hammelburg zwei Tage lang im Keller unter der Synagoge versteckt hatten. In der zweiten Nacht war Alan auf Händen und Knien aus dem Versteck gekrabbelt. Als er sah, dass alles dunkel und still war und der deutsche Wachmann schlief, kletterte er schnell zurück, um die anderen zu holen, und so verließen sie ihren Unterschlupf. Sie schlichen sich unter dem Fenster des Wachmanns vorbei und entkamen durch den Seiteneingang, der auf die Nieuwe Achtergracht führte.

Gefangen

Die Razzien wurden in rasantem Tempo weiter durchgeführt. Uniformierte und bis an die Zähne bewaffnete Polizisten, Soldaten und SS-Männer überfielen jüdische Häuser, als würden sie in den Krieg ziehen, und schleiften ihre armen und hilflosen Opfer auf die Straße hinaus. Die Widerstandsbewegung im Untergrund versuchte, so viele Menschen wie möglich zu retten und an sicheren Orten zu verstecken, außerhalb der Reichweite der Nazis. Am 20. Juni 1943 wurden der östliche und südliche Teil Amsterdams in einer 24-stündigen Operation von den Nazis durchsucht und 5 500 Juden zusammengetrieben.

Es ging das Gerücht um, dass selbst das Niederländisch-Jüdische Krankenhaus bald geräumt werden sollte und dass die Patienten und das Personal in ein Konzentrationslager geschickt werden würden.

Wieder schnappte eine Falle zu, aus der es kein Entkommen gab. Ende Juni fand die von uns so gefürchtete Räumungsaktion statt. Als die Deutschen auftauchten, flehte der Krankenhausdirektor Dr. Kronenberg den »Henker« Fünten an, zumindest die akuten Fälle erst einmal im Krankenhaus weiter zu behandeln. Nach langen Verhandlungen ließ Fünten sich darauf ein, nur die Patienten aus der psychiatrischen Abteilung, die Alten und chronisch Kranken sowie alle Patienten, die laufen konnten, mitzunehmen.

Die Räumungsaktion begann in den frühen Morgenstunden. Als wir Krankenschwestern davon erfuhren, suchten wir umgehend unsere Zimmer auf und beschlossen, uns irgendwo im Krankenhaus zu verstecken. Sie hatten bereits mit dem Abtransport der Kranken begonnen. Von den Unterkünften der Schwestern aus konnten wir sehen, was vor dem Krankenhaus und im Hofgarten vor sich ging. Die Nazipolizisten und Soldaten bellten ihre Befehle. Dann hörten wir die Stimme von Herrn Wolf, dem Vertreter des Judenrats, wie er durch ein Megafon rief:

»Alle Schwestern, die zuvor an der *Joodsche Invalide* tätig waren, müssen sich sofort im Erdgeschoss melden! Alle Schwestern und Pfleger müssen die Patienten auf dem Transport begleiten! Das ist ein Befehl!«

Ich versteckte mich in meinem Kleiderschrank und versuchte, mich hinter meinen Kleidern und Mänteln zu verbergen. Dann hörte ich eine Stimme rufen und glaubte zu träumen:

»Hava Bornstein, Hasheeveynoo! Hasheeveynoo! – Hava Bornstein, verschwinde!«

Das war Jules! Was machte er hier? Und wohin sollte ich verschwinden, ich konnte nirgendwo hin! Wenn sie die Räumlichkeiten durchsuchten, würden sie mich schnell finden.

Wieder ertönte das Megafon: »Das ist ein Befehl! Alle Angestellten, deren Namen ich aufgerufen habe, müssen sich im Erdgeschoss melden! Wenn sie nicht umgehend vorstellig werden, sind wir gezwungen, die älteren Krankenschwestern als Geiseln zu nehmen! Seien Sie gewarnt, werden Sie erwischt, wird es Ihnen schlecht ergehen!«

Mein Gewissen ließ mir keine Ruhe – sollte meinetwegen eine andere Krankenschwester geopfert und deportiert werden? Das würde ich mir nie verzeihen können.

Und wieder erklang der ohrenbetäubende Befehl. Die Last der Verantwortung wurde mir zu schwer und so rief ich den anderen Schwestern zu: »Ich gehe runter. Ich halte das nicht mehr aus!«

Also ergriff ich mein Bündel und ging hinunter, an dem widerlichen Herrn Wolf vorbei, durch die Eingangshalle des Krankenhauses hindurch und bestieg einen der Transporter, der bereits voll beladen war mit Patienten. Die Deutschen verriegelten hinter mir die Türen.

Als wir an der Borneokade ankamen, einer einsamen und gut bewachten Anlegestelle, wurden wir bereits von den Zügen erwartet. Die Deutschen befahlen uns, dabei zu helfen, die Patienten in die Züge zu verladen und uns um sie zu kümmern. Wir waren dankbar, dass wir in Abteilen und nicht in Viehwaggons transportiert wurden. Wenigsten durften wir so wie menschliche Wesen im Sitzen reisen und wurden nicht übereinander gestapelt.

Ruhig kam ich meinen Pflichten nach und bemühte mich, die Patienten zu trösten. In Gedanken richtete ich mich auf an der Tatsache, dass ich in Westerbork meine Mutter und Jackie wieder treffen würde. Vielleicht könnte ich durch den Zaun sogar heimlich Vater und Paul im Lager der Männer sehen.

An diesem Nachmittag brachte man uns Kartoffelpüree und Gurkensalat und wir halfen dabei, die Patienten zu füttern. Ich sah mich um. Der vordere Teil des Zuges war voller deutscher Wachmänner. Neben dem Zug verlief eine hohe Mauer. Es gab hier keine Möglichkeit zur Flucht.

Inzwischen war es nun 17:00 Uhr und die Lokomotiven liefen warm; bald würden wir aufbrechen.

»Alle Krankenhausangestellten in den Zug!«, riefen die deutschen Soldaten. Eine Einheit von Nazischwarzhemden marschierte auf den Platz und stellte sich gegenüber von uns auf, Schulter an Schulter mit Bajonetten bewaffnet. Es war ein furchterregender Anblick!

Alle warteten auf den Transportleiter, SS-Hauptsturmführer aus der Fünten. Das Rütteln des Zuges, während die Lokomotive aufheizte … die SS … die Schwarzhemden … die Patienten … und wir …

Verwechslung

Plötzlich hörten wir ein lautes Dröhnen und Fünten kam auf seinem Motorrad angefahren, begleitet von seiner Eskorte. Er reichte ein Schriftstück an einen Soldaten weiter, woraufhin dieser vier Namen aufrief. Ich erkannte die Namen von vier Schwestern und Pflegern, die auf der Station für Patienten mit ansteckenden Krankheiten gearbeitet hatten. Zwei Schwestern sprangen vom Zug und ich sah, wie sie umkehrten, um ihre Rucksäcke zu holen. Wieder rief der Soldat den Zug hinunter:

»Pfleger de Leeuw! Lilly Bromet!« Schlagartig wurde mir bewusst, was da vor sich ging. Pfleger de Leeuw und Lilly Bromet mussten irgendwie entkommen sein! Ich griff schnell meinen Rucksack, sprang vom Zug und sagte zu dem Soldaten:

»Ich bin Lilly Bromet.« Er signalisierte mir, mich zu den anderen beiden zu stellen und dann sah ich, wie Etty Meyers, meine Freundin und Zimmergenossin, auch heruntersprang und sich zu uns gesellte. Der Zug war kurz vor der Abfahrt. Fünten kam herüber – groß, herrisch, steif, mit stockgerader Haltung, glatt rasiert, schlank in seiner SS-Uniform mit den Totenkopf-Insignien, der schwarzen Lederjacke und den glänzenden schwarzen Stiefeln – das Kostüm des Todes. Er studierte die Liste, erhob die Stimme und fragte streng:

»Sind Sie Lilly Bromet? Warum sind Sie nicht direkt gekommen? Sind Sie Lilly Bromet?«

Ich sagte »Ja«, und schaute ihm direkt in die Augen. Meine Knie zitterten. »Gleich fragt er mich nach meinem Ausweis«, dachte ich, »und dann erschießt er mich, weil ich ihn angelogen habe.« Ich konnte kaum atmen.

Er wandte sich an Etty Meyers: »Sie sind nicht der Pfleger de Leeuw! Das ist ein Männername! Wer sind Sie?«

Etty sagte ihm, dass sie auch auf der TB-Quarantänestation gearbeitet hatte. Er schrie sie an: »Davon weiß ich nichts. Zurück in den Zug!« Die arme Etty stieg in den Zug.

Wir anderen drei standen da und trauten uns nicht uns anzusehen. Wenn Fünten meinen Ausweis kontrolliert hätte, wäre sofort aufgeflogen, dass ich nicht Lilly Bromet war. Meine Knie wurden schwach. Als die Deutschen uns den Rücken kehrten, stöhnte ich leise: »Ist das möglich?«

Die anderen beiden Mädchen und ich kommunizierten mit den Augen: »Sag kein Wort!«

Wir wurden angewiesen, in einen Transporter zu steigen, den die Deutschen daraufhin verschlossen, und so saßen wir in fast völliger Dunkelheit benommen und ungläubig da, bis wir wieder am Niederländisch-Jüdischen Krankenhaus angekommen waren.

Als wir durch die Pförtnerloge hereinkamen, zitternd und doch erleichtert, dass der deutsche Transporter davonfuhr, wurden wir von ausgerechnet von Herrn Wolf begrüßt:

»Was machen Sie denn hier? Wir haben keinen Platz für Sie. Der Judenrat hat nur eine bestimmte Anzahl von Schwestern für den Sondererlass vorgesehen und Sie gehören nicht dazu.«

Ich war von den Ereignissen des Tages zu überwältigt, um mit ihm zu diskutieren. Aber es war mir unmöglich, diesen Ausdruck unmenschlichen Verhaltens gegenüber Menschen zu übergehen. Anstatt sich für uns zu freuen, dass wir glücklicherweise am Leben bleiben durften, gab uns dieser »Agent des Verderbens«, Herr Wolf, das Gefühl, dass wir kein Recht besaßen, unter den Lebenden zu weilen. Mit unserer Rückkehr zum Krankenhaus brachten wir die ordentlichen Abläufe, die er und der Judenrat eingeführt hatten, durcheinander. Je mehr ich darüber nachdachte, umso verletzter, wütender und aufgebrachter wurde ich. Also suchte ich den Krankenhausleiter Dr. Kronenberg auf.

Ich erzählte ihm, wie ich mit den Patienten gegangen war, um deportiert zu werden, obwohl ich mich irgendwo im Krankenhaus hätte verstecken können, aber dann hätte eine andere Krankenschwester für mich gehen müssen. Ich wollte nicht, dass jemand anderes meinetwegen leiden müsste. Lediglich durch meine Waghalsigkeit hatte ich die Deutschen überlistet und war der Deportation entkommen.

»Ist es eine Sünde, wieder unter den Lebenden zu sein? Wie kann dieser Herr Wolf mir sagen, dass hier kein Platz für mich ist? Ich will hier arbeiten, hier gehöre ich hin.«

Dr. Kronenberg hörte mir verständnisvoll zu und sagte dann: »Beruhigen Sie sich, meine Liebe, beruhigen Sie sich. Niemand wird Sie rausschmeißen. Es stimmt wohl, dass die Nazis nur eine begrenzte Anzahl von Sonderausnahmen für das Personal bewilligen. Sie sind unter dem falschen Namen Lilly Bromet ins

Krankenhaus zurückgekehrt, aber Ihr eigener Name wurde von der Liste gestrichen. Ich erteile Ihnen trotzdem die Erlaubnis zu bleiben und hier zu arbeiten. Wir nehmen das Risiko auf uns, da wir uns alle nicht sicher sein können, wie lange wir noch von der Deportation ausgeschlossen werden.«

Als ich an diesem Abend endlich einschlief, schien es mir, als wäre eine Ewigkeit vergangen. Ich fühlte mich so einsam und verloren. Meine Zimmergenossinnen und alle Schwestern der Etage waren abtransportiert worden.

Ich dachte ernsthaft darüber nach unterzutauchen. Aber zwei wichtige Faktoren hielten mich davon ab. Ich wollte weiterhin Herrn Puttkammer aufsuchen können. Mein Vater hatte ein Telegramm vom Roten Kreuz aus Palästina erhalten, das andeutete, dass meine Verwandten eidesstattlich versichert hatten uns aufzunehmen. Nun musste ich Herrn Puttkammer mehr Geld zukommen lassen und bestimmte Papiere in seinem Büro in der Bank unterzeichnen. Ich hoffte inständig, dass die Sondergenehmigung für die Überführung nach Palästina für alle Familienmitglieder in Westerbork gelten würde und sie so nach Palästina auswandern durften, anstatt in ein Konzentrationslager geschickt zu werden.

Der zweite Grund war, dass ich mithilfe der Untergrundorganisation so vielen Menschen wie möglich dabei helfen wollte unterzutauchen.

Deshalb kam ich zu dem Schluss, dass es noch nicht an der Zeit war, das Krankenhaus zu verlassen. Ich würde weiterhin die Rettungsaktionen im Krankenhaus unterstützen.

Die Oberschwester begrüßte mich herzlich und teilte mich der gynäkologischen Abteilung zu, die außerdem ein paar besondere Fälle behandelte. Zum ersten Mal in meinem behüteten und unschuldigen Leben erfuhr ich von den Auswirkungen der Krankheiten Syphilis und Gonorrhöe; ich unterstützte die Schwestern der speziellen TB-Quarantäneräume und wurde Zeuge des qualvollen Leids einer Krebspatientin im Endstadium.

Diese Patientin war eine außergewöhnliche junge Frau, deren Schönheit immer noch sichtbar war, obwohl die furchtbare Krankheit ihren Körper schwer gezeichnet hatte. Sie lag auf ihrem Bett, ihr glänzend schwarzes Haar über das Kissen gebreitet; wenn sie ihre tiefschwarzen Augen öffnete, beschwor sie uns wieder und wieder:

»Bitte, setzen Sie meinem Leid ein Ende! Bitte erlösen Sie mich von meinen Schmerzen. Welchen Sinn hat ein solches Leben? Wenn Sie mir nur einen Tropfen mehr von dem Morphium geben würden, wäre ich von meinen Qualen erlöst. Bitte, haben Sie Erbarmen. Ich flehe Sie an.«

Es war erschütternd für mich, sie in diesem Zustand zu sehen, besonders wenn ihr hingebungsvoller Mann sie mit der gemeinsamen Tochter besuchen kam. Trotz ihres ständigen Flehens verbot uns die Stationsschwester, ihr die gewünschten Morphiumspritzen zu geben; sie litt schrecklich. Ich erinnere mich noch daran, wie sehr sie es genoss, wenn ich ihr sanft das Haar bürstete.

Ich weiß nicht, wo sie schlussendlich gestorben ist – unter ständiger Sedierung im Krankenhaus oder in den Gaskammern eines Konzentrationslagers.

14   In der Falle

Das jüdische Pflegeheim stand mit Dr. Mayer als Krankenhausleiter nun unter einem deutschem Befehl und wurde als Lager für allerlei medizinische Ausstattung, Medikamente und Sanitätsartikel genutzt, welche die Deutschen von jüdischen Apotheken, Krankenhäusern, Instituten und Privatpraxen beschlagnahmt hatten.

Alan Hartog, Jules Godefroi und ein Stab technischen Personals waren für das Gebäude zuständig. Ein paar Krankenschwestern dokumentierten den Wareneingang, führten die Inventurliste und organisierten die Lagerung der Bedarfsmittel. Jules behauptete, dass Dr. Mayer sich ihnen gegenüber stets anständig verhielt. Kurz nach der Übernahme rief Dr. Mayer eine Versammlung ein und sagte:

»Ich bin Chef dieses Krankenhauses und auch somit Ihr Chef. Sie werden dafür sorgen, dass dieses Gebäude in einem gutem Zustand, warm und sauber bleibt, und auch dafür, dass keine Waren verloren gehen oder gestohlen werden. So lange Sie keinen Ärger machen und alles in bester Ordnung halten, dürfen Sie hier in Sicherheit leben und bleiben von den Transporten verschont.«

Es dauerte nicht lange, da wurde die *Joodsche Invalide* beauftragt, Mädchen mit Geschlechtskrankheiten zu behandeln. Dabei handelte es sich um niederländische Prostituierte, die im Dienste der Deutschen standen und für deren Vergnügen zuständig waren. Ein jüdischer Arzt und ein paar jüdische Krankenschwestern waren vorübergehend eingestellt worden, um diese Mädchen zu versorgen.

Auf einem unserer nun seltenen und riskanten Spaziergänge entlang der wunderschönen Kanäle drängte mich Jules nachdrücklich, kein weiteres Risiko mehr einzugehen und endlich unterzutauchen.

»Sollte es passieren, dass du plötzlich aus dem NIZ fliehen musst, dann komm ins jüdische Pflegeheim. Wir könnten dich für kurze Zeit verstecken.«

»In der Höhle des Löwen?«, fragte ich.

»Ja, wenn sich dir keine andere Möglichkeit bietet, dann komm zu mir. Ich mache mir große Sorgen um dich, denn du bist mir sehr ans Herz gewachsen. Bitte sei vorsichtig!«

Seine Worte waren sanft, beruhigend und tröstlich. Mir war gar nicht bewusst gewesen, wie sehr mir freundliche Worte und liebevolle Gesten gefehlt hatten. Im Licht der untergehenden Sonne liefen wir die reizenden Brücken und Kanäle entlang, unter den Trauerweiden her und sogen die süße Frühlingsluft in uns auf, bis uns die nahende Ausgangssperre umkehren ließ.

Erwischt

Es war der 10. Juli 1943. Der Tag des Verderbens war über uns hereingebrochen. Keine Überredungskünste und keine Argumente des Krankenhausleiters Dr. Kronenberg konnten die mordenden Nazis davon abhalten, ihre gnadenlose Aufgabe auszuführen – die Räumung und Deportation des Niederländisch-Jüdischen Krankenhauses.

»O Gott«, betete ich, »dies ist das dritte Mal, dass ich mit ansehen muss, wie hilflose und kranke Menschen abtransportiert werden. Womit haben sie dieses Schicksal verdient? Ich kann diese schreckliche Grausamkeit nicht begreifen, meine Seele leidet unendliche Qualen. Bitte hilf mir!«

Bis auf die todkranken und postoperativen Patienten wurden hunderte von kranken Männern, Frauen und Kindern zusammen mit den Angestellten des Krankenhauses und dem Pflegepersonal, zu dem auch ich gehörte, in Transporter gedrängt und schwer bewacht in das Durchgangslager *Hollandsche Schouwburg* gebracht, welches sich nur wenige Häuserblöcke entfernt befand. Das heruntergekommene Gebäude war ab 1941 als rein jüdisches Theater genutzt worden, nachdem die deutschen Behörden den

Juden verboten hatten, an jeglicher Form öffentlicher Unterhaltung teilzunehmen. Die *Hollandsche Schouwburg* wurde zum Zentrum für jüdische Kulturveranstaltungen, in dem berühmte jüdische Künstler vor einem rein jüdischen Publikum auftraten.

Die *Hollandsche Schouwburg* war ursprünglich ein Theater und wurde von den Nazis zu einer Deportationssammelstelle umfunktioniert. Schätzungen zufolge war dies der letzte Aufenthaltsort für 50 000 Juden aus Amsterdam. Ihr Leiden war unvorstellbar.

Seit Sommer 1942, mit Beginn der »Endlösung« der Judenfrage, wurde die *Hollandsche Schouwburg* zum Deportationszentrum für die Amsterdamer Juden, die man in ihren Häusern oder unmittelbar von der Straße weg festnahm. Hier mussten sie nun ein paar Tage oder auch länger warten, bis die Deutschen genug Menschen beieinander hatten für den Abtransport in das Durchgangslager Westerbork.

In dem ehemaligen Theater wurden nun unsere Patienten in den bereits überfüllten Raum gedrängt. Wir schauten uns um. Es war unglaublich! So viele verdreckte, erniedrigte und ermattete Menschen. Kein Tageslicht drang in diesen Saal und das elektrische Licht brannte rund um die Uhr. Im Zuschauerraum hatte man die Klappstühle an den Wänden gestapelt und in der Mitte des Raums Strohmatratzen ausgelegt. Auf der Bühne befanden sich eiserne Regale, in denen die Leute ihre wenigen Habseligkeiten unterbringen konnten. Das Kaffeezimmer war als Krankenstation eingerichtet worden und in der zweiten Etage gab es Räume für die Patienten mit ansteckenden Krankheiten. Die Kantine war für die sogenannten S-Straftäter reserviert, Menschen, die man versteckt in Häusern von Nichtjuden gefunden hatte.

Ich half aus, wo immer ich konnte. Es war nicht einfach, die teilweise hysterischen Patienten zu beruhigen und es ihnen unter den beklagenswert unhygienischen Umständen so bequem wie möglich zu machen.

Verrückt

Die hilflosen Opfer benahmen sich unnatürlich. Manche wanderten ziellos umher und sprachen übertrieben laut miteinander, um ihre Angst, ihren Schmerz und ihre Trauer zu überspielen und ihre wahren Gefühle zu verbergen. Sie sprachen so laut, um den brüllenden Schmerz, der ihre Kehlen emporkroch, zu übertönen, als könnten sie damit alle ihre Gedanken auslöschen. Andere sagten überhaupt nichts mehr. Sie drängten sich in den abgewetzten Plüschsesseln aneinander und starrten mit steinernen Gesichtern stur geradeaus.

Die Deutschen bewachten Tag und Nacht die Ausgänge und Fenster und kommandierten uns herum. Jeden Tag kamen Beamte des Judenrats, um uns zu registrieren oder uns Informationen zu geben. Wir jungen Leute bildeten bald eine eigene Gruppe und halfen den anderen, die körperlichen oder geistigen Beistand benötigten. Wenn wir gerade nichts zu tun hatten, fanden wir in der Gesellschaft der anderen und in den Gesprächen mit ihnen Trost. Wir konnten die Enge des Saals nicht ertragen und baten die Deutschen um Erlaubnis, nach draußen zu dürfen, um ein bisschen frische Luft zu schnappen. Hinter dem Theater befand sich ein kleiner Hof, der gerade einmal ein paar Quadratmeter umfasste und von hohen Mauern umgeben war. Unserer Bitte wurde stattgegeben und so durften wir jeden Tag für eine Stunde und unter schwerer Bewachung hinaus in den Hof. Uns jungen Leuten gefiel das so gut, dass wir um eine weitere Stunde morgens baten, was uns auch gestattet wurde.

Es kam uns vor, als wandelten wir im lieblichsten aller Gärten. Wir spazierten in Kreisen, eine kleine Gruppe nach der anderen, und begannen bald hebräische Gebete und Loblieder auf Palästina zu singen. Unter Beobachtung unserer Wachen wurde es zu unserer Gewohnheit, in die Hände zu klatschen und dann die Hora zu tanzen.

»Unsere Hoffnungen, unsere Träume und unsere Gefühle können sie uns nicht nehmen!«, dachte ich bei mir.

Am nächsten Tag, als wir gerade singend und lachend im Hof standen, zeigte ein deutscher Soldat auf mich und sagte auf Deutsch: »Du kommst heute Abend um 20:00 Uhr auf mein Zimmer.«

Mein Herz begann wild zu schlagen, als ich diesen Befehl hörte. Später diskutierten meine Freunde und ich, was wir tun konnten.

»Glaubt ihr, dass er mich bestrafen will, weil wir zu viel gelacht und gesungen haben?«

»Das ist nicht der Grund. Das haben wir vorher doch auch getan. Er will dich.«

Diese Antwort erschreckte mich und mir wurde schlecht vor Angst und Ekel. Die Männer beschlossen, dass sie das Zimmer stürmen würden, sollten sie mich schreien hören. Egal wie gefährlich es war, sie waren entschlossen, meine Unschuld zu verteidigen und für mich zu kämpfen.

Um 20:00 Uhr klopfte ich an die Tür des Deutschen. Meine Freunde hielten sich in der Nähe auf und ich hatte ein Messer in der Tasche. Als ich ins Zimmer trat, stand der Deutsche auf: »Ach Fräulein, gut, dass Sie gekommen sind. Ich wollte Sie nur darum bitten, meine Socken zu stopfen. Es tut mir leid, dass ich Ihnen Umstände bereitet habe.«

Er legte ein Bündel Socken, eine Rolle Garn und eine Nadel auf den Tisch und wies mir einen Stuhl zu. Ich war so erleichtert, dass ich mich fast darauf fallen ließ. Ohne aufzublicken begann ich, seine Socken zu stopfen. Ich arbeitete mit zitternden Händen wild drauflos, um so schnell wie möglich fertig zu werden, als ich hörte, wie er sagte:

»Sie müssen mich hassen. Warum sagen Sie nichts? Ich habe Ihnen doch nichts getan.«

»Warum halten Sie uns dann in diesem Gefängnis fest? Wie würde es Ihnen gefallen, abtransportiert und eingesperrt zu werden?«, fragte ich ihn.

»Ich bin nur ein Soldat. Ich muss mich an die Befehle und Anweisungen meiner Vorgesetzten halten, sonst bekomme ich Ärger. Zu Hause hab ich Frau und Kinder. Wir sind auch menschliche Wesen – nicht alle Deutschen sind schlecht«, sagte er.

Ich wurde wagemutiger. Mir waren die Konsequenzen meiner Worte egal.

»Aber wenn nicht alle Deutschen schlecht sind, warum tun sich dann nicht all die guten zusammen und verweigern die schrecklichen Befehle, unschuldigen Menschen zu schaden? Sehen Sie die Menschen im Saal und die tausend anderen, die bereits an Orte wie diesen gekommen sind? Wie können Sie das ertragen? Wenn Sie nicht so schlecht sind, wie Sie behaupten, dann tun Sie etwas dagegen!«

»Fräulein, Sie sind so jung, Sie verstehen das nicht. Es ist nicht so leicht, sich einem Armeebefehl zu widersetzen. Die Disziplin muss gewahrt werden. Es gibt nichts, was ich dagegen tun könnte.«

Ich sagte nichts mehr. Als ich mit seinen Socken fertig war, dankte er mir und ich ging.

Meine Freunde belagerten mich, sobald ich durch die Tür kam. Ich nahm mein Messer heraus und sagte:

»Ich musste es nicht benutzen. Wisst ihr, was er von mir wollte? Ich musste seine Socken für ihn stopfen!« Wir lachten so sehr, dass wir fast hysterisch wurden, und ich hatte Angst, dass der deutsche Soldat uns hören und bestrafen würde. Ich erzählte ihnen von meinem Gespräch mit ihm und meine Heldentat wurde im ganzen Theater zum Gespräch.

Mit jedem Tag wurden wir immer nervöser und niedergeschlagener. Täglich erwarteten wir, nach Westerbork abtransportiert zu werden. Die Stimmung wurde immer angespannter und es kursierten immer wildere Gerüchte über die Konzentrationslager. Wir waren alle so verängstigt.

Eine Gruppe Männer, die auf der Straße festgenommen wurden, auf dem Weg ins Konzentrationslager.

Wir hörten aber auch, dass hunderte von Kindern aus dem jüdischen Tageshort auf der gegenüberliegenden Straßenseite, der so genannten Krippe, in sichere Verstecke gebracht worden waren. Sie wurden von Untergrundmitgliedern, die im Judenrat tätig waren, in Mülleimern und manchmal sogar in Rucksäcken zur Hintertür hinausgeschmuggelt. Hier arbeiteten anscheinend Menschen von draußen effektiv mit Angestellten der Krippe zusammen, um die Kinder zu retten. Walter Süskind leitete die Operation von außen, Theo de Bruyn war der Kopf der Bewegung im Inneren.

Jeden Abend besuchte der Leiter der Amsterdamer Zentralstelle für jüdische Auswanderung, SS-Hauptsturmführer aus der Fünten, meist betrunken und gemeinsam mit seiner Eskorte, das Deportationszentrum und ergötzte sich an seiner Macht über die hilflosen Opfer. Es gab Gerüchte, dass einige Leute aus der *Hollandsche Schouwburg* geschmuggelt worden waren, während die SS-Männer ihren Rausch ausschliefen. Der Judenrat versorgte sie großzügig mit Alkohol.

Ausgestiegen

Am Dienstag, dem 15. Juli, wurde uns gesagt, dass wir am nächsten Tag nach Westerbork abtransportiert werden sollten. Nun war es nicht länger möglich, die Leute zu beruhigen. Ich ging von einem zum anderen und versuchte, ihnen Beistand zu leisten.

Am Abend kam ein junger Mann vom Judenrat auf mich zu. Nachdem er sich vergewissert hatte, dass niemand in Hörweite war, sagte er:

»Sie wurden ausgewählt, gerettet zu werden, und sollen in ein sicheres Versteck gebracht werden. Sie müssen das unter allen Umständen für sich behalten. Tun Sie so, als würden Sie sich ganz normal auf den Abtransport vorbereiten. Hören Sie genau zu! Kommen Sie morgen früh um 6:00 Uhr auf den Dachboden des Theaters. Wenn Sie in Sicherheit sind, suchen Sie umgehend Alan Hartog und Jules Godefroi in der *Joodsche Invalide* auf. Läuten Sie am Nebeneingang auf der Nieuwe Achtergracht.« Wir verabschiedeten uns, und er verschwand.

Ich war angesichts dieser neuen Entwicklung furchtbar aufgeregt. Es gab wieder Hoffnung auf Leben! Ich fragte mich, wie die Untergrundbewegung in der Lage war, ein so riskantes Rettungsmanöver zu organisieren. Wie konnten sie die schwer bewachten Ausgänge umgehen?

Auch in dieser Nacht kam der betrunkene Fünten in das Theater, um voller Stolz die »Früchte seiner Arbeit« zu inspizieren.

Ich hatte die ganze Woche schlecht geschlafen, doch in dieser Nacht erlaubte ich mir noch nicht einmal, kurz einzunicken, aus Angst, ich könnte verschlafen.

Es war noch dunkel, als ich mich lautlos auf den Dachboden schlich. Ich konnte nichts sehen, spürte aber, dass ich allein war und verhielt mich ganz still. Nach ein paar Minuten hörte ich, wie jemand hereinkam. Ich fürchtete, einen Fehler gemacht zu haben.

Vielleicht war das eine Falle?

Endlich durchbrach das Licht einer Taschenlampe die Dunkelheit und ich erkannte denselben jungen Mann vom Abend zuvor in Gesellschaft fünf meiner Freunde. Ich war überglücklich, dass auch sie gerettet werden sollten, da ich mich schuldig gefühlt hatte, als Einzige auserwählt zu sein. Der junge Mann stellte sich uns als Ron vor und gab uns dann Anweisungen:

»Sagt kein Wort und bleibt dicht hinter mir. Ihr müsst ein großes Risiko eingehen, aber dies ist eure letzte Chance. Ihr könnt immer noch aussteigen, wenn ihr wollt. Also dann, es geht los!«

Er führte uns eine kleine Leiter hinauf, die zum Dach führte, öffnete die Tür und ließ uns einen nach dem anderen durch die Luke klettern. Sofort verschlugen mir die Luft, die Sonne und der Wind den Atem. Ich musste mich erst ans Sonnenlicht gewöhnen. Wir befanden uns auf dem Dach des dreistöckigen Theaters, das zu allen Seiten hin frei stand. Es war unmöglich, auf das Dach eines Nachbarhauses zu springen, da der Abstand zu groß war. Bewaffnete Soldaten waren etwa einen halben Häuserblock weit rund um das Gebäude und zwischen den Häusern aufgestellt. Ron signalisierte uns, dass wir nach hinten gehen sollten.

Wir sahen hinab auf eine Feuertreppe, die zwischen den Gebäuden angebracht war. Eine halb hervorstehende Wand bildete eine Nische, sodass die Feuertreppe von der Straße aus nicht zu sehen war.

Das gegenüberliegende Haus besaß einen Seiteneingang, der nicht weit vom Gehweg lag, auf dem ein deutscher Wachmann patrouillierte.

Ron gab uns folgende Anweisung: »Klettert die Feuerleiter hinunter, dann wartet ihr in der Nische. Wenn ihr seht, dass der

Deutsche sich aus dem Bereich zwischen den Häusern entfernt, rennt ihr zur Tür. Sie ist offen, geht hinein und wartet dort. Das hier erfordert Geschicklichkeit und Nerven. Viel Glück!«

Er stieg als Erster hinab. Wir legten uns flach auf das Dach und beobachteten ihn. Er wartete fast eine halbe Stunde, bis der deutsche Wachmann sich endlich wegbewegte und ihm die Möglichkeit gab, zu der Tür des Nachbarhauses zu rennen, durch die er verschwand.

Als Nächstes war ein Mädchen dran. Sie knotete ihren Rock zusammen, damit dieser sie nicht bei ihrem Abstieg behindern würde. Sie musste fast eine ganze Stunde warten, bis sie hinüberlaufen konnte. Ständig schaute sie verzweifelt über den Rand der Nische. Endlich entfernte sich der Deutsche, und sie rannte los. Der Nächste in der Reihe, ein junger Mann, hatte mehr Glück. Nach nur ein paar Minuten konnte er im Nebengebäude verschwinden.

Als ich an der Reihe war, wurde mir aufgrund meiner Höhenangst fast schwindelig. Ich griff die Seiten der Feuertreppe, und mein ganzer Körper zitterte, während ich hinabstieg. Ich wiederholte immer wieder die Worte *Shma Yisrael* – Höre, Israel. Nach einer gefühlten Ewigkeit konnte ich endlich den Gehweg überqueren und durch den Seiteneingang ins Haus schlüpfen.

Es dauerte über drei Stunden, bis es schließlich alle geschafft hatten. Wir folgten unserem Führer Ron die Hintertreppen des Hauses hoch, es schien leer zu sein. Als wir den Dachboden erreichten, öffnete er ein kleines Vorderfenster und wies auf eine schmale Dachrinne, die von der Vorderseite des Hauses zu einer Seitenwand lief. Von dort aus mussten wir auf das angrenzende Dach springen und uns hinter dem Schornstein verstecken. Die größte Herausforderung bestand darin, dass wir dabei von niemandem gesehen wurden.

Ich kletterte aus dem Fenster und balancierte die Regenrinne an der Vorderseite des Dachs entlang. Dann machte ich mich bereit zum Sprung, denn nun hieß es: jetzt oder nie. Einer nach dem anderen schaffte es, hinter dem Schornstein auf dem Nachbardach zu landen. Angespannt und aufgeregt warteten wir aufeinander, da wir alle vom Erfolg der anderen abhängig waren. Sollte nur einer von uns einen Fehler machen, würden wir alle geschnappt werden – und das hätte schreckliche Konsequenzen. Langsam begann die Sonne uns zu wärmen.

Wir stiegen auf das Dach des Nachbarhauses, das mit roten Ziegeln gedeckt war. Der Platz dort war gerade breit genug, um auf Zehenspitzen und mit dem Rücken gegen die Wand gedrückt den Rand entlangzutippeln.

Wir schafften es alle auf das nächste und letzte Dach. Ron wies uns an, durch die Dachluke in das Haus zu klettern und in den Garten zu gehen, der auf der anderen Seite lag. Von dort aus waren wir dann auf uns gestellt.

Er ging zum Fenster, um es zu öffnen … doch es bewegte sich nicht. Auch die anderen Männer versuchten es, doch es gab nicht nach. Es war zu riskant, die Scheibe einzuschlagen, denn jemand könnte das Klirren des Glases hören. Es gab aber auch keinen anderen Weg ins Haus. Was sollten wir nun tun?

Ron begutachtete den Abstand zwischen den zwei Gebäuden. Auf unserer Seite war eine Feuertreppe angebracht, die bis zur Mitte des Hauses führte. An der Seite des Nachbarhauses gab es ein kleines Fenster, das sich in Höhe der letzten Stufe der Feuertreppe auf unserer Seite befand. Wir alle schauten ihm dabei zu, wie er die Feuertreppe herunterstieg, sich von der letzten Sprosse aus hinüberschwang und am Sims des kleinen Fensters im ersten Stockwerk festhielt. Dann stieß er sich von der Wand ab und landete katzengleich sicher auf dem Boden. Er winkte uns, ihm zu folgen.

Ich werde nie begreifen, wie ich es sicher auf den Boden schaffte. Mir war, als würde mich der Teufel jagen und ich müsste seinen Klauen entkommen. Ich landete auf allen Vieren und scheuerte mir lediglich dabei die Hände auf, während sich ein anderes Mädchen den Fuß verstauchte.

Jetzt mussten wir nur noch vorsichtig der Reihe nach den Garten durchqueren und zwischen zwei Häusern hindurch auf die Straße gehen, von wo aus wir dann auf uns alleine gestellt waren.

Ich ergriff Rons Hand und blickte ihn mit tiefer Dankbarkeit an – dann ging ich.

Wie köstlich und aufregend war dieser Moment: Ich stand auf der Plantage Muidergracht und war – frei!

Ich unterdrückte meinen Wunsch loszurennen und ging zügig über die Brücke an der Plantage Muidergracht, die im Schatten der Trauerweiden lag und zur Roeterstraat führte. Dort bog ich in die Nieuwe Achtergracht in Richtung des jüdischen Pflegeheims ab.

15   Abtauchen und abwarten

Als ich am Seiteneingang des jüdischen Pflegeheims klingelte, wurde mir die Tür von Alan Hartog geöffnet, der wie ein Schutzengel vor mir stand. Nach allem, was ich durchgemacht hatte, war das Krankenhaus ein sicherer Hafen und Zufluchtsort für mich. Er führte mich schnell zu einem Raum im fünften Stock in einem alten, ungenutzten Trakt des Gebäudes.

Ich brach auf einer Liege zusammen. Die Anspannung, das Gefühl, verfolgt und schikaniert zu werden, und dazu noch die extreme körperliche Belastung hatten schwer an meinen Kräften gezehrt.

Alan gab mir ein Glas Wasser und tupfte mir mit einem nassen Lappen das Gesicht ab. Als ich wieder zu mir kam, schaute ich mich in dem kleinen Zimmer um. Ich sah eine Liege, einen kleinen Tisch und einen Stuhl, ein Waschbecken, Glastüren, die hinaus auf eine Terrasse führten und ein paar Kleiderhaken an der Wand.

Das winzige Krankenhauszimmer wurde für die nächsten fünf Wochen zu meinem selbst gewählten Gefängnis. Es gab kein Badezimmer, und ich durfte nie das Licht einschalten. Nur nachts wurde mir etwas zu essen gebracht, entweder von Alan oder Jules. Ich freute mich auf diese Besuche, da das Gefühl, eingeschlossen zu sein, langsam unerträglich für mich wurde. Nach ein paar Tagen kam es mir so vor, als würden die Wände meines Zimmers immer näher rücken. Ich war zu einer verfolgten Person geworden, gezwungen, mich vor den Nazis zu verstecken.

Seit ich dem Deportationszentrum *Hollandsche Schouwburg* entkommen war, galt ich als deportiert. Sollte ich nun aufgegriffen werden, würde ich als »S-Fall« direkt in ein Konzentrationslager geschickt und schwer bestraft werden.

Jules erklärte: »Du musst eine Weile untertauchen, bis Gras über die Angelegenheit gewachsen ist. In der Zwischenzeit besorgen wir dir mithilfe der Widerstandsbewegung einen neuen Aus-

weis, da wir den Ausweis mit deinem richtigen Namen und dem
›J‹-Stempel nun vernichten müssen. Unter diesem Namen wirst
du nicht mehr leben können. Zurzeit gibt es leider ein paar Kom-
plikationen. Der letzte Stoß gefälschter Ausweise, den die Untergrundorganisation ausgestellt hat, wurde von den Deutschen als
Fälschungen erkannt. Sie haben alle Halter verhaftet. Daher sind
wir zu dem Schluss gekommen, dass nur Ausweise sicher sind,
welche die Widerstandsbewegung beim offiziellen Standesamt
der Stadt entwendet. Blanko-Ausweise lassen sich allerdings nur
in kleinen Mengen entwenden. Wir stehen in engem Kontakt zu
der Untergrundorganisation, du wirst schon bald einen Ausweis
mit falschem Namen erhalten.«

Aufzug

Ab und zu hielten die Nazis Inspektionen im Krankenhaus ab.
Niemand konnte vorhersehen, wann sie kamen und was sie unter-
suchen würden. Auch wenn der alte Trakt, in dem mein kleines
Zimmer lag, nicht länger genutzt wurde, konnte man nicht ausschließen, dass eines Tages ein Trupp Soldaten eine Sonderdurch-
suchung durchführen würde.

Jules und Alan erzählten mir von den besonderen Vorkehrungen, die sie getroffen hatten, um mich im Fall einer unange-
kündigten Durchsuchung zu schützen. Wenn der Alarmsummer
ertönte, bedeutete dies, dass die Deutschen im Anmarsch waren
und ich mich so schnell wie möglich in den Lastenaufzug im hin-
teren Teil des Gebäudes begeben und dort warten sollte. Indem
sie das Kabel des Motorenantriebs auf dem Dach durchtrennten,
konnten sie den Aufzug zwischen zwei Etagen feststecken lassen.
Wenn die Nazis auf den Knopf drückten, würde der Fahrstuhl
sich nicht bewegen. Nachdem die Nazis wieder fort wären, würden meine Freunde den Antrieb reparieren und der Aufzug wäre
wieder funktionstüchtig.

Bei meinem ersten Aufenthalt im Aufzug verbrachte ich eine
furchterregende halbe Stunde ganz allein in der dunklen Kabine.

Als die Gefahr vorüber war, ging ich zurück auf mein Zimmer, wo ich Alan antraf, der auf mich wartete, um zu sehen, wie es mir nach diesem Erlebnis ging.

Nachdem er gegangen war, öffnete ich die Türen, die auf die Sonnenterrasse nach draußen führten und atmete erleichtert die frische Luft in tiefen Zügen ein. Es war ein wunderschöner Tag und das Sonnenlicht war wie ein wohltuendes Stärkungsmittel nach meinem dunklen Erlebnis im Aufzug.

Plötzlich sah ich, wie sich ein Mann näherte. Es war Kurt, der Assistent von Jules. Wir schauten einander an. Er musste die Panik in meinem Gesicht gesehen haben. Ich legte meinen Finger an die Lippen, um ihm zu signalisieren, dass er kein Wort sagen sollte, und er ging schnell weg. Das Nächste, was ich mitbekam, war, dass ich auf dem Boden lag und mein Kopf schrecklich schmerzte. Anscheinend hatte ich das Bewusstsein verloren und war mit dem Kopf auf meiner Liege aufgeschlagen. Die Anspannung durch die Ereignisse des Tages war offensichtlich zu viel für mich gewesen.

Am Abend beruhigte mich Jules. Er erzählte mir, dass Kurt von den illegalen Aktivitäten der Untergrundorganisation wusste, da er den Lastenaufzug gemeinsam mit Jules bediente.

Immer mehr Menschen wurde in der *Joodsche Invalide* vorübergehende Zuflucht gewährt. Niemand kannte die Identität des anderen, auch wenn wir uns alle in gefährlichen und panischen Momenten im Lastenaufzug trafen. Manchmal hing der überfüllte Aufzug stundenlang zwischen den Etagen, bis die Deutschen endlich wieder abzogen. Wir konnten weder sprechen noch flüstern, uns bewegen oder austreten. Es war jedes Mal eine qualvolle körperliche Belastung.

Viele Mitglieder des Krankenhauspersonals beteiligten sich an den illegalen Aktivitäten. Man wusste nur wenig über die Operationen der anderen, was von Vorteil war. Sollte irgendjemand von den Deutschen geschnappt werden, konnte er die anderen nicht verraten.

Alan und Jules arbeiteten eng mit zwei Männern aus der geheimen Widerstandsbewegung zusammen; ihre Namen waren Pastor Ader und Jan Meilof Yver, zwei sehr aktive und tapfere Anführer.

Alan und Jules versorgten sie mit Decken, Laken, Medikamenten und anderen Dingen, die sie für die untergetauchten Juden benötigten.

Zu Beginn der Rettungsaktion kannte Jules sie noch nicht. Eines Tages sah er zwei große, rau und hart aussehende Männer in schwarzen Stiefeln, wie sie auch die Nazis und die NSB-Leute trugen. Sie standen in der Nähe des Rezeptionsfensters in der Halle im Erdgeschoss und Jules fragte sie: »Meine Herren, was machen Sie hier?«

»Sind Sie Herr Godefroi?«, fragten sie ihn. »Könnten wir Sie unter vier Augen sprechen?« Zuerst war Jules misstrauisch, doch dann fand er heraus, dass Alan schon lange mit ihnen zusammenarbeitete. Pastor Ader war es auch, der meinen Ausweis organisieren würde.

An einem Freitagabend, es war der 13. August 1943, kam Jules in mein Zimmer gestürmt und forderte mich auf, ihm sofort zu folgen. Wir schlichen uns zum Seitenausgang auf die Nieuwe Achtergracht hinaus, wo er mir zu meinem Erstaunen mitteilte, dass wir auf dem Weg ins Niederländisch-Jüdische Krankenhaus wären. Als wir dort ankamen, schloss Jules die Vordertür auf, und wir traten ein. Im Inneren war es dunkel und totenstill. Jules brachte mich auf ein Zimmer, in dem früher ein Arzt gewohnt hatte, und erklärte mir dann:

»Heute haben die Deutschen den letzten Teil des NIZ evakuiert. Niemand durfte bleiben; Alan und ich sollen uns um das Krankenhaus und die gesamte Einrichtung kümmern. Wir sind außerdem von Dr. Mayer, dem deutschen Krankenhausleiter des *Joodsche Invalide*, darauf aufmerksam gemacht worden, dass einige Angestellte verdächtigt werden, sich an illegalen Aktivitäten im Rahmen des Krankenhauses zu beteiligen. Daher haben wir uns überlegt, dass es besser ist, dich im NIZ unterzubringen, bis die Gefahr vorüber ist.«

Ich verbrachte dort zwei Tage und zwei Nächte. Da ich nichts zu essen mitgebracht hatte, machte ich mich auf die Suche nach etwas Essbarem. Sehr vorsichtig und leise wanderte ich durch das Gebäude. Ganz allein durch das leere Krankenhaus zu streifen war gruselig. Ich suchte sogar mein altes Zimmer im Schwesterntrakt auf, um zu sehen, ob sich etwas von meiner Kleidung wiederfinden ließ, die ich damals zurückgelassen hatte, denn an diesem Tag hatte ich nichts mitgenommen außer den Kleidern, die ich trug. Und tatsächlich, sie waren immer noch da. Also packte ich meine Sachen in einen Koffer, ging schnell zurück in das Zimmer, das Jules mir zugewiesen hatte, und wartete ungeduldig auf neue Entwicklungen.

Am Sonntagabend kam Jules dann endlich wieder und brachte mich zurück ins jüdische Pflegeheim.

»Du hättest sehen sollen, wie gründlich die Nazis das Gebäude durchkämmt haben. Sie haben jeden Zentimeter von oben bis unten durchsucht. Es war gut, dass du nicht da warst. Dr. Mayer hat gerade eine Abteilung für die Sterilisation von jüdischen Partnern in Mischehen eingerichtet«, berichtete er. »Doch es gibt auch gute Neuigkeiten. Du bekommst nächste Woche deinen neuen Ausweis.«

Neugeboren

Ich war glückselig, denn ich hatte schon eine gefühlte Ewigkeit auf diesen Ausweis gewartet. Eines Morgens brachte mir Jules den Ausweis und trug die notwendigen Daten ein. In die Mitte kam mein Foto zusammen mit meinen Fingerabdrücken, dann wurde der offizielle Stempel aufgetragen und ich suchte mir für meine neue Identität den Namen Elisabeth Bos aus. Es dauerte nicht lange und alle nannten mich Leesha, eine Kurzform von Elisabeth, und so geriet mein alter Name, Hava Bornstein, in Vergessenheit.

Am Freitag, den 20. August 1943, machte mich Jules mit Herrn Denecamp bekannt, dem Kontaktmann von Jan Meilof Yver, der ausgewählt worden war, um mich in ein neues Versteck im Untergrund zu bringen. Es war das erste Mal, dass ich einem nichtjüdischen Mitglied der Widerstandsbewegung begegnete. Vom ersten Moment an, als ich ihn sah, war ich zuversichtlich. Kurz darauf verabschiedete ich mich unter Tränen von Jules und Alan. Ich konnte ihnen gar nicht genug danken für all ihre Fürsorge und ihren Einsatz zu meinem Wohl.

Es fühlte sich seltsam an, als freie Person aus dem jüdischen Pflegeheim in das helle Sonnenlicht zu treten und dieselben Straßen entlangzulaufen, durch die ich kurz zuvor in einem Laster der Nazis gefahren war, auf meinem Weg ins Konzentrationslager. Zuerst war ich zögerlich und schaute ständig über meine Schulter, um zu sehen, ob mir jemand folgte. Doch Herr Denecamp nahm mich am Arm und zog mich sanft aber bestimmt neben sich her, während er sich mit mir über belanglose Dinge des Alltags unterhielt, sodass ich mit der Zeit immer selbstsicherer wurde. Wir machten uns auf den Weg zu seinem Haus in Utrecht, wo ich gemeinsam mit ein paar anderen »Gästen« für einige Tage bei seiner Familie wohnen würde, bis geklärt war, wo ich als Nächstes unterkommen würde.

Während wir im Eilzug nach Utrecht nebeneinander saßen, gab er mir erste Anweisungen:

»Am wichtigsten ist jetzt, dass Sie sich komplett umorientieren«, riet Herr Denecamp mir. »Sie sind nun Leesha Bos. Ich kenne noch nicht einmal Ihren richtigen Namen und will ihn auch gar nicht wissen. Sie müssen sich eine neue und detaillierte Hintergrundgeschichte für Ihr Zuhause, Ihre Familie, Ausbildung und Arbeit erschaffen. Studieren Sie diese genau ein und halten Sie sich immer an die Daten. Versuchen Sie zu vergessen, was in den letzten Jahren vorgefallen ist, schließen Sie die Vergangenheit aus; und ganz wichtig: Verhalten Sie sich niemals so, als fürchteten oder vermuteten Sie, dass Sie verfolgt würden.«

Ich hörte ihm ganz genau zu. Er musste meine Sorge und Furcht gespürt haben, denn er versuchte, mich zu beruhigen:

»Leesha, ich weiß nicht viel über Sie, aber mir wurde mitgeteilt, dass Sie ein wagemutiges und tapferes Mädchen sind. Ihr neues Leben wird Sie mit neuen Problemen und Herausforderungen konfrontieren. Auch wenn diese nicht immer leicht zu bewältigen sein werden, bin ich mir sicher, dass Sie es schaffen werden, wenn Sie sich erst einmal hineingefunden haben.«

Der zukünftige Verlauf meines Lebens wurde mir von dem freundlichen und gleichzeitig bestimmten Herrn dargelegt, und ich nahm seinen Rat mit demütiger und dankbarer Wertschätzung an. Herr Denecamp war etwa Mitte dreißig, durchschnittlich groß und schmal gebaut. Seine blonden Haare und blauen Augen waren typisch niederländisch. Er hatte sogar die entsprechende gesunde, rosige Gesichtsfarbe.

Von unserer ersten Begegnung an wusste ich, dass ich mich ganz auf ihn verlassen konnte. Er ermutigte mich, mit ihm über alle Fragen und Schwierigkeiten zu sprechen, die mir in der Zukunft begegnen würden.

»Nach dem Wochenende werden wir erfahren, wo Sie untergebracht werden. Den Haag und Amsterdam sind zu gefährlich für Sie geworden. Dort gibt es zu viele Menschen, von denen Sie erkannt werden könnten. Ah, wir sind in Utrecht angekommen«, verkündete er.

Der Zug hielt an. Unser Ausgang führte direkt auf eine Gruppe deutscher Soldaten zu, die auf dem Bahngleis standen. Einen schrecklichen Moment lang zögerte ich, starr vor Angst, doch Herr Denecamp legte den Arm um mich und half mir sanft aus dem Zug. Er brachte meinen Koffer zur Gepäckannahmestelle und ließ ihn dort zurück, damit er später im Schutze der Dunkelheit abgeholt werden konnte. Es war zu gefährlich mit einem großen Koffer anzukommen, den die Nachbarn sehen könnten und der sie vielleicht misstrauisch machte. Eine kleine Tasche mitzubringen war in Ordnung, da sie andeutete, dass man nur für ein paar Tage blieb.

Als wir an seinem Haus ankamen, wurden wir vom wilden Gebell eines Terriers begrüßt, der drinnen aufgeregt auf der Fensterbank herumsprang. Die dicken weißen Vorhänge machten es unmöglich, ins Innere des Hauses zu blicken. Als wir das Wohnzimmer durch den Flur betraten, waren wir plötzlich von sieben Menschen umgeben, die uns freundlich anlächelten und herzlich begrüßten. Der Hund kläffte weiter aufgeregt, bis Herr Denecamp ihn auf den Arm nahm. Frau Denecamp begrüßte mich mit einem kräftigen Händeschütteln und der fröhlichen Aufforderung, mich erst einmal mit den »anderen Gästen« oben auf dem Dachboden bekannt zu machen und dann herunterzukommen, um bei der Zubereitung des Gemüses für das Abendessen zu helfen.

Ich war auf alles vorbereitet gewesen, doch ihre Begrüßung war so unerwartet entzückend, dass ich mich sofort wohl und willkommen fühlte.

Frau Denecamp war eine unscheinbar aussehende, gute Seele. Ständig putzte oder kochte sie, wobei sie fast ununterbrochen redete. Sie war das Zentrum der Aktivitäten im Haus und jeder liebte sie, weil sie so ausgesprochen selbstlos war. Ihr Sohn Jan war als Jugendlicher bereits das genaue Abbild seines Vaters.

Im Laufe der fünf Tage, die ich bei den Denecamps verbrachte, wuchs mir die Wärme ihres mit Menschen gefüllten Hauses mit seinen ungezwungenen Umgangsformen und all den Aktivitäten und Aufgaben, an denen jeder sich beteiligte, ans Herz. In diesem Haus wurde die Verantwortung für die Sicherheit des anderen an erste Stelle gestellt. Die »Gäste« waren Juden, die sich dort immer oder, so wie ich, nur übergangsweise versteckten. Wir kannten nur die Vornamen der anderen – da waren die beiden jugendlichen Brüder Hank und Tom, der ehemalige Jurastudent Karel sowie eine Mutter namens Marie mit ihrem elfjährigen Sohn Hugo.

Man hatte sich ein eigenes Sicherheitssystem ausgedacht – Freunde und Familie der Denecamps machten ein vorher vereinbartes Klopfzeichen an die Tür, wenn sie zu Besuch kamen. Wenn ein Fremder an der Tür klingelte, besonders einer in Uniform, würde unser leicht erregbarer Freund, der Terrier, knurren, winseln und uns vor der drohenden Gefahr warnen. In Rekordzeit kletterten wir, »die Gäste«, dann auf den Dachboden, zogen die kleine Leiter hinter uns hoch, verriegelten die Luke von innen und warteten mit angehaltener Luft auf unseren Betten ab. Wenn die Gefahr vorüber war, rief uns Frau Denecamp nach unten und wir machten weiter wie zuvor, als wäre nichts gewesen.

Abends zogen wir die Vorhänge vor, weil das Verdunkelungsgebot es so vorschrieb, aber auch zu unserer eigenen Sicherheit. Dann setzten wir uns ins Wohnzimmer, das gleichzeitig als Esszimmer diente. Wir unterhielten uns und spielten Gesellschafts-spiele oder lernten. Jan brachte mir Schach bei, und ich fand bald Gefallen an dem Spiel. Der talentierte junge Mann brachte mich sogar dazu, meine lebenslange Angst vor Hunden abzule-gen, und bald waren der Terrier und ich gute Freunde geworden. Ich lebte mich schnell in die Familie ein und so empfand ich es als großen Verlust, als es Zeit für mich war zu gehen. Ich hatte mich gerade erst an die neue Umgebung gewöhnt, doch nun sollte ich diese neuen Beziehungen beenden und woanders hingehen. Ich wusste, ich würde sie alle vermissen. Als wir uns verabschiede-ten, lud mich Frau Denecamp ein, auf einen Wochenendbesuch wiederzukommen. Ihre herzliche Einladung erleichterte mir den schweren Abschied.

Umzug

Auf dem Weg zum Zug teilte Herr Denecamp mir mit, dass mein nächstes Ziel die Stadt Leiden sein würde. Er hatte unsere Reise in die Nachmittagsstunden gelegt, damit wir nach Einbruch der Dunkelheit ankommen würden. Er sprach zu mir wie ein Vater und Freund. Ich erzählte ihm, dass ich nicht vorhatte, mich die ganze Zeit über im Haus zu verstecken.

»Ich ertrage es einfach nicht, ständig eingesperrt zu sein, als säße ich in einem Gefängnis. Ist es nicht möglich, dass ich das Haus, in dem ich untergebracht werde, auch ab und an verlassen und ein normales Leben führen kann? Außerdem wäre ich sehr gerne weiterhin für die Widerstandsbewegung aktiv. Sie wissen vielleicht von meinen Unternehmungen im Amsterdamer Kran-kenhaus. Vielleicht kann ich meine Arbeit in der Untergrundor-ganisation ja wieder aufnehmen?«

Herr Denecamp betrachtete mich, als würde er mich zum ers-ten Mal sehen. Er sagte:

»Leesha, wissen Sie, was für ein Risiko Sie eingehen, wenn Sie sich nicht verstecken? Sie sehen nicht sonderlich jüdisch aus, auch wenn Sie dunkle Augen und Haare haben, aber trotzdem könnten Sie von Nachbarn verdächtigt werden, die Informanten oder NSB-Mitglieder oder Sympathisanten sind. Die Nazis zahlen Leuten eine Belohnung, wenn sie Juden verraten. Sie könnten in eine Personenkontrolle oder Straßenrazzia geraten, wenn die Deutschen mal wieder junge Männer für die Arbeitslager und Fabriken in Deutschland einfangen wollen. Bedenken Sie nur die Gefahr, in der Sie sich zu jeder Zeit befinden werden. Über Ihren Wunsch, wieder im Untergrund aktiv zu werden, muss ich erst einmal nachdenken; es ist zwar der äußerste Widerstand, den man leisten kann, aber diese Arbeit birgt auch schreckliche Gefahren für Sie.«

Als er sah, wie unglücklich ich mit seiner zögerlichen Reaktion war, fügte er hinzu: »Ich tue mein Bestes. Ich werde Ihr Angebot beim nächsten Treffen unserer Zelle weiterleiten.«

Ich war ihm dafür sehr dankbar.

»Herr Denecamp, vielen Dank für alles, was Sie für mich getan haben. Wie kann ich mich nur jemals bei Ihnen revanchieren? Worte reichen einfach nicht aus, um meine Dankbarkeit auszudrücken.«

»Lassen Sie es gut sein«, unterbrach er mich. »Ich weiß, was Sie empfinden, mein liebes Mädchen. Ich beteilige mich am Kampf gegen die Barbarei und den Terror. Wir werden uns der Übermacht der Nazis nicht ergeben. Unser Ziel ist, alles in unserer Macht Stehende zu tun, um der brutalen Gewalt und dem unmenschlichen Verhalten der Nazis entgegenzuwirken und uns zu widersetzen.«

Ich war so vertieft in unser Gespräch, dass ich gar nicht mitbekommen hatte, wie wir in Leiden angekommen waren. Wir gingen durch die Stadt, bis wir vor einem Eckhaus auf der Schelpenkade Halt machten.

»Da sind wir«, verkündete Herr Denecamp, »hier verlasse ich Sie. Ich stelle Ihnen noch Herrn und Frau de Koning vor, dann sind Sie auf sich gestellt.«

Es war schon dunkel, daher konnte er mir unmöglich meine Besorgnis angesehen haben. Er fuhr fort: »Leesha, reißen Sie sich zusammen. Es wird alles viel besser laufen, als Sie es sich je erträumt haben. Außerdem haben wir ja verabredet, dass Sie uns in ein paar Wochen über das Wochenende in Utrecht besuchen kommen. Die Zeit vergeht wie im Flug! Ich verspreche Ihnen, dass ich Sie abholen werde, dann fahren wir gemeinsam zu uns nach Hause, in Ordnung?«

Ich nickte. Er war so gut zu mir. Dann legte er seinen Arm um meine Schultern und zeigte die Straße hinunter:

»Sehen Sie nur, wie wunderschön der Kanal und die Bäume im Mondlicht erstrahlen! Es ist eine sternenklare Nacht, perfekte Sicht für die englischen Bomber auf ihrem Weg nach Deutschland.«

Ich richtete mich auf. »Herr Denecamp, Sie besitzen eine sehr gute Menschenkenntnis. Ich bin jetzt bereit.«

16   Eine neue Familie

Das Leben bei den de Konings war für mich der erste richtige Kontakt mit der Welt der Nichtjuden. Ich hatte eine sehr herzliche Beziehung zu meinen nichtjüdischen Freunden im Gymnasium und auch später zu nichtjüdischen Studenten auf der Hochschule für Modedesign. Mein Vater pflegte gute Geschäftsbeziehungen mit Nichtjuden und viele unserer netten Nachbarn waren keine Juden. Ich hatte ein wunderschönes Wochenende bei den Denecamps verbracht. Meine Beziehung zu all diesen Menschen fühlte sich natürlich und frei an. Dennoch waren mir die Lebensgewohnheiten der Nichtjuden fremd. Meine Welt war rundum jüdisch, bis ich Amsterdam verließ.

Und nun sollte auch ich zum Nichtjuden werden, zumindest äußerlich. Die de Konings wussten nur, dass ich jüdisch war, sonst nichts. Wenn jemand fragte, warum ich bei ihnen war, bekam er als Antwort, dass ich der schwangeren Frau de Koning im Haushalt half.

Nel de Koning, die sowohl größer als auch schwerer war als ich, begrüßte mich herzlich. Die Kombination aus roten Wangen, grau-blauen Augen und glattem blondem Haar, das ihr rundes Gesicht umrahmte, spiegelten das blühende Leben wider. Als sie mir das Wohnzimmer zeigte, kam ein kleiner Junge angelaufen und versteckte sein Gesicht in ihrem Rock.

»Das ist Joop«, stellte sie mir den kleinen schüchternen 3-Jährigen vor. »Er bleibt hier bei uns. Seine jüdischen Eltern sind woanders untergekommen. Die Familie hat es seit Kriegsbeginn nicht leicht gehabt. Sie wohnten in dem Teil von Rotterdam, der so schlimm von den Deutschen zerbombt wurde. Alles, was sie besaßen, wurde zerstört und so mussten sie sich eine neue Unterkunft suchen. Letzten Juli kam dann die Nachricht, dass sie deportiert werden sollen. Laut den Nazis ist dieser kleine dreijährige jüdische Junge eine Gefahr für das Deutsche Reich. Nun, für uns ist er alles anderes als das! Daher haben wir ihn aufgenommen, damit die Moffen ihn nicht finden!« Sie umarmte Joop, der nun auf ihrem Schoß saß.

»Jetzt bist du mein kleiner Junge, stimmts, Joopje?«, sprach sie ihn mit seinem Kosenamen an und knuddelte ihn dabei.

»Dann wollen wir mal, Leesha. Dein Zimmer ist auf der obersten Etage hinten durch. Es leben noch zwei weitere Paare in diesem Haus, die beide keine Juden sind. Wir kennen sie nicht besonders gut, aber soweit wir das beurteilen können, sind sie keine Nazisympathisanten. Sei trotzdem immer auf der Hut. Verhalte dich ihnen gegenüber höflich, aber freunde dich nicht zu eng mit ihnen an. Aus deiner Art zu sprechen schließe ich, dass du eine gute Erziehung genossen hast. Zeig ihnen das nicht, sondern versuch lieber, dich wie ein ganz normales niederländisches Mädchen zu verhalten. Erzähl ihnen einfach, du seiest eine Tochter von einem Freund von mir aus Den Haag, die gekommen ist, um mir zu helfen, okay?«

»Mein Mann wird bald von der Arbeit nach Hause kommen. Sein Gehilfe, Gerrit, lebt auch bei uns. Er ist ein junger Mann, der sich vor den Deutschen versteckt, damit sie ihn nicht zum Arbeiten nach Deutschland schicken. Ihm solltest du lieber auch nicht erzählen, dass du eine Jüdin bist. Er hilft meinem Mann bei seinem Gemüseanbau. Und jetzt komm, Leesha, möchtest du mir helfen, den Tisch zu decken?«

Ari und Nel de Koning waren zauberhaft mit ihrer aufrichtigen und unkomplizierten Art. Das Risiko, das sie auf sich nahmen, um drei Menschen auf ihrer Flucht vor dem Naziterror Schutz zu bieten, erfüllte mich mit dankbarer Ergebenheit. Für Ari und Nel war das nicht einmal etwas Besonderes. Sie halfen uns, weil sie davon überzeugt waren, das Richtige zu tun. Ihrer Meinung nach war ein Mensch, der anderen bedürftigen Menschen nicht half und den Nazis keinen Widerstand leistete, ein Übeltäter und sicherlich kein Christ.

Anfangs war Aris verschlossene Art bedrückend und einschüchternd für mich, da ich sie persönlich nahm. Aber dann entwickelte sich zwischen uns eine Freundschaft und ich entdeckte, dass dieser drahtige Mann mit dem schütteren Haar viel mehr dachte und erstrebte, als sein bodenständiger Lebensstil verriet. Als wir endlich ins Gespräch kamen, war ich beeindruckt von seiner Feinfühligkeit und seinem tief gehenden Verständnis für die Dinge. Einmal las er mir ein selbst geschriebenes Gedicht vor, und dabei erhellte ein schüchternes Lächeln sein eher schroffes, grobes Gesicht.

Wenn Nel abends strickte, lag ihre Katze eingerollt auf ihrem Schoß. Ari und ich spielten Schach, unterhielten uns oder lernten Latein, wofür wir uns zu einem Sprachkurs angemeldet hatten.

Atempause

Mein jetziger Tagesablauf unterschied sich grundlegend von meinem vorherigen Leben. Ich war nicht länger das Jagdopfer im Fadenkreuz der sadistischen Nazis, die meinem Leben zu jeder Zeit, frei nach Belieben, ein Ende setzten konnten. Auch arbeitete ich nicht mehr für die Untergrundbewegung und war nicht mehr beteiligt an der aufregenden und spannenden Rettung von Kindern und Erwachsenen im Krankenhaus. Daher bekam ich auch nicht mehr mit, wie meine jüdischen Freunde verprügelt, ihrer menschlichen Würde beraubt, enteignet, verhaftet und letztendlich in wartende Züge geworfen wurden, um an einen »unbekannten Ort« verschleppt zu werden.

Die unzähligen schrecklichen Vorfälle, die ich erlebt hatte, und die haarsträubenden Fluchten vor der Deportation fingen erst jetzt an, mich einzuholen. Tagsüber war ich sehr beschäftigt und konnte mich ablenken, sodass ich nicht an meine Familie und den Schmerz tief in mir denken musste. Doch die Nächte waren oft die reinste Qual für mich.

Was war mit meinen Eltern und Brüdern passiert? Waren sie immer noch im Übergangslager in Westerbork? Schützte sie noch immer die »Puttkammer-Sperre« vor der Überführung ins Konzentrationslager? Würden sie nach Palästina übersiedeln dürfen?

Ich hatte Puttkammer die gewünschte Summe in Diamanten und Geld gegeben, damit er sie auf der Liste behielt. Das Internationale Rote Kreuz hatte uns bereits bestätigt, dass unsere Verwandten in Palästina eidesstattlich versichert hatten, meine Familie aufzunehmen. Ich betete von ganzem Herzen für ihre Sicherheit. Ob sie Hunger litten, seitdem ich ihnen keine Päckchen mit Essen mehr aus meinem Versteck schicken konnte? Ich fühlte mich so hilflos und entmutigt. Immer wieder tauchten vor meinem geistigen Auge die Gesichter meiner Familie auf. Das schmerzhafte Verlangen, sie wiederzusehen und ihre Wärme und Liebe zu spüren, begleitete mich jeden Tag. Ich wälzte mich auf meiner kleinen, harten Liege hin und her; mir war kalt und ich fühlte mich einsam. Plötzlich kam mir Davids Gesicht in den Sinn und mich durchstach ein schrecklicher Schmerz. Ich hatte versucht, ihn aus meinen Gedanken zu verbannen, aber mein Herz war immer noch bei ihm.

Im Verhältnis zu meiner jüngsten Vergangenheit war mein gegenwärtiges Leben oberflächlich betrachtet ruhig und unkompliziert. Dennoch begleitete mich ständig die Angst, jemand könnte herausfinden, dass ich ein *Onderduiker* war, eine untergetauchte Person. Damit brächte ich meine warmherzigen Gastgeber Ari und Nel de Koning und ihre anderen Schützlinge in Gefahr.

Die deutsche Polizei war sich durchaus bewusst, dass Juden und junge Männer in Verstecken im Untergrund verschwanden und viele von ihnen gefälschte Ausweise besaßen.

Der deutsche Sicherheitsdienst, die berüchtigte Gestapo, hatte Belohnungen ausgesetzt. 25 bis 40 Gulden gab es für jeden, der einen versteckten Juden verriet, und 1 000 Gulden für jeden, der ein Vergehen gegen die Deutschen meldete. Daher mussten strikte Vorkehrungen getroffen werden, um eine normale Haushaltssituation vorzutäuschen. Verhielten wir uns auf irgendeine Art auffallend, liefen wir Gefahr, dass uns ein Nazisympathisant verraten könnte. Gestapo-Untersuchungen endeten häufig mit Gefangenschaft, Deportation oder Tod. Zu Beginn meines Aufenthalts bei den de Konings hielt ich mich von den Fenstern fern. Ich öffnete nicht die Haustür und ging nicht nach draußen. Mit der Zeit bewegte ich mich freier und wurde wagemutiger.

Schon bald ging ich einkaufen, fuhr mit der Straßenbahn und nahm sogar den Zug nach Utrecht, um dort die Denecamps zum zweiten Mal zu besuchen. Herr Denecamp hatte sein Versprechen gehalten und mich an die Untergrundbewegung in Leiden weiterempfohlen.

Kurierdienst

Ich wurde zum Kurier für Tom und Jan und pendelte zwischen den beiden Straßen Rijnsburger Weg und Oude Singel in Leiden. Man sagte mir nie, was ich beförderte. Zwischendurch hieß es, das Päckchen sei von hoher Wichtigkeit, worauf ich es in meinem BH versteckte. Währenddessen hatte ich wenigstens das Gefühl, etwas Sinnvolles zu tun. Ich war sehr vorsichtig, damit keiner im Haus, nicht einmal Ari oder Nel, Verdacht schöpfte.

Die schönste Überraschung in der Zeit war ein Brief von Jules Godefroi, der mir mitteilte, dass er mich besuchen würde. Er schlug vor, dass wir uns nach Einbruch der Dunkelheit vor dem Hauptbahnhof in Leiden treffen sollten. Wir waren überglücklich, uns nach dieser langen Zeit wieder zu sehen, und hatten uns viel zu erzählen, während wir durch die stockdunklen Straßen in Leiden schlenderten und dabei nicht einmal die Kälte des Winters spürten.

Jules war noch immer technischer Leiter im jüdischen Pflegeheim, das inzwischen von den Nazis für die Sterilisierung von jüdischen Partnern in Mischehen genutzt wurde. Selbst diese Paare konnten der Tortur nicht entgehen; sie hatten die Wahl zwischen Deportation und Sterilisierung. Wenn sie sich für die Behandlung entschieden, erhielten sie von einem deutschen Doktor ein Zertifikat, konnten den gelben jüdischen Stern ablegen und durften in eingeschränkten Bereichen arbeiten.

Jules machte sich Sorgen um mich, da er von meiner neuen Tätigkeit in der Untergrundbewegung gehört hatte, und ich musste ihm versichern, dass ich vorsichtig sein würde. Es war wunderbar, wie er von seinen vielen illegalen Taten erzählte, die er im Krankenhaus direkt vor den Augen der Naziärzte und der deutschen Soldaten ausführte.

Am Ende verpasste er seinen Zug. Als Jules in Amsterdam ankam, herrschte bereits Ausgangssperre. Später erfuhr ich, dass er sich über eine Stunde lang durch die leeren Straßen vom Bahnhof zum Krankenhaus geschlichen und dabei fürchterliche Ängste ausgestanden hatte, weil er genau wusste, was passierte, wenn man nach der Ausgangssperre erwischt wurde.

Vergnügt lief ich nach Hause. Nicht einmal die Bomber über mir oder das Flakfeuer konnten meine gute Laune dämpfen. »Jules hat mich besucht! Er hat seinen Judenstern abgenommen und sein Leben riskiert, nur um mich zu sehen«, dachte ich glücklich. Allein seine Anwesenheit hatte mir Mut gemacht; das warme und liebevolle Gefühl von Freundschaft und seine Sorge um mein Wohlbefinden ließen meine Einsamkeit für eine Weile abklingen.

Ari und Nel waren noch wach, als ich kam, und erwarteten mich. Der Blick auf ihren Gesichtern beunruhigte mich.

»Setz dich, Leesha. Wir müssen etwas mit dir besprechen«, sagte Ari mit besorgter Miene. »Die Widerstandsgruppe in Oegstgeest, einem Vorort von Leiden, hat die Ausstellungsbehörde überfallen und ist mit tausenden von Lebensmittelmarken und Ausweisen geflüchtet, die in den Verstecken so dringend benötigt werden. Die Nazis sind außer sich vor Wut und wollen Blut sehen! Sie gehen gegen jeden hart vor, der nur im Geringsten verdächtig erscheint. Unsere Nachbarin Frau Kuyper hat Nel erzählt, dass Frau de Graaf von gegenüber der nationalsozialistischen Bewegung NSB angehört und wegen der vielen Leute in unserem Haus Verdacht schöpft. Frau de Graaf hat außerdem nach ›diesem‹ kleinen Jungen gefragt.«

Ich konnte sehen, wie aufgebracht Nel war, was nicht gut für ihre fortgeschrittene Schwangerschaft war. Meine gute Laune schwand langsam dahin.

»Meint ihr, ich sollte lieber gehen?«, fragte ich geradeheraus. »Ich möchte euch auf keinen Fall Umstände machen. Seid bitte ehrlich!«

Glaubensfrage

Nel seufzte, aber sagte dann fest entschlossen: »Nein, Leesha. Das wäre nicht richtig. Ich habe Frau Kuyper von Joopje erzählt: dass er ein Waisenkind aus Rotterdam ist, weil seine Eltern bei einem Bombenangriff der Deutschen ums Leben gekommen sind, und dass wir uns nun um ihn kümmern. Über dich ist kein Wort gefallen. Aber um zu vermeiden, dass jemand misstrauisch wird, würde ich vorschlagen, dass du nächste Woche mit uns in die Kirche kommst. Frau Kuyper und viele andere Nachbarn gehen zum Gottesdienst. Über Ecken wird Frau de Graaf erfahren, dass du eine Christin bist. Würdest du das für uns tun? Denk drüber nach, bis Sonntag ist noch ein paar Tage Zeit.«

Ari spürte meine Bestürzung und fügte hinzu: »Wenn du jetzt verschwinden würdest, würde das nicht genau ihren Verdacht bestätigen? Meiner Meinung nach müssen wir ganz normal weitermachen und ihnen zeigen, dass wir uns nicht zu verstecken brauchen und nichts zu befürchten haben. Leesha, wenn du mit uns in die Kirche kommen würdest, wäre das für uns sehr nützlich.«

In den nächsten Tagen und Nächten rang ich heftig mit meinem Gewissen. Was sollte ich tun? Sollte ich lieber das Haus verlassen oder in ein mir unbekanntes Gotteshaus gehen, in dem mich das Gefühl überkommen würde, dass ich meinen Glauben verriet? Ich wusste nicht einmal, wohin ich hätte gehen können! Jede verdächtige Handlung lenkte mich direkt in die Hände der Nazis und würde auch die de Konings in Gefahr bringen!

»O Gott, hilf mir!«, riefen mein Herz und meine Seele. »Zeig mir einen Ausweg aus diesem Dilemma!«

Ich versuchte mir vorzustellen, welchen Rat meine Eltern mir in solch einer Situation gegeben hätten. Sollten wir nicht alles in unserer Macht Stehende tun, um das Leben zu schützen? Ich fühlte mich hin- und hergerissen und konnte keine Ruhe finden. Letztendlich entschied ich, dass ich keine andere Wahl hatte.

Also gingen Ari und Nel de Koning, Joopje, Gerrit und ich an einem kühlen, sonnigen Sonntagmorgen zusammen in die Kirche.

Als wir an dem Haus von Frau Graaf vorbeigingen, sahen wir, wie sich die Vorhänge bewegten.

»Sie hat uns gesehen«, murmelte Nel. »Sehr gut, genau das war unsere Intention.«

Die protestantische Kirche war ein modernes, nüchternes Gebäude und innen hell und luftig. Nachdem wir uns hingesetzt hatten, hob ich vorsichtig meinen Kopf und schaute mich um. Es gab keine Kreuze, Bilder oder christliche Figuren. Die Sonne schien durch das bunte Fensterglas und erleuchtete die Kirche in sanften, geometrischen Formen. Die Gemeinde sang Kirchenlieder. Nel hatte mir aufgetragen, ihr alles haargenau nachzumachen.

Als der Pfarrer mit der Predigt begann, versuchte ich seine Worte in meinem Kopf zu übertönen, indem ich mir lateinische Vokabeln aufsagte. Trotz meiner Bemühungen schnappte ich immer wieder Worte des Pfarrers auf. Ohne es zu wollen, fing ich an zuzuhören. Der Pfarrer versuchte, seine Gemeinde zu überzeugen, Gott treu zu bleiben und der Versuchung des Nazismus zu widerstehen. Er sprach sich offen und unerschrocken gegen die Nazis aus und warf ihnen vor, Menschen ihrer Rechte und Freiheiten zu berauben. Außerdem verurteilte er den Einfluss des nationalsozialistischen Gedankenguts auf die Medien und Schulen mit Hilfe boshafter Propaganda.

Ich sah, wie die Menschen in der Kirche gebannt zuhörten und jedes Wort in sich aufnahmen. Der Pfarrer sprach weiter:

»Jene, die den Juden ihre Freiheiten verwehren, kämpfen gegen das Volk Gottes – ein Volk, für das Gott Pläne hat. In der Heiligen Schrift verkörpern die Menschen Israels das auserwählte Volk. Daher dürfen wir sie nicht verachten oder geringer wertschätzen. Allein schon aus Nächstenliebe und Menschlichkeit dürfen wir die jüdischen Mitbürger nicht vom Rest der Bevölkerung ausschließen. Der Hass der Nazis gegen die Juden offenbart ihren Hass gegen Gott.«

Seine Worte berührten mich tief in meinem Innern. Das Judentum, das so viel Hass, Verfolgungen, Deportationen und Tod durch die Nazis erlitt, dasselbe Judentum wurde gerade von diesem tapferen, offenherzigen und ehrbaren Mann geadelt, emporgehoben und geheiligt. Er war ein Mann der Wahrheit, der die Boshaftigkeit der Nazis verurteilte.

Es wunderte mich nicht, dass die Menschen seiner Gemeinde die Gottesdienste treu besuchten. Sein Einfluss auf diese Menschen war offensichtlich groß. Er gab ihnen Mut und half ihnen, Dinge zu verstehen. Dabei schärfte er ihren Verstand und stärkte ihre Widerstandskraft.

Am Ende sprach er: »Lasset uns beten.« Die ganze Gemeinde neigte die Köpfe und betete still. Der Gottesdienst endete mit dem Lied »Fels des Heils«.

Diese Erfahrung mit der Kirche hinterließ bei mir einen bleibenden Eindruck. Es war keine bloße Einwilligung in eine Bitte, sondern ich war Ari und Nel dankbar, dass sie mich zu diesem couragierten und unerschrockenen geistlichen Führer mitgenommen hatten, der das beschmutzte Ansehen meines eigenen Glaubens reinwusch und wiederherstellte. Nun konnte ich mich wieder erhobenen Hauptes zeigen und stolz darauf sein, eine Jüdin zu sein. Meine Entschlossenheit war noch größer geworden, diese dunkle und schwierige Zeit in meinem Leben zu überstehen und die bösen Kräfte zu bekämpfen, die mein Volk auszulöschen drohten.

Nel und Ari reagierten auf meine Lobreden für den Pfarrer nur mit den Worten: »Der Pfarrer ist ein guter Christ.«

Schrecksekunden

Nach den Weihnachtsferien, die ich mit den Denecamps in ihrem immer größer werdenden Haushalt in Utrecht verbrachte, nisteten wir uns gemütlich zu Hause ein, um den kalten Winter zu überstehen und uns auf die Geburt von Nels Baby vorzubereiten.

Eines Nachmittags sprachen Nel und ich nach dem Essen darüber, wie wir das Kinderzimmer einrichten wollten, als es an der Tür klingelte. Als ich die Tür öffnete, drängte sich blitzschnell ein Mann herein und schloss von innen die Tür ab. Er zog den Schlüssel heraus und schubste mich ins Wohnzimmer. Zeitgleich kam ein anderer Mann über den Garten durch die Küchentür herein, verschloss die Tür und zog ebenfalls den Schlüssel aus dem Schloss. Das Ganze dauerte nur wenige Sekunden.

»Wir sind von der Gestapo, Sicherheitspolizei«, sagten sie auf Niederländisch. »Uns wurde mitgeteilt, dass hier im Haus ein kleiner Judenjunge wohnt. Wie viele Menschen leben hier? Wir wollen von allen die Ausweise sehen. Keiner verlässt das Haus, bevor wir hier fertig sind!«

Sie bellten förmlich die Befehle, jedes Wort war abgehackt. Ihre Anweisungen klangen wie Pistolenschüsse. Ich schaute Nel an, die erst feuerrot anlief und dann kreidebleich wurde.

Für einen Moment hatte ich das Gefühl, als würde sich der Raum um mich herum drehen, und mich überkam eine grässliche Angst. Doch dann wurde mir schnell klar, dass wir nur heil aus dieser Situation herauskommen würden, wenn ich so ruhig und normal wie möglich reagierte.

Einer der Gestapo-Männer blieb bei Nel, während der andere mir in mein Zimmer folgte, aus dem ich meinen Ausweis holte. Er befahl mir, zurück zu Nel zu gehen, während er die Ausweise der anderen Paare überprüfte und sorgfältig das Haus durchsuchte.

Ich stellte mir vor, wie der Gestapo-Beamte jeden Moment mit dem Bündel Lebensmittelmarken in der Hand die Treppe herunterstürmen würde, die ich nach Einbruch der Dunkelheit Jan überbringen wollte. Ich hatte sie letzte Nacht bei Tom abgeholt und unter einer abstehenden Kante des Linoleumbodens in einer Ecke des Zimmers versteckt. Die qualvolle Anspannung war nicht auszuhalten. Endlich kam er herunter und nickte seinem Partner zu: »Alles in Ordnung.«

Er setzte sich aufs Sofa und kramte ein paar Bücher heraus, in denen unzählige ungültige, verlorene und verdächtige Ausweise aufgelistet waren. Während er meinen Ausweis überprüfte und mit den Nummern aus den Büchern verglich, setzte ich mich auf einen Stuhl, damit ich meine wackelnden Knie festhalten konnte und so entspannt wie möglich aussah. Als ich in diesem kritischen Moment meinen Kopf drehte, blitzte eine schreckliche Szene vor meinen Augen auf. Ich sah, wie man mich auf einen Viehwaggon zerrte, um mich ins Konzentrationslager abzutransportieren. Von ganzem Herzen betete ich zu Gott.

»Nun, junge Dame«, sagte er, während er den Ausweis gegen das Licht hielt, um das Wasserzeichen zu überprüfen. »Dein Ausweis scheint in Ordnung zu sein.« Dann begann er mich zu verhören. Er stellte mir immer wieder dieselben Fragen, in der Hoffnung, mich bei einer Lüge zu ertappen. Als er mit mir fertig war, begann er dieselbe Prozedur mit Nel. Zum Glück hatten wir unsere Geschichte von Anfang an aufeinander abgestimmt. Das Hauptanliegen der beiden Männer war, mehr über den kleinen Joop herauszufinden, der in der Zwischenzeit von seinem Nachmittagsschlaf erwacht war.

Der Gestapo-Beamte ließ nicht locker: »Wir wissen aus sicheren Quellen, dass er ein Jude ist. Wie ist er zu Ihnen gekommen? Wo sind seine Eltern? Sie müssen uns alles sagen, was Sie wissen.«

Jedes Mal antwortete Nel: »Ich kann Ihnen nur sagen, was ich weiß. Er ist ein Waisenkind aus Rotterdam. Seine Eltern sind bei einem Bombenangriff ums Leben gekommen, deswegen hat ihn die Hilfsorganisation für Kriegswaisenkinder zu mir gebracht. Glauben Sie mir doch, das ist alles, was ich weiß.«

Meine eigene Panik hatte sich gelegt und ich fühlte mich langsam wieder sicherer. Wenn mein Ausweis der eingehenden Prüfung dieser Gestapo-Beamten standgehalten hatte und sie auch nicht wegen meines Aussehens misstrauisch wurden, musste ich mir keine Sorgen machen.

Nel hielt Joopje fest an ihren Körper gedrückt; ich konnte den Schmerz und die Qual in ihren Augen sehen. Die Nazis setzten ihr seit zwei Stunden mit ihren Fragen zu.

»Darf ich ihr einen Tee machen?«, fragte ich einen der Gestapo-Beamten. »Bitte nehmen Sie etwas Rücksicht, sie ist im neunten Monat schwanger und sehr aufgebracht.«

Einer der beiden begleitete mich in die Küche – sie hatten wahrscheinlich Angst, dass ich weglaufen würde.

Nel servierte den beiden Männern Tee und Kekse, woraufhin sie gesprächiger wurden und uns einen Vortrag über die Juden hielten.

»Juden haben alle Plattfüße, dicke Lippen und große Haken-
nasen. Sie sind Feiglinge und Schwächlinge mit einem widerwärtigen Charakter. Ich kann einen Juden auf einen Kilometer rie-
chen«, tönte einer der beiden.

Ich schaute ihm direkt in die Augen und fragte: »Ehrlich, so
schreckliche Menschen sind das?« »Ach, junge Dame, wenn Sie
bloß wüssten! Sie benehmen sich nicht wie normale Menschen,
so wie Sie einer sind. Wenn Sie sehen, wie sie reden und sich bewegen, werden Sie sofort erkennen, dass es Juden sind, und Sie
werden sie genauso hassen, wie wir es tun!«

Draußen wurde es dunkel und wir zogen die Verdunkelungsvorhänge zu. Endlich entschieden sich die beiden zu gehen und
kündigten zum Abschluss an, dass sie am nächsten Tag wiederkommen würden, um mit Ari über Joopje zu sprechen. Als sie
gerade gehen wollten, fiel mir auf, dass sie mir meinen Ausweis
nicht zurückgegeben hatten. Ich fragte nach, worauf sie sich entschuldigten und ihn mir aushändigten. Dann wünschten sie uns
einen schönen Abend.

Nachdem ich die Tür hinter ihnen zugemacht hatte, lehnte ich
mich dagegen und umklammerte meinen Ausweis. Als Nachwir-
kung der Anspannung und Angst, der ich an diesem Nachmittag
ausgesetzt war, liefen mir eiskalte Schauer über den Rücken.

Kurz danach kamen Ari und Gerrit von der Arbeit nach Hause. Nachdem wir ihnen von unserer Feuerprobe mit der Gestapo
berichtet hatten, trafen wir eilig ein paar Vorkehrungen. Den
Nazis konnte man niemals trauen. Sie konnten noch in derselben Nacht wiederkehren und möglicherweise stand unser Haus
bereits unter Beobachtung.

Wir einigten uns darauf, dass Gerrit sofort das Haus verlassen
und zu seinem Onkel nach Leiderdorp fahren würde. Ari sollte
mich zu Nels Eltern, den Rietvelds, in den Rijnsburger Weg bringen, wo ich die Nacht verbringen würde. In der Zwischenzeit
sollte die Untergrundbewegung eine neue Unterkunft für mich
arrangieren.

Nel war völlig erschöpft und ging sofort ins Bett – der Stress
war zu viel für sie. Der kleine Joop sollte im Haus bleiben, bis die

Widerstandsbewegung im Untergrund seine Eltern kontaktiert und entschieden hatte, was mit ihm passieren sollte.

Ich rannte die Treppen hoch, um meine Reisetasche zu packen. Als ich Nel umarmte, und ihr und Ari für alles dankte, was die beiden für mich getan hatten, spürte ich, dass unsere Freundschaft durch die gemeinsame Erfahrung an diesem Nachmittag noch enger geworden war.

Ari legte meinen Koffer auf sein Fahrrad und wir liefen zusammen auf Umwegen durch die dunklen Straßen. Als wir uns ganz sicher waren, dass uns keiner gefolgt war, betraten wir das Haus der Rietvelds.

Welches Schicksal erwartete mich wohl als Nächstes?

17   Nicht nur zuschauen

Nach der warmen und herzlichen Beziehung zu Nel und Ari de Koning war die äußerst zurückhaltende Art von Tante Meta, in deren Haus die Widerstandsbewegung mich als Nächstes unterbrachte, wie ein Schock für mich. Auf ihrem faltigen, vogelartigen Gesicht, das umrandet war von dünnen schmutzig-blonden Haaren, lastete ein strenger und ernster Blick. Nichts entging ihren Adleraugen und nur äußerst selten rutschte ihr ein freundliches Wort oder eine nette Geste heraus. Obwohl ich wusste, dass sie mit der Untergrundbewegung zusammenarbeitete und Menschen in ihrem Haus versteckte, gab mir ihre unnahbare Art das Gefühl, nicht willkommen zu sein. Selbst wenn sie mir ein Stück Brot gab, wurde mir mit jedem Bissen vermittelt, dass es sich hierbei um Almosen handelte.

Das einzige Wesen, dem sie Zuneigung gegenüber zeigte, war ihr alter und lahmer Airedale-Terrier. Auch wenn sie sein Gewicht kaum halten konnte, trug sie ihn auf ihrem Arm und legte ihn vorsichtig auf das Sofa, das er komplett in Anspruch nahm. Sie redete mit ihm, fütterte ihn und beseitigte seine Hinterlassenschaften, bis ihre Hände vom Schrubben rot und spröde waren.

Nach dem »Überraschungsbesuch« der Gestapo und der angekündigten Rückkehr für weitere Untersuchungen hatte die Untergrundbewegung mir aufgetragen, mich eine Zeit lang ausschließlich im Haus aufzuhalten.

Ich wusste nicht, ob Tante Meta die beiden benachbarten Häuser auf dem Boerhavelaan gegenüber der Universitätsklinik in Leiden tatsächlich gehörten, aber wie sich herausstellte, war jeder der vielen Räume von einer Vielzahl von Leuten besetzt – ich sah sowohl Paare als auch Singles dort, über deren persönliche Angelegenheiten ich rein gar nichts wusste. Manche der Leute in den beiden Häusern öffneten ihre Tür nur für Tante Meta, die sie mit lebensnotwendigen Gütern versorgte. Tagsüber war es ruhig im Haus, nur nachts konnte ich hin und wieder männliche Stimmen und andere Geräusche auf der Etage unter meinem Zimmer hören. Ich stellte keine Fragen und äußerte mich nicht zu irgendetwas. Ich hatte mir angewöhnt, mich unauffällig zu verhalten.

Versteck auf dem Boerhavelaan in Leiden

Als ich eines Tages durch das große Empfangszimmer lief, hätte ich fast laut aufgeschrien. Durch einen Schlitz in der Tür starrten mich plötzlich zwei große Augen an. Eine kleine Frau öffnete die Tür und fragte: »Bist du Leesha? Ich habe gehört, wie Tante Meta dich so rief. Komm doch rein, ich möchte dir meinen Mann vorstellen. Wir sind die Moppelchens, er ist Mop und ich bin Pelchen.«

Wir fingen beide an zu lachen und schüttelten uns die Hände. Die Moppelchens waren so ein niedliches Paar: beide klein, blond und deutsch-jüdischer Herkunft. Sie versteckten sich seit sieben Monaten im Empfangszimmer des Hauses und ließen die

Vorhänge immer zugezogen. Manchmal gingen sie nachts vor die Tür, um frische Luft im Garten zu schnappen.

Ihr Sinn für Humor und ihre Unbeschwertheit trotz des Krieges und der tragischen Situation, in der wir uns befanden, war eine willkommene Abwechslung zu Tante Metas kühler Art.

Wann immer ich konnte, schlüpfte ich in ihr Zimmer, nachdem ich an der Tür das vereinbarte Klopfzeichen gemacht hatte. Mop, was auf Holländisch »Witz« bedeutet, brachte mich mit seinem trockenen Humor und vielen Witzen sehr oft zum Lachen. Wir tranken Kaffee-Ersatz, der für mich wie Nektar schmeckte, und redeten und träumten von der Zukunft nach dem Krieg.

»Wir haben Verwandte in New York«, sagte Mop. »Vielleicht helfen sie uns, nach Amerika überzusetzen.«

Erstaunt fragte ich: »Amerika? Warum nicht Palästina? Das ist der Ort, an dem die Zukunft der Juden liegt. Unser Ursprungsland ist das einzige Land, in dem wir als freies Volk leben können und keiner es wagt, uns hinauszuwerfen. Ich wünschte so sehr, meine Familie wäre vor dem Krieg dort hingegangen!«

»Nun ja«, fing Pelchen an. »Wir sind zu alt, um auf dem Land zu arbeiten und uns durchzubeißen. Deswegen wollen wir unser Glück in Amerika versuchen. Weißt du, wie viele Millionen Juden dort leben?«

Ich dachte darüber nach: »Es ist schwer vorstellbar, dass auf dieser Welt auch Juden in Freiheit leben. Glaubt ihr, die Juden in Amerika und woanders wissen, in welcher Situation wir uns hier in Europa befinden? In unserer Religion gibt es das Sprichwort ›Alle Juden sind füreinander verantwortlich‹. Meint ihr, ihre Herzen bluten, wenn wir hier mit brutaler Gewalt konfrontiert werden? Schreien sie auf, wenn wir hier geschlagen werden? Haben sie von der Hölle der Konzentrationslager gehört? Leben sie ihr Leben trotzdem ganz normal weiter? Lieben und heiraten sie und bekommen Kinder? Können sie ihre Zukunft planen, während ein Teil des jüdischen Volkes – ähnlich wie ein lebensnotwendiger Körperteil – abgetrennt und niedergemetzelt wird? Warum hören wir nichts von ihnen? Ein Wort des Protests, und sei es nur ein Aufschrei in unserem Namen, würde uns so viel bedeuten und uns Trost und Kraft spenden! Was wird bloß aus uns werden?«

»Wir dürfen noch nicht über die Zukunft nachdenken«, antwortete Mop. »Sie sieht noch viel zu düster aus! Ich kann noch nicht einmal den Anfang vom Ende dieses fürchterlichen Krieges absehen. Als die Alliierten im Juli Sizilien und Italien besetzten, glaubten wir, Hitler hätte kapituliert. Aber außer an der russischen Front sind die Nazis bisher nicht kleinzukriegen. Nun planen die Alliierten eine zweite Militärfront.«

Ich rief: »Hoffen wir, dass das schnell passiert, vielleicht können wir die vielen deportierten Menschen noch retten. Gott im Himmel, ich habe schon Albträume deswegen. Es kursieren so viele wilde Gerüchte, die ich einfach nicht glauben will. Die Vorstellung ist zu schrecklich!« Ich war den Tränen nahe.

»Pssst«, Pelchen legte den Finger auf ihre Lippen. Wir hörten, wie etwas durch den Briefschlitz geworfen wurde und jemand draußen weglief. Ich ging in die Empfangshalle und brachte eine schlechte Kopie einer Ausgabe der *Het Dagelijkse Nieuws* mit, einer Tageszeitung, die von der Untergrundbewegung illegal an einem geheimen Ort gedruckt und von mutigen Untergrundmitgliedern verteilt wurde. Jeden Tag erwarteten wir die neue Ausgabe bereits mit großer Vorfreude und verschlangen förmlich die Informationen, da sie als einziges Medium die Wahrheit über den Krieg veröffentlichte und uns über die Aktionen der Untergrundbewegung informierte.

An jenem Tag lasen wir, dass die regionale Widerstandsgruppe *Landelijke Knokploegen* (LKP) politische Gefangene befreit hatte. Außerdem waren niederländische Nazipolizisten vom Erdboden »verschwunden« und ihre Uniformen und Waffen wurden nun für gute Zwecke im Untergrund eingesetzt. Die Alliierten nannten den Rückzug der »mächtigen« deutschen Truppen von der russischen Grenze eine »Flucht ums Überleben«. Des Weiteren erfuhren wir, dass die Deutschen eine Invasion über die Westküste fürchteten, da Hitler die 2 700 Kilometer lange Küste verteidigen musste. Sie hatten die Evakuierung und Flutung der Inseln der niederländischen Provinzen Zeeland und Südholland angeordnet und so 75 000

Menschen ihrer Arbeit und ihres Zuhauses beraubt. Deutschland wurde heftig von den Alliierten bombardiert, besonders der Raum Berlin wurde fast komplett zerstört. Die Zeitung schenkte uns neuen Mut und erweckte unsere müden Lebensgeister.

Unruhe

In dieser Nacht widersetzte ich mich den Anweisungen der Widerstandsgruppe und verließ das Haus, um mich mit dem großen Jan zu treffen. Auf meinem Weg begleiteten mich in der Luft Dutzende Bomber der Royal Air Force. Die Luftstreitkräfte aus Großbritannien steuerten auf ihr Ziel in Deutschland zu; ihr Anblick war ermutigend. Nachdem ich mehrere Male an dem Haus auf der Oude Singel vorbeigelaufen war und mir nichts Ungewöhnliches aufgefallen war, klopfte ich ans Fenster.

Zusammen mit zwei mir unbekannten Männern stellte mich Jan zur Rede, warum ich aus meinem Versteck gekommen sei. Ich verteidigte mich inbrünstig:

»Ich kann unmöglich weiter in diesem Haus bleiben. Ich will helfen und mich an dem Kampf gegen die Nazis beteiligen. Schickt mich irgendwo hin. Wenn es hier in Leiden nicht sicher ist, kann ich auch von einem anderen Ort aus helfen. Glaubt mir, dieses unnütze Rumsitzen und Warten macht mich wahnsinnig.«

»Du versteckst dich erst seit ein paar Monaten im Haus, Leesha, das ist nicht lange. Na gut, wir werden uns etwas für dich überlegen«, sagte Jan. »Gib uns etwas Zeit, bis wir eine Lösung gefunden haben. Bis dahin musst du aber bitte vorsichtig sein. Du könntest uns alle in Gefahr bringen. Und jetzt lauf schnell heim, mein Freund hier wird dich bis zur Ecke bringen.«

Ich fühlte mich erleichtert. Die Vorfreude auf eine Veränderung meiner Situation machte mir in der folgenden Zeit das ungeduldige Warten leichter.

Mit Leib und Seele wollte ich zum Widerstand gehören, um so die ständig auftauchenden schmerzenden Bilder meiner Eltern, Brüder und Freunde zu verdrängen, die mich pausenlos quälten.

Während meine Hände mit einfachen niederen Arbeiten beschäftigt waren, konnten sich meine Gedanken in der dunklen und beängstigenden Ungewissheit verlieren, die mich Tag und Nacht quälte. Wo waren sie gerade? Litten sie an Hunger oder Kälte? Hatten sie die Zwangsarbeit überlebt? »O Gott«, betete ich, »bitte hilf mir, die schrecklichen Gerüchte aus meinem Kopf zu bekommen, dass die Nazis hilflose Menschen quälen und vergasen. Verlass uns nicht! Wie kann ein einzelner Mensch die Macht besitzen, der Welt so schlimmes Leid zuzufügen? Gott, du hast alle Menschen gleich geschaffen. Wir haben ein Recht darauf, so wie alle anderen in Freiheit zu leben!«

Bei dem Gedanken an die gewalttätigen Nazis und das Leid, das sie unschuldigen Menschen zugefügt hatten, kochte ich vor Wut. Die Tiefe und das Ausmaß meines Hasses ließ mich erschauern. In dieser Verfassung war ich zu den gefährlichsten Racheakte fähig.

In unserer Stunde der Not waren die einzigen wahren Retter die tapferen niederländischen Christen, die mit der Widerstandsbewegung im Untergrund zusammenarbeiteten. Die meisten Niederländer ließen sich entsprechend ihrer demokratischen Ideale und ihrer Überzeugung, dass alle Menschen gleich sind, unabhängig von Nationalität und sozialem Status, nicht einschüchtern von den Drohungen der Nazis. Diese verstärkten eher noch den Widerstand.

Obwohl sie sich der Konsequenzen bewusst waren, wenn jemand bei einer Widerstandshandlung erwischt wurde oder heraus kam, dass er »untergetauchten« Juden Unterschlupf gewährt hatte, nahmen viele mutige Niederländer dieses Risiko auf sich. Ihre Erfahrungen während des Naziterrors machten sie im Gegenteil nur stärker und noch erfinderischer. Sie mussten sich auf ihre menschlichen Fähigkeiten verlassen, wenn es darum ging, einen *Onderduiker* im Untergrund zu verstecken.

In den Niederlanden gab es keine dichten Wälder oder abgelegene Bergregionen, in denen man gute Zufluchtsorte hätte errichten können. Das ordentliche, kleine Land war flach und verfügte über keinen sicheren Weg hinaus. Im Osten lag Hitlers

Deutschland, im Süden das von den Nazis besetzte Belgien und im Norden und Westen bildete die Nordsee die Grenze.

Die kleinste Änderung oder Unregelmäßigkeit in der äußeren Wahrnehmung eines niederländischen Hauses oder der Art zu leben konnte Argwohn bei den Informanten wecken, die Arbeit der Widerstandsgruppen erschweren und letzten Endes dazu führen, dass alle Beteiligten im Konzentrationslager landeten. Dennoch inspirierte ihre Freiheitsliebe die tapferen Niederländer zu Heldentaten; sie konnten einfach nicht anders.

Ein paar Tage später bekam Tante Meta Besuch von einem Herrn. Zu meinem Erstaunen bat sie mich hinzu, um an der Besprechung teilzunehmen.

Ich merkte, wie sich Tante Metas Einstellung mir gegenüber schlagartig änderte, als Eddy mir mitteilte, ich sollte mich für den nächsten Tag bereithalten. Die Widerstandsgruppe hätte einen Auftrag für mich. Eddy wurde mein neuer Kontakt zur Widerstandsbewegung.

18 Das Haus im Park

In einem hübschen Vorort von Haarlem namens Heemstede lag *Het Marishuis*, eine große, ausladende und doppelstöckige Kuranstalt mit Reetdach, in der acht gut situierte, ältere Menschen lebten.

In der Kuranstalt *Het Marishuis* in Heemstede arbeitete ich als Krankenschwester. Sie wurde zur Zentrale für unsere verbotenen Untergrundaktivitäten.

Als ich es auf meiner Fahrt mit Eddy dorthin zum ersten Mal sah, war ich wie verzaubert von seiner Lage inmitten von kurvenreichen, durch Bäume beschatteten Straßen, farbenfrohen und einzigartigen Häusern und Gärten, ruhigen Parks, dem Kanal gegenüber und dem Blick auf eine Windmühle am Horizont.

Heemstede war ein Märchendorf, unberührt von Zeit und Krieg. Die gut erhaltenen Häuser waren von Büschen und Bäumen umgeben und lagen nicht unmittelbar an der Straße, sondern nach hinten versetzt im Garten. Diese beruhigende Tatsache fiel mir sofort auf, denn so würden neugierige Nachbarn nicht direkt bemerken, wenn jemand das Haus betrat oder verließ.

»Guten Morgen! Sind Sie unsere neue Krankenschwester?«, hörte ich eine melodische Stimme vom Eingang her rufen. Die Umgebung mit ihren malerischen Details hatte mich so gepackt, dass ich unbewusst bereits das Tor zum Haus geöffnet hatte. Eine nette junge Dame in Krankenschwesteruniform kam mir zur Begrüßung den Weg entgegen. Auf mein »Ja« fuhr sie unmittelbar fort: »Dann müssen Sie Leesha Bos sein. Sie haben keine Ahnung, wie sehr ich mich auf Sie gefreut habe!«

Während die Schwester mir mit meinem Koffer half, prasselten ihre Worte auf mich ein.

»Mein Name ist Inneke und ich vertrete zurzeit Schwester Marie, da sie sich gerade von einer Brustfellentzündung erholt. Ich versuche, mein Bestes zu geben. Können Sie kochen?«, fragte sie, während ich ihr folgte.

Die große Küche war ein eindrucksvoller Anblick. Auf allen verfügbaren Flächen und auf dem Tisch in der Mitte stapelten sich Töpfe und Pfannen, Gemüse und Lebensmittel. Es roch nach verbrannter Milch, die wohl übergekocht und auf den Gasherd gelaufen war. Inneke rannte zum Herd, um ihn abzustellen.

»Sehen Sie, was hier los ist? Seien Sie ein Engel und helfen Sie mir. Es ist jetzt elf Uhr und um halb eins servieren wir Mittagessen.«

Als Inneke zwischendurch tief Luft holte, wagte ich eine Antwort: »Ich habe noch nie für so viele Leute gekocht, aber ich kann es gerne versuchen.«

Sie führte mich in ein kleines, bezauberndes Zimmer unter der Dachtraufe. Das abgeschrägte Dach neigte sich in Richtung der Rückseite des Hauses. Als ich das kleine Fenster im Reetdach öffnete, konnte ich fast die satten, grünen Bäume zwischen den roten und schwarzen Dächern der Häuser greifen, so nah waren sie.

Gebannt von der Schönheit des Waldes, konnte ich mich kaum losreißen, doch Inneke bat mich inständig, mich zu beeilen, da eine wichtige Aufgabe zu erledigen war.

Ein paar Tage später war ich eingearbeitet und kümmerte mich eigenständig um die Patienten. Ich kochte ihre Mahlzeiten und erledigte die vielen anderen Aufgaben, die mir aufgetragen wurden. Ich arbeitete effizient, ruhig und schnell.

Postbote

Keiner im Haus wusste von meinen anderen Aktivitäten – dem Kontakt und der Zusammenarbeit mit der Untergrundorganisation. Auf der Zugfahrt von Leiden nach Heemstede erzählte mir Eddy, dass meine Aufgabe sein würde, wichtige Gegenstände zu überbringen oder zu versenden.

Ein »Postbote« würde mir ein an mich adressiertes Päckchen überbringen. Auf dem Päckchen stünde »Elisabeth Boss«, wobei die beiden S mit roter Tinte geschrieben wären. Die äußere Verpackung sollte ich abnehmen, vernichten und es neu verpacken. Manchmal lag eine gesonderte Nachricht für mich bei, damit ich wusste, an welchem Ort ich mich mit jemandem treffen sollte. Die Adresse, an die ich das Päckchen brachte, war die Absenderadresse auf der Originalverpackung abzüglich zehn Hausnummern. Diese Vorkehrungen waren von absoluter Wichtigkeit, für den Fall, dass jemand den »Postboten« abfing. Meine Aufgabe war, das Päckchen schnell und unbemerkt zu verschicken, denn wenn es bei mir gefunden würde, war dies genauso gefährlich.

Der Ablauf wurde zusammen mit der amtlich zugelassenen Krankenschwester, Schwester Johanna, arrangiert, die aktiv im Untergrund mitarbeitete und der *Het Marishuis* sowie ein weiteres Genesungsheim gehörte, das fünfzehn Minuten von unserem entfernt lag. Die temperamentvolle und furchtlose ältere Dame war die Einzige, die von meiner jüdischen Identität wusste. Nach meiner Vermittlung in die Kuranstalt erfuhr ich über den Untergrund, in welch starkem Maße Schwester Johanna aktiv an der

Bereitstellung von Verstecken für Menschen auf der Flucht beteiligt war.

Einige Wochen später kehrte Schwester Marie, die Oberschwester, von ihrem Genesungsurlaub auf ihren Posten zurück. Sie freute sich, dass die Patienten während ihrer Abwesenheit gut versorgt worden waren, der Haushalt lief und das Essen pünktlich ausgegeben wurde. Schwester Inneke schrieb dies alles mir zu und dankte mir für meine effiziente Arbeit. Da wir eine Routine entwickelt hatten, merkte Schwester Marie nicht, wie ich zwischendurch nachmittags oder abends aus dem Haus schlüpfte. Ich nutzte meine freien Tage, um Angelegenheiten zu regeln, die außerhalb von Heemstede lagen.

Im gesamten Land war eine wachsende Anspannung zu spüren. Viele Menschen gingen davon aus, dass die Alliierten jeden Moment einmarschieren würden. Jede Nacht waren die Bomber der Alliierten auf ihrem Weg nach Deutschland über uns zu hören.

Tausende von Menschen wurden Zeuge, als der Schnellboot-Stützpunkt in Ijmuiden von den Alliierten am helllichten Tag zerbombt wurde. Die Küste bebte förmlich unter den heftigen Explosionen.

Gerüchten zufolge warteten riesige Armeen und 8 000 Schiffe in England nur darauf, auszurücken und an der europäischen Küste zu landen. In Belgien und Frankreich standen die Züge und Militärstützpunkte unter ständigem, heftigem Bombardement der Alliierten.

Seelenqual

Die Lebensmittelversorgung in den Niederlanden war trostlos und wurde mit jeder Woche schlimmer. Es war kaum möglich, alleine von den zugeteilten Nahrungsmittelrationen zu leben. Die Menschen mussten die kläglichen Rationen durch Lebensmittel vom Schwarzmarkt zu immer teureren Preisen aufstocken. Wir alle nahmen mit der Zeit ab und wurden von quälenden Hungergefühlen geplagt.

Die Menschen waren voller Unruhe und sehr unglücklich. Ungeduldig warteten alle auf das Ende dieses elendigen, langen und blutigen Krieges.

Ich machte mir große Sorgen, welches Schicksal meine Familie und Freunde ereilt hatte. Die Tatsache, dass sie nicht mehr bei mir waren, hatte eine kalte Leere in meinem Herzen hinterlassen. Besonders sorgte ich mich um den Aufenthaltsort und das Wohlergehen von Jules Godefroi, von dem ich seit dem Winter 1943 nichts mehr gehört hatte.

Tagsüber reizte ich meine körperlichen Kräfte bis zum Maximum aus, damit ich abends vor Müdigkeit nicht anders konnte als zu schlafen. Ungeachtet dessen wurde ich in der Nacht von Angst- und Albträumen heimgesucht.

Eines Nachts wachte ich schluchzend auf, mein ganzer Körper zitterte und Tränen liefen mir über das Gesicht. Die tiefe Einsamkeit und das Verlangen nach meinen Eltern brachten mich an den Rand der Verzweiflung. Ich musste meine Gedanken aufschreiben. So zündete ich den letzten Rest einer Kerze neben meinem Bett an und ließ die Worte aus mir herausströmen, die teilweise unter meinen Tränen verschwanden.

Meine geliebte gute Mutter,
wie sehr ich deinen fürsorglichen Blick vermisse, deine so zärt-
lichen und liebevollen Worte. Wie kann ein Mensch so einsam
sein? Weißt du, was es heißt, ganz alleine zu sein, wenn es dir
vor Einsamkeit geradezu das Herz zerreißt und das ungedul-
dige Warten dich fast umbringt?
Ach, meine geliebte kleine Mutter, ich sehne mich so sehr nach
dir, möchte meinen schweren, müden Kopf in deinen Schoß
legen. Ja, herzliebste Mama, ich weine gerade. Ich weine so bit-
terlich, wie nur eine einsame, verlangende und sich sehnende
Seele weinen kann. Ich halte es nicht mehr aus. Es gibt keinen
Ort, an dem ich Trost finden kann.
Ich schaue mir gerade dein Foto an, das ich hinter einem Brett
im Schrank verstecke. Liebste Mutter, wirst du mir jemals ant-
worten können?

Und du, lieber Vater, mein Freund? Dein durchdringender, ehrlicher und doch zärtlicher Blick ist so treu und zuversichtlich. Ich vermisse deine starken, beschützenden Arme. Ich weiß, wir waren alle selbstständige Menschen, aber wenn einer von uns sagte oder signalisierte, dass er dich brauchte, waren deine immer offenen Arme für uns da. Wirst du mir jemals antworten können? Irgendwann? ... Es tut so unsagbar weh ... Ihr wart beide so hervorragende Eltern, so aufrichtig gute Menschen und immer interessiert an allem, was wir taten; stelltet eure Bedürfnisse für uns zurück. Ist dies das Ende? So bitter und unerwartet? Ich brauche euch in jeder Sekunde, eure Liebe und Fürsorge ist das schönste und innigste Gefühl auf der Welt. Vater und Mutter lassen sich nicht ersetzen. Wir standen uns so nahe!

Sicher wird uns die starke Liebe, die wir füreinander haben, irgendwann wieder zusammenbringen ...

Ich blies die Kerze aus, fiel zurück in mein Bett und drückte das Kissen auf mein Gesicht, damit Schwester Marie auf der anderen Seite des Raumes nicht hörte, wie ich in meinem Kummer versank.

Am nächsten Tag brachte der »Postbote« ein Päckchen. Darin fand ich eine Nachricht:

»Liebe Freundin, unser Freund Fritz van Dongen wird dich morgen zusammen mit einem Begleiter besuchen. Grüße, Eddy.«

Als mein Besuch eintraf, stellte ich »Onkel Fritz« und seine jugendliche Nichte Nora Schwester Marie vor und wir zogen uns auf mein Zimmer zurück. Der Grund ihres Besuchs war, dass das kleine 16-jährige jüdische Mädchen Nora bei mir bleiben und im *Marishuis* aushelfen sollte.

Während wir uns unterhielten, gingen mir allerlei Gedanken durch den Kopf: War das Risiko nicht zu groß, wenn ein zweites Mädchen mit dunkler Hautfarbe und dunklen Haaren im Haus lebte? Ihre leicht gebogene Nase könnte sie verraten. Warum tauchte sie nicht in einem anderen Haus unter? Würde eine 16-Jährige genauen Nachforschungen überhaupt standhalten?

Konnte sie nicht meine Untergrundaktivitäten gefährden, wenn sie zufällig herausbekam, was ich tat?

Ich lenkte das Gespräch in eine Richtung, die mir erlaubte, Noras Meinung über den Krieg, die Juden, die von uns geteilten Gefahren und unsere Verantwortung herauszufinden. Also bemerkte ich: »Uns wurde zugetragen, dass in den Konzentrationslagern Juden gefoltert und umgebracht werden. Es ist so wichtig, dass wir denen helfen, die sich den Fängen der Nazis entziehen konnten!«

Ihre unmittelbare Reaktion überzeugte mich davon, dass man ihr trauen konnte: »Das ist alles, was wir, die wir noch da sind, für unser verfolgtes Volk tun können, um zu überleben!«

Plötzlich schwiegen wir alle und es entstand eine peinliche Stille. Fritz und Nora schauten mich gespannt an. Ich wendete mein Gesicht ab, in der Hoffnung, die gold-orangenen Strahlen der Nachmittagssonne, die durch das Fenster schienen, würden von mir ablenken. Hatte ich mich verraten? Hatten sie erraten, dass ich eine Jüdin war?

Schnell kam ich wieder zu mir. »Nun, ich muss Schwester Johanna darüber informieren, dass du bei uns bleiben wirst. Sie wird eine Empfehlung an Schwester Marie aussprechen, dass wir eine zusätzliche Kraft im Haus gebrauchen können.«

Fritz stand auf. Ich sah, wie er schluckte und konnte den Ausdruck hilfloser Wut in seinen Augen erkennen. Erst später fand ich heraus, dass er intuitiv wusste, wie sehr Noras Worte mich berührt hatten. Er spürte, dass ich zu diesem verfolgten Volk gehörte und war von dem Moment an fest entschlossen, mir so gut er konnte zu helfen.

Auf einmal betrachtete ich ihn von einer neuen Seite. Auf den ersten Blick waren die inneren Gefühle nicht zu erkennen, die hinter den grauen Augen mit dem strengen, durchdringenden Blick, dem entschlossenen Mund und der rötlichen, wettergegerbten Haut dieses 35-jährigen dunkelhaarigen Herrn namens Fritz verborgen lagen. Er war überdurchschnittlich groß, schlank, stark und schien über eine große körperliche Belastbarkeit und Ausdauer zu verfügen. Er machte den Eindruck eines gewöhnlichen

Arbeiters der Mittelklasse, dem man seine – wie ich später heausfand – ausgeprägte Intelligenz, sein Ideenreichtum und seinen Durchsetzungsvermögen nicht ansah.

Nachdem wir ausgemacht hatten, in ein paar Tagen wieder in Kontakt zu treten, schüttelten wir uns zum Abschied die Hände und er sagte: »Wir hatten das Glück, ein echtes menschliches Wesen kennenzulernen!«

Noras Anwesenheit bedeutete zusätzliche Verantwortung und manchmal auch eine unerwartete Belastung für mich. Als Einzelkind war sie von ihren Eltern verwöhnt und verhätschelt worden und war es daher nicht gewohnt, ihren Willen zurückzustellen. Da sie selbst mit den grundlegendsten Haushaltsarbeiten nicht vertraut war, kostete es zunächst zusätzliche Zeit, ihr diese beizubringen oder ihre Fehler zu korrigieren. Damit schützte ich sie vor Schwester Marie, die sich bereits beschwerte.

Ich befolgte Fritz' Rat und ließ mir Noras Attitüden nicht gefallen. Kurz nachdem ich ihr erklärt hatte, in welche Gefahr sie uns beide damit brachte, widmete sie sich tatsächlich ernsthaft ihrer Arbeit.

Trotz der Extraarbeit war es schön, einen jungen Menschen um mich herum zu haben, mit dem man lachen und sich an die gute Zeit vor dem Krieg erinnern konnte. Längst hatte sie durch ein Gespräch, bei dem ich absichtlich meine Deckung hatte fallen lassen, herausgefunden, dass ich Jüdin war.

Nora zeigte großes Interesse an unserer Herkunft und wünschte sich, irgendwann in unserem jüdischen Heimatland zu leben, von dem sie so wenig wusste.

Ich riet der Widerstandsgruppe, die »Lieferungen« bis auf Weiteres einzustellen, da ich Noras Neugier fürchtete. Zu meiner Überraschung erfuhr ich, dass von jetzt an Fritz van Dongen, mein »Onkel Fritz«, die »Päckchen« mir persönlich bei seinen Besuchen vorbeibringen würde. Wir trafen uns dann an einem vorher festgelegten Ort und Zeitpunkt, liefen ein Stück des Weges gemeinsam und trennten uns dann wieder, damit ich die Lieferung zu ihrem Zielort bringen konnte.

Onkel Fritz

Fritz van Dongen, dessen richtiger Name Reinier van Kampenhout war, war eine wichtige Führungsperson im Untergrund der Umgebung Leiden-Oegstgeest-Leiderdorp. Er hatte an vielen gefährlichen und waghalsigen Sabotageakten der regionalen Widerstandsgruppe *Landelijke Knokploege* (LKP) teilgenommen. Ihre Mitglieder überfielen Polizeistationen und Verteilungsämter, um Lebensmittelmarken und Ausweise zu besorgen. Sie hatten politische Gefangene befreit, Brücken gesprengt, kleinere deutsche Einheiten angegriffen und viele andere Missionen im Kampf gegen die Nazityrannei ausgeführt.

Reinier van Kampenhout, ein Freund und Mentor, riskierte als Widerstandskämpfer für Rettungen im Untergrund sein Leben. Fünf Monate vor Ende des Zweiten Weltkrieges wurde er gefangen genommen und im Gefängnis von Amersfoort von den Nazis zu Tode gefoltert.

Eigentlich war er Bauunternehmer, aber er hatte seine Arbeit aufgegeben, um seine gesamte Energie und Zeit der Rettung und Versorgung der Juden und anderer Menschen in Lebensgefahr zu widmen.

Einmal drückte er seine Gefühle äußerst bewegend in einem seiner vielen Briefe an mich aus:

Mir schuldet kein Mensch irgendetwas! Was immer ich tue, tue ich aus Verantwortungsbewusstsein gegenüber einem verfolgten Volk, für das ich großen Respekt und Liebe empfinde. Seit fünf Jahren hören wir nun schon von Angriffen, Verteidigungen, zerbombten Städten, nicht mehr zu ihrem Stützpunkt zurückkehrenden Flugzeugen, hunderttausenden zusammengetriebenen und an einen unbekannten Ort verfrachteten Menschen, erschossenen Personen, gesunkenen Schiffen, auf London gerichteten V1-Raketen und den anrückenden Alliierten-Truppen.

Die Verluste sind auf beiden Seiten groß! Das Leben geht weiter. Aber wie viel ungenanntes Leid steckt hinter diesen kurzen Sätzen, hinter ein paar einfachen Worten? Es ist, als lebten wir auf einem Vulkan! Ach, es ist so schwierig, sein Leben in dieser Realität zu leben. Denken wir nur an all die jungen und alten Menschen auf dem Schlachtfeld und all die Vermissten. Denken wir an jene, die aufgrund ihrer Religion oder Nationalität aus ihren Häusern vertrieben wurden. Denken wir an die Inhaftierten in den Kriegsgefangenen- und Konzentrationslagern und jene, die dort ums Leben gekommen sind. Und denken wir besonders an jene, die sich freiwillig gegen das Naziregime gestellt haben, um den Unterdrückten zu helfen, und die deswegen sterben mussten.

Millionen Menschen ziehen weit entfernt von Haus und Herd umher. Träumten diese Menschen nicht auch von einem glücklichen Leben voller Wärme?

Nichts ist uns geblieben. Zu unserem gemeinsamen Leid kommt eine persönliche Leere und tiefe Trauer…

Doch wenn wir bewusst leben wollen, dürfen wir nicht unsere Augen schließen und uns schlafen legen, bis Elend, Kälte und Dunkelheit vorüber sind.

Wenn wir wirklich wieder Licht in unsere Welt bringen wollen, dann ist es unsere Pflicht, das bisschen Licht, das übrig geblieben ist, zu hegen, damit es nicht durch das Elend um uns herum erlischt. Wenn der Sturm vorbei ist, müssen wir sicherstellen, dass dieses kleine Licht größer wird und zu einer

Flamme entfacht – eine Flamme, die noch viel mehr Licht und Wärme aussendet. Vielleicht stärkt uns unser jetziges Leid für die Zukunft. Lasst es uns als eine Erfahrung sehen, aus der wir lernen können. Bis dahin müssen wir uns gegenseitig helfen und unterstützen, um diese schwierigen Tage zu überstehen.

Seine couragierte Persönlichkeit und sein starker Glauben an die Zukunft wurde unentbehrlich für mich in dieser Welt, in der das Elend kein Ende zu finden schien. Es war kaum vorstellbar, dass wir jemals diese ständige Angst, entdeckt zu werden, und die Naziherrschaft mit all dem Bombenterror und den Ermordungen überleben würden.

Ich freute mich auf die Treffen mit Fritz wie ein verdurstender Mensch, der Verlangen hat nach einer Quelle mit frischem, lebensspendendem Wasser. In unseren Gesprächen beschäftigten wir uns zunächst mit illegalen Aktivitäten, seinen Verantwortungsbereichen und komplizierten Fällen bei jüdischen Menschen, denen er ein Versteck besorgt hatte.

Obwohl er keine akademische Ausbildung genossen hatte, war er für seine angeborenen politischen Fähigkeiten bekannt und geschätzt. So wurde er zum Vertreter der sozialdemokratischen Partei im lokalen Regierungsrat von Oegstgeest ernannt.

Während einer seiner Besuche erzählte mir Fritz freudig, dass die RAF auf Verlangen des niederländischen Widerstands ein Gebäude in Den Haag bombardiert hatte, in dem persönliche Daten von allen Bürgern aufbewahrt wurden. Voller Genugtuung sagte er:

»Nun können die Nazis nicht mehr die persönlichen Informationen mit den Ausweisen abgleichen. Der Angriff ist eine enorme Hilfe für uns im Untergrund, da wir uns nun nicht mehr über die Echtheit der Daten auf den Ausweisen sorgen müssen. Die versteckten Menschen können aufatmen, selbst wenn sie entdeckt werden; die Nazis können ihre Identität nicht mehr mit den Akten vergleichen, weil es keine Akten mehr gibt.«

Die Städte und Bahnlinien in den Niederlanden standen jetzt unter ständigem Beschuss. In Italien hatten die Alliierten die

Stadt Cassino besetzt und kämpften nun um Rom. In Belgien und Frankreich zerstörten sie nicht nur Fabriken, Züge und Bahnlinien, sondern ganze Teile der Städte, wodurch viele Menschen verletzt wurden oder starben. Am Amsterdamer Hauptbahnhof forderte ein Schild auf, das Reisen mit dem Zug möglichst zu vermeiden.

Fritz erschien immer pünktlich zu unseren Treffen. Als er eines Tages nicht an unserem vereinbarten Treffpunkt auftauchte, machte ich mir große Sorgen, da er stets belastende Beweismittel bei sich trug. Doch dann erhielt ich einen Brief, in dem er schrieb:

Über Eintönigkeit kann ich mich in meinem Leben nicht beschweren. Nachdem ich ohne Erfolg versucht hatte, Henk zu erreichen, lief ich zu der Überlandbahnhaltestelle, um nach Heemstede zu kommen. Von den vielen Menschen, die dort bereits warteten, erfuhr ich, dass die Eisenbahn aus Amsterdam von den Alliierten getroffen worden war und der gesamte Betrieb zum Erliegen gebracht wurde. Insgesamt gab es neun Tote und zwölf Verletzte. Als endlich die Überlandbahn kam, war diese komplett überfüllt, da der Zug von Leiden nach Haarlem aufgrund eines Bombenangriffs entgleist war und alle Passagiere in die Überlandbahn übergewechselt waren. Wir mussten zweimal anhalten und aussteigen, weil über uns die britischen Tommies mit ihren Flugzeugen flogen. Eine nervöse Anspannung machte sich unter den Passagieren breit. Ich erreichte mein Ziel und kümmerte mich schnell um die Angelegenheiten, die zu erledigen waren. Mein Freund warnte mich, nicht an der Haltestelle Sportpark in die Überlandbahn zu steigen, da die Deutschen dort Männer auf der Straße zusammentriebe, um sie in Arbeitslager zu schicken.
Ich nahm meinen monatlichen Anteil an Lebensmittelmarken für meine »Patienten« (ein beachtliches Bündel), ging zur Haltestelle »Eisenbrücke« und stieg dort in die Straßenbahn. Eine viertel Stunde später hielt die Bahn an und es stiegen fünfzehn deutsche Soldaten ein. Sie befahlen allen Männern, aus der Bahn zu steigen …

Panik brach aus! Ich dachte an mein gefährliches Päckchen mit den Lebensmittelmarken, als ich aus der Bahn stieg...

Blitzschnell traf ich eine kluge Entscheidung. Ich stieg auf der anderen Seite der Bahn aus und lehnte mich regungslos gegen die Bahn. Ein paar andere Männer stiegen ebenfalls auf dieser Seite aus, rannten jedoch los, um den Fängen der Moffen zu entkommen.

Bedauerlicherweise eröffneten die Moffen das Feuer, sobald sie die weglaufenden Männer sahen. Daher gaben sie ihren Fluchtversuch auf und kamen zurück.

Ich nutzte diesen Moment der Panik, schlich mich zurück in die Bahn und legte mich im Gang flach auf den Boden. Augenblicklich war ich von den Frauen umgeben, die in der Bahn geblieben waren. Sie fragten mich, ob ich verletzt sei. Ich erzählte ihnen, dass ich ein schwaches Herz hätte und die ganze Aufregung und Anspannung nicht vertragen würde. Zur gleichen Zeit musste ich aufpassen, dass sie nicht zu sehr meine Kleidung zurechtrückten und so mein geheimes Päckchen aufdeckten.

Einer der Deutschen kam herein, um zu sehen, ob sich noch Männer in der Bahn versteckten. Er befahl mir aufzustehen, doch die Frauen setzten sich so lange für mich ein, bis er wieder verschwand. Nun musste ich einen Herzinfarkt vortäuschen, denn selbst unter den Frauen hätte eine Informantin sitzen können, die mich hätte verraten können.

Draußen wurden die Männer aufgefordert, ihre Ausweise und Papiere vorzuzeigen. Alle Männer zwischen 18 und 50 Jahren mussten den Moffen folgen, mit Ausnahme derer, die der Nationalsozialistischen Bewegung angehörten.

Dummerweise stiegen zwei NSB-Mitglieder zu mir ins Abteil. Sie kamen direkt auf mich zu und fragten, was mit mir los wäre. Nachdem ich es ihnen erzählt hatte, rieten sie mir, mich aufrecht hinzusetzen. Ich stimmte ihnen zu und sie machten mir Platz. Du kannst dir sicherlich gut vorstellen, dass die Blicke aller Passagiere während der gesamten Fahrt auf mich gerichtet waren. Sie fragten mich immer wieder, wie ich mich fühlte, und ich spielte ihnen immer weiter etwas vor. Nachdem die Bahn eine Weile gefahren war und die Gefahr, von den Nazis geschnappt zu werden, vorüber war, fingen meine Nerven an, verrückt zu spielen. Ich versuchte, mich zu beruhigen; selbst das machte einen guten Eindruck auf die anderen Passagiere. Einige der Passagiere hatten Mitleid mit mir und rieten mir: »Mein Herr, Sie müssen in Zukunft vorsichtiger sein. Ihr Herz hätte aufhören können zu schlagen, und dann wären Sie jetzt tot.«

Es schien, als hätte jeder in der Bahn einen Freund oder Verwandten, dem dasselbe auch einmal passiert war. Nun ja, jetzt haben sie eine neue Geschichte zu erzählen, wenn sie nach Hause kommen. Und wenn ihre Zuhörer ihnen nicht glauben wollen, werden sie sagen: »Ich habe es mit meinen eigenen Augen gesehen!«

Wie du siehst, Leesha, habe ich es wieder einmal geschafft…

Invasion

Am 6. Juni 1944 war der lang ersehnte Tag endlich gekommen. Wir waren trunken vor Glück über die freudige Nachricht, dass die Alliierten in der Normandie gelandet waren.

Eine Flotte mit über 5 000 Kriegs- und Landungsschiffen, vom Flugzeugträger bis zum kleinen Landungsboot, lud zigtausende Soldaten ab, dazu Panzer und Ausrüstung; und noch viel mehr warteten in England auf ihren Einsatz. Aus der Luft setzten 11 000 Flieger Fallschirmjäger ab, nahmen die feindlichen Truppen unter Beschuss, bombardierten Flughäfen, Brücken und Eisenbahnen und warfen Munition und militärische Vorräte ab.

Die Deutschen kämpften mittlerweile an drei Fronten. In Russland hatten sie sich zurückgezogen, und in Italien war Rom von den Alliierten besetzt worden. Nun mussten sie der Invasion in Frankreich entgegentreten.

Die Schlacht in der Normandie wütete trotz des stürmischen Wetters ungebremst weiter, wodurch die Landungen erschwert wurden. Es war eine Demonstration der Macht und des Selbstvertrauens der Alliierten, dass sie diesen gut verteidigten Teil der Normandie für ihren Einmarsch gewählt hatten.

Dank der illegal gedruckten Mitteilungsblätter *De Waarheid* (Die Wahrheit), *Het Parool* (Die Parole) und *Ons Vrije Nederland* (Unsere freien Niederlande) wussten wir über den Verlauf der Kämpfe Bescheid.

Winston Churchill hielt eine Rede, in der er großartige Ereignisse versprach. Die Wahrscheinlichkeit war groß, dass noch in diesem Jahr Frieden einkehren würde!

In den offiziellen Tageszeitungen kündigten die Deutschen ihre neue Waffe an. Sie nannten sie *Wuwa* (Wunderwaffe) – eine unbemannte Rakete, die eine Geschwindigkeit von 500 km erreichte, mit einem verheerenden Resultat zu einer festgelegten Zeit explodierte und ein Meer von Flammen auf ihr Ziel niederregnen ließ. Die Raketen waren auf den Südwesten von England und London gerichtet und die Deutschen verkündeten, dass deswegen in England eine große Panik herrsche.

Wir fingen an, das Verhalten der Deutschen in den Niederlanden sorgfältig zu beobachten. Die Menschen sorgten sich, wie die Deutschen reagieren würden. »Eine in die Enge getriebene Katze macht seltsame Sprünge«, sagten sie. Die Deutschen glaubten weiterhin unverfroren an ihre Unbesiegbarkeit. Sie berichteten niemals über ihre eigenen Verluste. Darüber machten die Niederländer einen Witz: »Die Engländer gewannen die Kämpfe auf See, die Amerikaner in der Luft, die Russen auf dem Land und die Deutschen in der Zeitung.«

Verfügten die Deutschen noch über die Ausrüstung, Truppenstärke und Kraft, um den Angriffen standzuhalten? War der Einmarsch der Alliierten der entscheidende letzte Kampf? Wir redeten über nichts anderes. Unsere Hoffnung war groß und wir beteten für ein gutes und schnelles Ende des unerträglichen Wartens auf den Frieden.

19   Mit ganzem Herzen

Zu meinem Geburtstag am 18. Juli schickte mir Fritz eine delft-
blaue Kachel, die er selbst wunderschön eingerahmt hatte. Seine
Geste berührte mich sehr. Als ich den beiliegenden Brief öffnete,
fand ich mehrere Essensmarken. Er schrieb:

Liebe Leesha (verzeih mir diese persönliche Anrede...)

*Wie geht es dir nach dem stürmischen Freitag? [Damit spielte
er auf eine Straßenrazzia der Deutschen an, in die ich geriet,
als ich ein »Päckchen« auslieferte.] Trotz dieser Unannehm-
lichkeit war es mir ein Vergnügen, dich zu besuchen. Es ist
nicht leicht für mich, dir zu schreiben, auch wenn ich dies
möchte.*
*Wie war das noch mal? Ach ja. »In vier Tagen habe ich Ge-
burtstag«, hast du gesagt. Meine innigen Glückwünsche hier-
zu sende ich dir. Mögest du den nächsten Geburtstag in Frieden feiern. Bitte kauf dir von den Marken anbei etwas, um
deinen Geburtstag zu feiern.*
*Ich hatte Sonntag viel zu tun, genau wie die Woche davor.
Aber anstelle von sieben, hatten wir nur vier Gäste [Er meinte
Leute, für die er ein Versteck organisiert hatte].*
*Ich wünschte, ich hätte einen Platz für meine Tante. Sie hat-
te einen Nervenzusammenbruch [Damit deutete er an, dass
ihr Versteck nicht länger sicher war] und muss für ein paar
Wochen weg. Hast du vielleicht eine Idee, wo sie unterkom-
men könnte?*
*Was für ein langweiliger Brief! Aber das, was ich eigentlich
schreiben möchte und die Worte, die aus meiner Feder strö-
men wollen, muss ich mit aller Kraft zurückhalten...*
*Bitte schreib mir, wenn du irgendetwas für dich benötigst.
Halt, warte, jetzt fällt es mir wieder ein. Du brauchst ja nichts!*

Leesha, weißt du, was ich gerne gemacht hätte am Freitag, als wir uns verabschiedet haben? Nein, das schreibe ich besser nicht, sonst wirst du bestimmt böse auf mich.
Ich werde den Brief jetzt beenden. Er ist zwar nur kurz, aber ich habe sehr lange gebraucht, um ihn zu verfassen.
Herzliche Grüße,

Dein Onkel Fritz.

Auch ohne Worte verstand ich, was er mir mit diesem Geschenk mitteilen wollte – gerade durch die Tatsache, dass er sich die Zeit genommen und Mühe gemacht hatte, die wundervolle Kachel persönlich einzurahmen.

Immer wieder las ich den Brief, um die Anspielungen zu verstehen, die bei mir für Verwirrung gesorgt hatten.

Meine Gefühle für diesen selbstlosen, großzügigen und engagierten Menschen bestanden aus Respekt und Bewunderung und basierten auf der Liebe eines Menschen, der die wunderbaren Eigenschaften eines anderen Menschen anerkannte. Mit ihm zu arbeiten bedeutete für mich, von einem Meister zu lernen, der alle Auswirkungen und Gefahren, die unsere Arbeit mit sich brachte, kannte und verstand. Ich brauchte seine Stärke und Führung, um die unausweichlichen Fallstricke meiner Arbeit im Untergrund zu umgehen. Zur selben Zeit fürchtete ich jede Entwicklung, die unsere unkomplizierte Beziehung zueinander hätte gefährden oder beeinträchtigen können. Daher antwortete ich nicht auf den Brief.

Zwei Tage später kam eine unerwartete freudige Nachricht. Wir lasen in dem Mitteilungsblatt der Untergrundorganisation von einem Attentat auf Adolf Hitler in Deutschland durch eine Gruppe seiner Offiziere. Obwohl das Attentat leider scheiterte, sorgte es für Unruhe in Deutschland. Handelte es sich um einen Putsch oder gar einen Bürgerkrieg? Die Nazizeitungen berichteten von dem Vorfall wie folgt: »Die Bombe, die Hitler töten sollte, wurde auf Anordnung der Juden in Moskau aus England importiert und von einem kriminellen Reaktionär gelegt.«

Das niederländische Volk war außer sich. Glaubten die Nazis tatsächlich, dass wir ihnen diese lächerlichen Fantasiegespinste abnehmen würden?

Eifrig und ungeduldig verfolgten wir die Schlacht in der Normandie. Die Alliierten kämpften tapfer und leidenschaftlich. Sehnlich erhofften wir, dass sie sich schnell in den Norden vorkämpften und auch uns befreien würden.

Die deutsche Front in Russland löste sich auf und auch in Italien flohen die deutschen Truppen vor den anrückenden Alliierten, die sie verfolgten.

Tragischerweise wurde die Situation in den Niederlanden immer schlimmer, je mehr Verluste die Deutschen im Krieg verzeichneten. Kein Mann zwischen 18 und 50 Jahren war sicher vor der Deportation nach Deutschland, um dort Zwangsarbeit zu leisten.

Es fanden Razzien auf den Straßen und in öffentlichen Gebäuden statt. Häuser wurden durchsucht, Menschen festgenommen und bei der kleinsten Provokation und dem geringsten Verdacht in Konzentrationslager abtransportiert.

Ohne Begründung wurden Todesurteile ausgesprochen und Geiseln in der Öffentlichkeit hingerichtet. Der Terror sollte demonstrieren, dass noch immer die erbarmungslosen Nazis an der Macht waren, damit das niederländische Volk nervös und unterwürfig blieb. Doch damit hatten sie keinen Erfolg.

Der Widerstand kämpfte gegen die verhassten Nazis und die Nationalsozialistische Bewegung der Niederlande mit einer Entschlossenheit, die aus der Verzweiflung geboren war und nach und nach immer gewagter wurde.

In immer kürzeren Abständen setzten die Alliierten ihre Luftangriffe auf Deutschland fort. In den Niederlande bombardierte die RAF Lokomotiven, Züge und Eisenbahnschienen; Reisen war daher nur noch begrenzt möglich und extrem gefährlich.

Fritz kam jede Woche mit neuen Anweisungen vorbei. Wir belieferten die Menschen in ihren Verstecken mit Lebensmittelmarken und Geld und trafen uns mit unseren Kollegen in Heemstede, in der Nähe von Aerdenhout und Haarlem, besprachen uns mit ihnen oder planten gemeinsam Übergriffe auf die Nazis. Häufig schickte man mich nach Amsterdam, um dort Dokumente, die wichtige Informationen enthielten, auszuliefern.

Nach getaner Arbeit gingen Fritz und ich immer in einem wunderschönen Park spazieren, dem *Het Hout*. Unsere Gespräche, die mich von Anfang an intellektuell gefordert hatten und mittlerweile unersetzlich für mein geistiges Wohlbefinden geworden waren, drehten sich nun zunehmend um die persönliche und emotionale Anziehungskraft, die ich auf Fritz ausübte.

Ich war von Anfang an bemüht, ihm keine Hoffnungen zu machen. Ich mochte und bewunderte ihn als Person, daher tat es mir auch weh zu sehen, wie er unter seiner unerwiderten Liebe zu mir litt.

Seine Briefe rührten mich zu Tränen und es frustrierte mich, dass ich seine Gefühle der Liebe nicht erwidern konnte. Selbst an den Tagen, nachdem wir uns gesehen hatten, gestand er mir in seinen Briefen seine Gefühle und Zweifel. Er formulierte seine Gedanken mit einem fast poetischen Feingefühl:

Es war ein anstrengender Tag für ihn gewesen. Um etwas Luft zu schnappen, ging er draußen spazieren. Da er sich müde fühlte, setzte er sich auf eine Parkbank und schaute sich die Umgebung an.

Was für ein herrliches Wetter! Die großen Wolken trieben langsam am Himmel entlang – zwischendurch verdeckte eine von ihnen die Sonne, dann sah alles direkt dunkler aus. Doch kaum war die Wolke verschwunden, warf die Sonne sofort wieder ihre Strahlen durch die mit dichtem, grünem Laub bedeckten Bäume.

Es war, als wären die Wälder in Gold getaucht. Um ihn herum schien es, als hätten die Vögel sich entschieden, ihm zu Ehren ein Konzert zu geben. Wie klein er sich doch inmitten dieses Schauplatzes der Natur fühlte.

Vor ihm standen zwei wunderschöne Eichen. Eine war größer und älter als die andere. Gerade gewachsen und stolz trug jede von ihnen ihre Krone aus Ästen. Während sie sich im Rhyth-

mus des Windes wogen, neigten sie sich ab und zu einander zu, so als würden sie sich gegenseitig etwas zuflüstern wollen. Er war von dem Zusammenspiel der Bäume verzaubert und hatte nur Augen für die Eichen.

Träumte er? Hörte er, wie die größere Eiche mit sich selbst sprach? Obwohl er nicht jedes Wort verstand, schien es, als wäre der größere Baum neidisch auf seine Nachbarin.

Das war verständlich, denn die jüngere Eiche war viel schöner als die ältere. Es war nicht nur eine Frage des Alters. Die jüngere Eiche stand auf viel besserem Boden und erhielt daher viel mehr Nährstoffe von Mutter Erde. Das sah man, wenn man den Baum betrachtete. Ihre Äste waren besser entwickelt und ihr Stamm viel imposanter. Obwohl sie beide Eichen waren, konnte man sehen, dass die jüngere der anderen weit überlegen war.

Der alte Eichenbaum hatte vorher nie auf die anderen Bäume um sich herum geachtet. Jetzt, wo er sich ihrer bewusst geworden war, wünschte er sich, er hätte die jüngere Eiche nie gesehen. Dennoch fühlte er sich auf unwiderstehliche Weise von der jüngeren Eiche angezogen.

Es gefiel ihm, wie seine Äste ihre berührten, wenn ein starker Wind blies. Er genoss ihre Gesellschaft. Manchmal versuchte er, sie in ein Gespräch zu verwickeln, aber – wie es sich für eine echte Eiche gehört – öffnete sie sich nicht besonders bereitwillig.

Und während die große Eiche die kleinere Eiche betrachtete und über sie nachdachte, stand sie einfach nur in all ihrer Pracht da. Sie musste niemanden beeindrucken und wusste, dass viele von ihr angetan waren. Für den alten Baum empfand sie nun einmal nicht besonders viel. Er war sehr nett zu ihr; besonders wenn es stürmte, hielt er den größten Teil des Windes von ihr ab. Dann wusste sie ihn zu schätzen, schaute ihn freundlich an und berührte mit ihren Ästen die seinen – Plötzlich fuhr eine Bahn vorbei und holte ihn zurück in die Realität. Er schaute auf seine Uhr und stand schnell auf. Die Arbeit wartete auf ihn.

Als er den Park verließ, dachte er daran, wie ähnlich die Bäume den Menschen sind. Doch weil er ein Realist war, zwang er sich, nicht an sentimentale Dinge zu denken.
Leesha, wenn ich mutig bin, schicke ich dir diesen Unsinn. Außerdem wird dir Onkel Fritz bei deiner Arbeit und allen Schwierigkeiten beistehen. Aber in Wahrheit bin ich nicht dein Onkel; denk dir etwas anderes.

Fritz.

Ich konnte die heftigen inneren Konflikte dieses wunderbaren Mannes verstehen, doch war es mir unmöglich, ihm in irgendeiner Weise zu helfen.

In einem anderen Brief stellte er seine eigenen Gefühle, die ihn überkommen hatten, infrage:

Meine Gedanken kreisen sich um unser Treffen heute und sind total durcheinander. Es war so wunderschön und großartig, dich zu sehen. Daher frage ich mich: Ist das alles nur ein Traum? Habe ich das Recht, so sehr mit mir selbst beschäftigt zu sein?
Wenn ich die Frage in meinem Kopf abwäge, denke ich nein. Wenn man bewusst leben möchte, muss man Opfer bringen und geben können; man muss des Leidens fähig sein. Lass mich die Fakten auf den Tisch legen:
Ich bin mit einer Frau verheiratet, die gut zu mir ist. Ja, ich weiß, dass sie mich liebt, und ich bin ihr für ihre Arbeit und Fürsorge für mich sehr dankbar. Aber mag oder liebe ich sie? Nein! Das Gegenteil ist oft der Fall. Dennoch war ich ihr immer treu. Es gab niemals eine andere Frau, von der ich mich angezogen fühlte, nach der ich mich sehnte. Ich habe es akzeptiert, mich damit arrangiert und meinen Frieden geschlossen. Es ist nicht gut, so dachte ich, über sich selbst nachzudenken. Und wenn Leute über die Liebe gesprochen haben, habe ich darüber gelacht. Doch jetzt? Jetzt hat mich etwas wachgerüttelt. Es ist, als wäre ich nicht mehr länger ich selbst. Wie konnte das passieren? Ist

es deine Stimme, sind es deine ausdrucksvollen Augen? Ist es dein Intellekt, der mich so zu dir hinzieht? Ich weiß es nicht! Ich weiß die Antworten auf diese Frage nicht!

All dies stellt mein Gewissen vor eine unheilvolle Frage. Habe ich das Recht, eine Richtung einzuschlagen, die ich gerne einschlagen würde? Mein Verstand sagt nein!

Du bist so jung, so vollkommen, so wunderbar! Verglichen mit dir fühle ich mich so klein. Was kann ich dir schon bieten? Dich für mich selbst zu beanspruchen, wäre ein Verbrechen. Nein, dazu habe ich kein Recht.

Eines Tages wirst du mit dem Mann glücklich sein, der zu dir gehört. Dann wirst du auch über die »große Liebe« sprechen. Und ich werde an die jetzige Zeit zurückdenken und an alles, was passiert ist, und werde glücklich sein, dass es dir gut geht und ich Zeuge deines Glücks geworden bin.

All dies sage ich dir mit nüchternem Verstand, und die logische Konsequenz meiner Worte ist, dass wir unsere Freundschaft beenden, denn ich fange nichts an, was ich nicht auch beende. Für mich ist die Freundschaft zwischen uns mehr als bloß eine Freundschaft.

Aber dann mischen sich meine Gefühle ein und sagen: dir die Freundschaft kündigen? Was für ein Unsinn! Wie könnte ich die Freundschaft mit dir beenden, wenn du diejenige bist, an die ich den ganzen Tag denke? Freiwillig den Kontakt abzubrechen, einfach so, mich nicht mehr nach dir zu sehnen, dich nicht mehr reden zu hören und nicht mehr in Gedanken versunken still neben dir herzulaufen?

Nein, nein und nochmals nein! Freiwillig werde ich dies nicht tun. Ich werde mich selbst unter Kontrolle haben und nichts von dir erwarten. Ich werde nüchtern bleiben und dies als eine ganz gewöhnliche Freundschaft betrachten.

Ich weiß, dass wir uns eines Tages trennen werden müssen und uns vielleicht niemals wiedersehen werden, aber lass uns die Beziehung zwischen uns als etwas Schönes in Erinnerung behalten – eine Freundschaft, die wir nie vergessen werden.

Leesha, wenn du die Zeit findest, schreibe mir. Auch wenn es nur ein distanzierter Brief wird. Ich möchte so gerne von dir hören.

Auf Wiedersehen, mein süßer Schatz,

Fritz.

PS: Die neueste Nachricht: Heute Morgen haben die Nazis mein Fahrrad beschlagnahmt. Eine schreckliche Enttäuschung! Na ja, Pech gehabt!

Ich konnte unsere Freundschaft weder leugnen noch beenden. Es war ein unzertrennliches Band aus reiner Freundschaft, bei der beide Seiten bestimmte Bedürfnisse des anderen erfüllten. Diese Bedürfnisse waren durchaus unterschiedlicher Natur. Fritz akzeptierte, dass ich ihn auf eine andere Weise liebte, als er es sich gewünscht hätte.

In einer Welt, in der Krieg und Hass regierten, und einer Zeit, die durch Ermordungen, Angriffe, Unsicherheit, Hunger und Einsamkeit bestimmt war, war er der einzige Mensch, der sich um mich kümmerte; der meine Verbindung zur Menschlichkeit wiederherstellte und der mir seine uneingeschränkte Wärme und Liebe anbot.

Ich liebte ihn wie einen engen Freund, einen großzügigen Wohltäter und vor allem wie einen Mentor. Er verstand mich so gut. Zu einem anderen Anlass schrieb er mir:

Leesha, erzähl mir, was dich letzten Mittwochnachmittag bedrückt hat. Ich möchte gut zu dir sein, Licht in dein dunkles Leben bringen und dir in deiner Einsamkeit beistehen. Oh, ich weiß genau, was es heißt, einsam zu sein!

Mein Schatz, ich habe so viel an dich gedacht und verstehe vollkommen, dass du, die du von der Liebe träumst, die du mit gebrochenem Herzen immer an deine Familie denkst, die du jung bist, mit einer wundervollen Herkunft, die du noch die ganze Welt erobern willst – du kannst für mich nicht das sein, was du vielleicht gerne wärst.

Leesha, ich kann mir gut vorstellen, was durch deinen Kopf geht. Ich bin dir für deine Ehrlichkeit sehr dankbar und verurteile dich nicht deswegen.

Meine Liebe, es ist so wunderbar, an dich zu denken! Manchmal sehe ich dich lebhaft vor mir stehen, mit deinem süßen dunklen Schopf und deinen dunklen Augen; dann klingt deine Stimme wie Musik in meinen Ohren. Bevor ich dich kennen lernte, fühlte ich mich einsam, aber jetzt nicht mehr. Du hast meinem Leben eine Bedeutung gegeben, dafür werde ich dir immer dankbar sein. Es ist wunderbar, einen Freund wie dich zu haben!

Ich weiß, dass du etwas ganz anderes für mich empfindest, als ich für dich. Bitte fühle dich nicht schuldig deswegen. Ich liebe dich so wie du bist, mehr kann ich nicht erwarten. Lieber habe ich das Wenige, das von Herzen gegeben wird, als etwas Großes, das nur vorgetäuscht ist. Ich kann nicht verlangen, dass du mich liebst!

Auch mir gefällt die weiße Wasserlilie sehr [hier bezieht er sich auf ein Gedicht von Frederik van Eeden, das ich ihm geschickt hatte] und weil ich diese Lilie so liebe, werde ich sie nicht pflücken, sondern sie so lange ich kann anschauen. Wenn meine Augen sie berühren dürfen, werde ich bis zum Ende hier verharren. Mehr wage ich nicht zu wünschen…

Hingebungsvoll, dein Fritz.

Seit der Invasion der Alliierten in der Normandie im Juni rechnete man mit dem Ende des Krieges noch vor Einbruch des Winters. Die Truppen der Alliierten landeten auch im Süden Frankreichs zwischen Toulon und Cannes.

Nachdem die Alliierten Paris besetzt hatten, lösten sich die deutschen Truppen langsam auf und zogen sich auf die andere Seite der Seine zurück.

Das illegale Mitteilungsblatt des Untergrunds berichtete, dass niederländische Soldaten aus England als Teil der niederländischen Kampfeinheit *Prinzessin-Irene-Brigade* in der Normandie kämpften. Die Nachrichten machten uns Mut und hellten die betrübte Stimmung wieder ein wenig auf.

Ganz nah

Es ging das Gerücht herum, die Amerikaner würden so schnell vorrücken, dass sie bereits in zwei Wochen in den Niederlanden sein würden.

Viele Deutsche und Mitglieder der NSB packten zusammen und zogen in Richtung Osten nach Deutschland ab. Auf ihrem Weg dorthin stahlen sie Autos und Fahrräder, um schneller voranzukommen. Die Leute hatten Angst, dass die Niederlande zum Schlachtfeld zwischen den Alliierten und den Deutschen werden könnten und das Land im Kampf zerstört werden würde. Es hieß, die Deutschen würden Giftgas als letztes Mittel der Verteidigung einsetzen.

Doch wir fühlten es, die Rettung war nah!

Die niederländische Regierung im Exil ernannte Prinz Bernhard zum Kommandanten der *Nederlandse Binnenlandse Strijdkrachten* (BS) – der Inländischen Streitkräfte der Niederlande.

Am 3. September marschierten die Alliierten in Belgien ein und trieben die sich zurückziehenden Deutschen vor sich her. Am späten Nachmittag hatten sie Brüssel befreit, und die Bürger begrüßten verzückt ihre Retter. Dennoch lasen wir in unserer lokalen Nazizeitung nur über Hinrichtungen von Niederländern, die des Verrats beschuldigt worden waren. Oh, wie wir die Nazis hassten, mehr als je zuvor!

4. September. Jede Stunde erreichten uns neue, bessere Nachrichten. Prinz Bernhard begleitete die anrückenden Truppen. Alle waren so angespannt wie im Jahr 1940, nur dieses Mal waren wir optimistisch und froh. Antwerpen war befreit worden! Unsere Freude stieg mit jeder neuen guten Nachricht.

5. September. Alle Schulen, Geschäfte, Restaurants und Cafés waren geschlossen. Die »Grüne Polizei« war wie vom Erdboden verschwunden. Die Straßenbahnen fuhren nicht mehr. Plakate

hingen aus, die das Kriegsrecht ausriefen, sie waren unterschrieben von Dr. Seyß-Inquart. Die Verordnung besagte, dass jeder, der sich gegen die deutsche Besatzungsmacht stellte, umgehend zum Tode verurteilt würde. Und das Erstaunlichste daran war, dass keine Deutschen zu sehen waren.

Wir konnten es nicht glauben! War es endlich vorbei? Am Mittag machten Gerüchte die Runde, Rotterdam wäre befreit worden. Die Alliierten waren auf dem Weg nach Den Haag und Leiden und würden am frühen Nachmittag hier in Heemstede sein!

Das war zu viel für uns! Nora und ich fingen an, unser Schulenglisch aufzupolieren. Zusammen mit hunderten Erwachsenen und Kindern rannten wir zur Hauptstraße, um dort auf die anrückenden Trupps der Alliierten zu warten.

Die Kinder sangen niederländische Lieder, manche Leute schwenkten die niederländische Flagge, andere brachten Blumensträuße, mit denen sie die Alliierten begrüßen wollten.

Wir standen da, frei von Angst, warteten ungeduldig und sagten offen, was wir empfanden, voller Enthusiasmus und trunken vor Glück. Die Rettung war so nah …

Wir warteten eine sehr lange Zeit – aber unsere Freunde, die Alliierten, erschienen nicht an diesem *Dolle Dinsdag*, dem verrückten Dienstag, um uns zu befreien.

Stattdessen tauchte die Grüne Polizei auf und trieb die wartende Menge auseinander. Unsere Enttäuschung und Niedergeschlagenheit war unbeschreiblich! Wir hatten uns zu früh gefreut. Schnell rannten wir heim, erneut voller Angst vor der tödlichen Bedrohung durch die Nazis.

Wir wussten, dass wir geduldig sein mussten und am Ende auch befreit werden würden. Uns war aber auch klar, dass uns ein langer, harter und kalter Winter bevorstehen würde, wenn der Krieg nicht bald endete.

20   Kaum noch zu ertragen

Eines Nachts, als ich nach einem besonders anstrengenden Tag versuchte einzuschlafen, kam es mir wie aus heiterem Himmel in den Sinn: »Heute ist *Rosch ha-Schana*, das jüdische Neujahrsfest!«, rief ich fast laut heraus und erinnerte mich dabei an den festlichen Feiertag zu Hause im Rahmen meiner Familie und an die feierlichen Gebete in der Synagoge.

Diese Zeit schien inzwischen so weit zurückzuliegen, als wäre all das auf einem anderen Planeten passiert. Wie könnte ich diesen Festtag heute feiern? Welche Gebete könnte ich zusätzlich zu denen sprechen, die ich täglich auf meinen Lippen und in meinem Herzen trug? Von ganzem Herzen betete ich zu Gott: »Bitte, hilf uns, o Herr, hilf unserem Volk! Erbarme dich und verlass uns nicht!«

Als ich für meine Eltern und meine Brüder betete, durchbohrte mich ein stechender Schmerz. Ich vermisste sie so sehr.

Da ich keinen jüdischen Kalender hatte, legte ich selbst ein Datum für *Jom Kippur*, den Versöhnungstag, fest: heute in zehn Tagen würde ich fasten und in mich gehen.

Meine Gedanken und Gefühle fügten sich in meinem Kopf zu einem Gedicht zusammen. In dem Licht einer kleinen Kerze arbeitete ich an diesem Gedicht, wann immer mein Geist mich dazu trieb. Manchmal schreckte ich sogar aus dem Schlaf auf, um schnell ein Wort oder ein paar Zeilen im Dunkeln aufzuschreiben.

Überlegungen
(Übersetzt aus dem Niederländischen)

Und dann denke ich an vergangene Zeiten
Erinnerungen an Freiheit, ohne Angst
Zeiten voller Lachen und Weinen
Momente, so süß und kostbar.

Neu erweckt sind sie auf einmal lebendig
Waren vergessen, doch nun wieder da
Nach einem qualvollen Kampf
tauchen sie mich in wehmütige Erinnerungen.

Ein vager Duft, eine sanfte Farbe
Erinnerungen an vergessene Versprechen
Reflektieren die Poesie der Sinne
Denen die Jahre nichts anhaben konnten.

Wie zaghafte Sonnenstrahlen durchs Blätterwerk
Langsam an Kraft zunehmend
Strahlen so golden, sie blenden fast
Ihr Glanz erhellt unser aller Herz.

Doch welches Schicksal hat uns befallen?
Welcher Teufel bricht die Bande?
Welch herzlose Tyrannen schrecken uns so?
Führen uns in fremde Lande
und behandeln uns wie Spitzel?

Wie Diebe in der Nacht, von niemandem gesehen
Plündern, wüten und zerstören sie
Angeführt von Sadisten und Trunkenbolden
Ist das … wohl Gottes Plan?

Wie wilde, blutrünstige Biester
Schlagen sie durch Stadt und Land
Verschonen niemanden, das Töten – ein Fest!
Mit Gewehr und Granate in der Hand.

Ist das Gerechtigkeit?
Wo die Wahrheit?
Sind das Menschen, haben sie keine Seele?
Ist dies ein gerechter Kampf?
Werden sie gerichtet für unser aller Tod?

Wehe uns in diesem belagerten Land
Noch nicht mal ein Mensch, kein Recht zu »sein«
Wieder bitten wir für die helfende Hand
Stehen so tief in vieler Menschen Schuld.

Wie ein Vogel im Käfig gefangen
Erfolglos für die Freiheit springend, kämpfend,
Gefangen im Höllenfeuer
Gejagt, gequält, verdammt sind wir.

Gebrochen, verlassen und vernichtet
So einsam und müde in unserer Verzweiflung
Kein Mensch, kein Freund, der an uns denkt
Jemals wieder auferstehen? ... Wird unser Geist bestehen?

Weit entfernte, nebelige Gedanken
Spielen unserem tiefsten Verlangen einen Streich
Süße Erinnerungen verblassen in der Ferne
Funkeln wie Diamanten, wie bunte Perlen.

Aneinandergereiht in solcher Pracht
Kostbare Steine reflektieren Myriaden von Licht
Ein weit entfernter Klang, ein sanfter Duft
Wir wollen wieder leben, uns erfreuen.

Wird die Hoffnung wieder auferstehen?
Werden unsere Körper stark sein, unsere Seelen lodern?
Wird jemand uns den Weg leuchten
Aus diesem qualvollen Labyrinth?

Als ich das Gedicht fertiggestellt hatte, fühlte ich mich leer und erschöpft. Es war das erste Mal seit Kriegsbeginn, dass ich mich mit meinen Gefühlen und Zweifeln über das Schicksal und die Zukunft des jüdischen Volkes auseinandergesetzt hatte und diese zu Papier brachte. Eine Welle tiefer Trauer und Hoffnungslosigkeit durchflutete meinen Körper.

Ich klappte mein Notizbuch zu und ging zum Waschbecken, um mir das Gesicht zu waschen. Als ich mich im Spiegel sah, bekam ich einen Schock.

»Das bist doch nicht du, Leesha! So wollen die Nazis dich sehen: ängstlich, schwach und hilflos. Sie werden dich niemals unterkriegen, dich nicht! Du wirst kämpfen und dich ihnen bis zu deinem letzten Atemzug widersetzen! Du bist stolz auf das, was du bist! Du bist nicht minderwertiger als andere! Deine Aufgabe ist es, das zu erfüllen, was du dir selbst zum Ziel gesetzt hast. Und momentan ist dein Ziel, am Leben zu bleiben, andere am Leben zu erhalten und alles in deiner Macht Stehende zu tun, die Nazis davon abzuhalten, noch mehr Schaden anzurichten. Es muss bald vorbei sein! Der letzte Teil des Weges ist immer der härteste.« Mein Monolog zeigte Wirkung.

Als ich mich streckte, fühlte ich, wie mein Selbstbewusstsein zu mir zurückkehrte. Ich entschied, dass ich mir schwache Momente und Zweifel nicht erlauben konnte. Meine Entschlossenheit und Handlungsstärke würden mich entweder retten oder untergehen lassen.

Wie es weiterging, war klar. Ich musste meinen Verpflichtungen nachkommen, ganz egal, wie hoch das Risiko war.

Geduldsprobe

Durch die Nachrichten der Untergrundpresse wurden wir über die Fortschritte der Alliierten in Belgien, Luxemburg und Deutschland auf dem Laufenden gehalten. Schnell wurde klar, dass die Engländer trotz des heldenhaften, wagemutigen und unablässigen Angriffs der Alliierten auf Arnheim in den Niederlanden nicht die Oberhand gewannen. Bei dem Versuch, einen Brückenkopf im Osten der Niederlande zu errichten, machte ihnen das schlechte Wetter einen Strich durch die Rechnung. Die Truppen landeten nicht am erhofften Ziel, Verstärkung und Vorräte kamen nicht mehr an. Die herben Verluste beim Kampf in Arnheim zerstörten jegliche Chance auf einen raschen Sieg in den Niederlanden.

Die Alliierten kämpften sich ganz nach Plan hart und beharrlich an allen Fronten voran, doch ihr Vormarsch in Richtung Nordholland kam zum Stillstand. Trotzdem bombardierten sie unentwegt Züge, Straßenbahnen und Busse. Gas und Strom wurden rationiert und konnten nur noch ein paar Stunden am Tag genutzt werden.

In der Zwischenzeit setzten die Deutschen eine neue Rakete ein, die V2, die wie schon die V1 auf England gerichtet sein sollte. Aufgrund der Luftangriffe durch die Alliierten und der zu hohen Gefahr, die von fehlgeleiteten Bombardements ausging, mussten tausende Menschen aus Wassenaar, einem Ort in der Nähe von Den Haag, innerhalb eines Tages ihr Zuhause verlassen. Die Deutschen trafen aber keine Vorkehrungen für die Menschen und kümmerten sich auch nicht darum, wo diese nun unterkommen sollten.

Radio Oranje aus England berichtete, dass Maastricht in der südlichen Provinz Limburg als erste niederländische Stadt von den Alliierten befreit worden war. Auch wenn wir überglücklich über diese Nachricht waren, lag Maastricht noch so weit von uns entfernt.

Die Widerstandsbewegung wurde mit jedem Tag aggressiver und gefährlicher für die Deutschen. Auf der anderen Seite waren die Nazis dank Informanten und Verrätern stets gut informiert über die vielen Aktivitäten des Widerstands, die Nachrichtenwege und ihrer Veröffentlichung im Untergrund. Sie erfuhren von den »versteckten« Menschen und ihrer Versorgung, finanziert durch die niederländische Exil-Regierung. Es war schmerzlich, dass sie von den Sabotageakten der Untergrundbewegung erfuhren, von der Unterwanderung der von Deutschen kontrollierten Regierungsämter und Stadtverwaltungen und von der Versorgung der Inländischen Streitkräfte BS mit Waffen und anderen Ausrüstungsgegenständen durch die Alliierten.

Die Deutschen fürchteten die Widerstandsgruppen und taten alles in ihrer Macht Stehende, um sie zu vernichten. Wo immer sie konnten, hielten sie Mitglieder der illegalen Untergrundbewegung gefangen, um durch Folter jede auch noch so kleine Infor-

mation aus ihnen herauszuquetschen und sie letztendlich zu töten.

Die spektakulärste Tat der Widerstandsbewegung war der von
der niederländischen Exilregierung über das Radio in London
angeordnete Streik des Zug- und Bahnpersonals, um die deutsche Armee in ihren Handlungen zu behindern. Am nächsten Tag
stand der gesamte Zugverkehr still. Der Streik war ein außerge-
wöhnlicher und sensationeller moralischer Protestakt der niederländischen Bahnangestellten, der ihnen die Anerkennung der
gesamten niederländischen Bevölkerung einbrachte.

Die Untergrundbewegung unterstützte die Streikenden finanziell und sorgte dafür, dass ihre Anführer versteckt wurden.
Wütend über den Streik drohten die Deutschen damit, die Bevölkerung auszuhungern, indem sie sich der Lastwagen und Binnen-
schiffe bemächtigten und den Transport von Nahrung zwischen
dem Osten und Westen der Niederlande sperrten. Nichtsdesto-
trotz hielt der Streik des Bahnpersonals weiter an.

Dann begannen die Deutschen damit, systematisch die Anlagen der Eisenbahn zu demontieren und nach Deutschland zu
transportieren: Gleise, Lokomotiven, Waggons, Leitungen. Dafür
brachten sie sogar extra erfahrene Bahnarbeiter ins Land.

Zusätzlich wurden die Hafenanlagen, Kräne und Lagerhäu-
ser in Rotterdam und Amsterdam zerbombt oder gesprengt. Die
Hafenbecken, Maschinenfabriken, Trockendocks und elektrischen Anlagen wurden entweder zerstört oder nach Deutschland
geschafft. Als die Arbeiter versuchten, die Feuer zu löschen, ver-
jagten die Deutschen sie mit ihren Maschinengewehren.

Der Verkehr in den Niederlanden kam fast vollständig zum
Erliegen. Die noch übrig gebliebenen Straßenbahnen fuhren nur
sehr eingeschränkt.

Die Deutschen hatten ihre Drohung tatsächlich wahr gemacht,
und so bekam die Bevölkerung nun die dramatischen Folgen
des Lebensmittelembargos zu spüren. Fleisch und Zucker wurden nicht mehr ausgeteilt, alle anderen Essensrationen, darunter
Kartoffeln und Gemüse, gab es nur noch in geringen Mengen.
Da keine Lieferungen mehr erfolgten, mussten Nora und ich die

Wochenrationen persönlich abholen, damit wir unsere Patienten im *Marishuis* mit Essen versorgen konnten.

Während einer dieser Besorgungen – wir mühten uns gerade mit einem schweren Sack Kartoffeln ab – kamen wir an einer Bäckerei vorbei. Der Geruch von gebackenem Brot war berauschender als das edelste Parfüm der Welt.

Unsere immer hungrigen Mägen reagierten sofort auf den Geruch und so lief uns das Wasser im Munde zusammen, während wir vor dem Fenster standen und zusahen, wie die Brotlaibe aus dem Ofen geholt wurden.

Plötzlich fiel mir die zusätzliche Brotmarke ein, die ich von Fritz bekommen hatte. Ich eilte in die Bäckerei und kaufte ein kleines warmes und himmlisch riechendes Brot. Nachdem ich ein paar Stücke abgebrochen hatte, verschlangen wir diese vor Hunger mit Gier. Es war ein absoluter Genuss und Luxus für uns. Wir stopften uns den Mund mit Brot voll und mussten uns dabei nicht wie sonst mit den Rationen von zwei Scheiben am Tag zufrieden geben.

Durchgedreht

Wir machten uns wieder auf den Weg, wobei abwechselnd immer eine den Sack Kartoffeln und die andere die Handtaschen trug. Als wir das ganze Brot aufgegessen hatten, bemerkte Nora: »Ich habe immer noch Hunger. Ich könnte gerade ein ganzes Dutzend Brote essen. Hast du noch mehr von den Marken?« Sie fing an, in meiner Handtasche zu kramen, während ich heftig protestierte. Je mehr ich sie anflehte, damit aufzuhören, desto frecher wurde sie und rannte plötzlich los. Mit dem Sack Kartoffeln kam ich nicht schnell genug hinter ihr her. Stehen lassen konnte ich ihn auch nicht, da ihn jemand anderes sonst mit Freuden mitgenommen hätte.

Lachend entleerte sie meine Handtasche. Weil sie keine Marken finden konnte, nahm sie stattdessen meinen Ausweis und witzelte:

»Wenn ich nicht mehr Brot bekomme, mache ich deinen *Persoonsbewijs* – den Personalausweis – kaputt!«

Nun wurde ich richtig böse: »Nora, hör auf damit! Sei nicht albern! Du weißt, wie wichtig der Ausweis ist. Das kannst du doch nicht machen!«

»Ach, nein?«, fragte sie. Ich wusste nicht, was in sie gefahren war – direkt vor meinen ungläubigen Augen zerriss sie meinen Ausweis und warf die Einzelteile in die Gosse. Mein Ausweis, der der strengen Prüfung des berüchtigten Sicherheitsdienstes, der Gestapo, erfolgreich standgehalten hatte – mein Pass in die Sicherheit – trieb nun die Kanalisation von Heemstede herunter.

Vor Wut kochend nahm ich ihr meine Handtasche aus der Hand und unterdrückte mein leidenschaftliches und dringendes Verlangen, ihr eine Ohrfeige zu geben. Mit eisiger Miene sagte ich: »Du bist ein verachtungswürdiges Geschöpf!« Dann drehte ich mich um und ging. Trotz der schweren Last rannte ich fast. Ich konnte mir selbst nicht verzeihen, dass ich eingewilligt hatte, sie in *Het Marishuis* aufzunehmen. Gleichzeitig hatte ich fürchterliche Angst, da ich jeden Augenblick auf der Straße in eine Ausweiskontrolle der Nazis hätte geraten können. Ich wusste nur zu gut, was mit mir passieren würde, wenn ich keinen gültigen Ausweis vorzeigen konnte.

Mein einziger Gedanke galt Fritz. Ich musste ihn irgendwie erreichen, er war der Einzige, der mir helfen konnte.

Nora rannte weinend hinter mir her. Ihr war bewusst geworden, was sie getan hatte, und sie bat mich um Vergebung. Ich solle sie bitte nicht hassen oder böse auf sie sein, rief sie.

Mir liefen ebenfalls Tränen über das Gesicht, eher vor Trauer als vor Wut. Wie konnte ein Mensch einen anderen so sehr verletzen? Noch mehr schockierte mich, wie ein Jude einem anderen Juden so etwas antun konnte, obwohl er sich der Konsequenzen dieser unverantwortlichen und gefährlichen Tat genau bewusst war!

Die nächsten Tage sprach ich nicht mit Nora, obwohl sie jeden Abend an meine Tür klopfte und mich bat, ihr zu vergeben.

Als Fritz von dem Vorfall hörte, setzte er sofort über seine Beziehungen zum Untergrund alle Hebel in Bewegung. Zu meinem Erstaunen riet er mir, meinen Ausweis auf der Polizeistation in Heemstede als verloren zu melden. Ich sollte dort zu einer bestimmten Uhrzeit auftauchen und nach Herrn de Veen fragen; Fritz hatte mir eine Beschreibung des Herrn gegeben.

Obwohl man mich informiert hatte, dass Herr de Veen ein Mitglied der Untergrundbewegung war, starb ich tausend Tode, bevor ich genug Mut aufbrachte, um die Polizeistation in Heemstede zu betreten. Was, wenn er nicht da wäre? Was, wenn jemand anderes, zum Beispiel ein NSB-Mitglied, meinen Fall bearbeiten würde und anfing, Fragen zu stellen? Würde man Verdacht schöpfen, wenn ich stockte oder keine Antwort auf die Fragen hätte?

Doch meine Ängste erwiesen sich als unbegründet, da sich mein Besuch als kurzer und unpersönlicher Vorgang herausstellte. Ich pries Fritz für seine Hilfe. Dennoch war dies erst der Anfang: Nun musste ein neuer legaler Ausweis beschafft werden. Selbst Fritz hatte Bedenken, wie ich einem seiner Briefe entnehmen konnte:

»Leesha, ich hoffe, mit deinem Ausweis wird sich alles regeln. In der Zwischenzeit nutze bitte das Ausweispapier der Polizei, aber sei dabei vorsichtig. Wenn es dir nichts ausmacht, verrate mir doch deinen richtigen Namen. Ich frage nicht aus Neugierde, sondern nur in deinem eigenen Interesse. Wenn dir etwas zustoßen sollte und ich deinen richtigen Namen nicht kenne, werde ich dir nicht helfen können. Ich darf dich nicht verlieren.«

Selbst der Gang zum Fotografen, um neue Fotos für den Ausweis zu machen, stellte die Gefahr dar, entdeckt oder verraten zu werden. Trotzdem nahm ich dieses Risiko in Kauf und wurde zu meiner Überraschung an Herrn Geruiderink in der Stadtverwaltung von Heemstede verwiesen, der mir einen neuen, rechtsgültigen Ausweis ausstellen sollte.

Dankeschön

Es war kaum zu glauben! Die Untergrundbewegung war in die offiziellen Regierungsämter vorgedrungen, und ihre Mitglieder führten illegale Aktivitäten direkt vor den Augen der NSB und der Deutschen aus. Ich staunte über die kühne und raffinierte Vorgehensweise der Widerstandsgruppe und war Fritz für sein promptes Handeln, seine Zuverlässigkeit und vor allem für seine liebevolle Fürsorge unendlich dankbar.

Nur sehr selten schrieb ich ihm Briefe, da die Gefahr zu groß war, dass ein Brief abgefangen und von der Gestapo als Beweismittel gegen ihn eingesetzt werden könnte. Doch dieses Mal musste ich einfach meine Dankbarkeit ihm gegenüber zum Ausdruck bringen. Also legte ich einen Brief an Fritz einem Bündel von Nachrichten bei, die von einem Untergrundkurier nach Leiden gebracht wurden, und dankte ihm darin für alles, was er für mich getan hatte:

Ich verdanke dir so viel. Du gibst und gibst und hörst nicht auf zu geben. All die wunderschönen, warmen Gedanken und die Fürsorge, die du mir hast zukommen lassen. Ich kann sie spüren; deine besten und innigsten Wünsche hast du für mich reserviert. Oh liebster Fritz, ich wünschte, ich könnte mich mit allem in meiner Macht Stehenden erkenntlich zeigen. Es wäre wie der Himmel auf Erden. Meine Ressourcen sind unerschöpflich, wenn es darum geht, selbstlos zu geben.

Doch das Schicksal und die Vorbestimmung sehen andere Dinge für uns vor, als wir uns vielleicht wünschen, Fritz. Wir haben bereits über dieses Thema gesprochen. Liebe kann man nicht erzwingen oder vortäuschen. Entweder alles oder gar nichts.

Es ist so kalt hier; kalt, trist, fürchterlich und düster! Ich kann es nicht genau erklären. Es gibt einfach keinen sicheren und warmen Ort, an den man fliehen kann; der einer verlorenen, sich nach Frieden sehnenden Seele Trost spendet. Alles wird immer schwieriger und trostloser.

Fritz, keiner weiß von diesen Gefühlen. Ich verstecke sie hinter einer Maske aus gleichmütiger Tüchtigkeit und Höflichkeit. Lieber Gott, wann wird all dies vorbei sein? Wann können wir wieder wir selbst sein, frei von Ketten und furchtlos in unserer eigenen Welt?

Wäre es nicht wunderbar, sich hinzulegen und die Tage und Nächte der nächsten Monate und Jahre durchzuschlafen, bis der Terror, das Blutvergießen, das Böse und Hässliche diese Welt verlassen hat? Ein bewusstloser, trunkener Schlaf bis…

Ich würde aufwachen und mich im Licht einer sicheren und vertrauten Umgebung aufwärmen, bis mein Herz die Erfüllung fände, nach der es sich gesehnt hat; in einer Atmosphäre, die von Reinheit, Wärme und Musik geprägt ist; einem Zuhause, das mit meinen eigenen Besitztümern ausgestattet ist; einem Ort, an dem ehrliche und gute Menschen leben, die ich über alles liebe…

Verstehst du, was ich sagen will? Ich bin es nicht gewohnt, meine Ängste und Zweifel jemandem anzuvertrauen. Wie du siehst, Fritz, können sich selbst stolze, selbstbewusste Eichenbäume in ihrem Innern kalt und einsam fühlen, auch wenn ihnen andere das nicht anmerken…

Der neueste Stand bezüglich Nora ist, dass sie seit ein paar Tagen in meinem Zimmer schläft. Das Fenster in ihrem Zimmer ist bei einem Sturm zerbrochen und jetzt herrscht dort eine Eiseskälte. Sie will diese Gelegenheit nutzen, um von mir zu lernen, und fragt sich, wie sie ihrem Leben einen größeren Sinn verleihen kann. Ohne dass ich sie dazu bewegt hätte, ist sie aus freien Stücken zu mir gekommen und hat darauf bestanden und darum gebeten, dass ich die Person sein soll, die ihr dabei hilft. Lieber Fritz, du kannst dir vorstellen, wie überwältigt ich war, auch wenn ich es ihr nicht gezeigt habe. Obwohl mich diese Aufgabe vollständig einnehmen wird, wirst du verstehen, dass ich die Gelegenheit, einem Menschen zu helfen, nicht ablehnen kann.

Gott, steh mir in dieser Aufgabe bei! Ich hoffe, ich werde Erfolg haben, besonders jetzt, da sie sich mit ihrem ganzen

Wesen wehrlos in meine Hände gegeben hat. Fritz, nach all-
dem, was sie mir angetan hat, ist es unglaublich mit anzusehen,
was nun geschieht!
Vielleicht ist der unglückliche Vorfall der Anfang einer wert-
vollen Erfahrung für Nora.

Herzlichen Dank und nur das Beste für dich, Leesha.

Obwohl wir uns schon vier Tage später treffen wollten, um Angelegenheiten hinsichtlich unserer Arbeit zu klären, erhielt ich
noch vorher eine Antwort von ihm. Später erklärte er mir, dass
er gehofft hatte, der Brief würde mich in meiner Einsamkeit trösten.

Liebe kleine Leesha,
dein Brief war wie wunderschöne Musik in meinen Ohren,
die von einem großen Orchester gespielt und einer ruhigen
Hand dirigiert wird. Die Violinen wurden von den weichen
Tönen der Cellos begleitet. Plötzlich übernahmen die Schlag-
instrumente mit einem zweifachen Forte und übertönten alle
anderen Instrumente. Das gesamte Stück wurde mit einem
Crescendo gespielt, mit einem Fortissimo als Höhepunkt.
Es ist wundervoll, solche Musik zu hören. Sie hat mich direkt
in einen Geisteszustand versetzt, als hätte ich ein neues Leben
betreten. Alles war so perfekt und hörte sich wunderschön
und ehrlich an, trotz einiger geheimnisvoller Ausdrücke. Am
liebsten würde man es sich immer wieder anhören.
Der Klang dieser Musik wird immer ein Teil von mir bleiben,
und ich werde ewig diejenigen bewundern, die solche Musik
für mich schreiben und so interpretieren können.
Du schreibst, dass du mir viel schuldig bist, aber das stimmt
nicht. Vielmehr danke ich dir für die Freundschaft, die du mir
geschenkt hast.
Du hast etwas in mir entzündet, eine kleine Flamme, die immer
weiter und stärker wächst. Sie ist mittlerweile so groß gewor-
den, dass ich jeden Tag fühlen kann, wie sie brennt. Warum

passiert das alles mit mir? Warum konnte ich nicht einfach weiterschlafen? Manchmal frage ich mich das.

Und dann wird mir klar, wie wunderbar es ist, jemanden geliebt zu haben. Diese Erfahrung möchte ich niemals missen!

Wie wunderbar wäre es doch, wenn ich mich dir mit all meiner Kraft hingeben könnte. Aber es ist wahr, meine große Liebe für dich hält mich zurück. Wie sehr ich dafür mit mir selbst ringen muss! Wie du schon sagtest, entweder alles oder nichts.

Wenn ich alles wollen würde, müsstest du ein großes Opfer bringen, aber meine Liebe zu dir und mein Verstand halten mich zurück. Wenn einer Opfer bringen muss, so soll ich derjenige sein.

Auch wenn ich dich irgendwann nicht mehr wiedersehen sollte, werde ich immer mit einem Gefühl von Liebe und Zärtlichkeit an dich denken. Ich frage mich, was es wohl ist, das mich so zu dir hinzieht? Liebe ist und bleibt ein Geheimnis. Liebe Leesha, es ist ein wundervolles Gefühl zu wissen, dass du mich magst und manchmal an mich denkst.

Irgendwann wirst du wahrscheinlich weggehen, dann denkst du hoffentlich hin und wieder an mich. Du wirst einen Mann in deinem Alter und von deinem Stand heiraten und glücklich werden.

Und ich? Ich werde einsame Stunden in einem stillen Park verbringen und an diese Zeit zurückdenken.

Leesha, meine Liebe, ich höre jetzt auf. Vielleicht waren meine Worte ein wenig konfus, aber es ist nicht leicht, am Scheideweg zwischen Gefühlen und Verstand zu stehen. Lass uns in der Zwischenzeit unsere wunderbare Freundschaft aufrechterhalten. Auf bald, süße Leesha. In meinen Gedanken werde ich immer bei dir sein, Fr. v. D.

Liebe Leesha,
ich kann einfach nicht von dir lassen. Mit dir für ein paar Stunden über das Papier zu kommunizieren macht mich glücklich. Nie zuvor habe ich das mit jemand anderem getan.

Ich hatte große Hoffnungen und habe noch immer welche. Aber Hoffnungen bleiben Hoffnungen, solange wir versuchen, sie mit all unserer Kraft wahr werden zu lassen. Mit großer Hoffnung und einem starken Willen können wir mehr erreichen, aber wenn wir mehr erreichen wollen, müssen wir auch wagen es zu leben.

Traust du dich zu leben? Wenn du bereit bist, dein Leben zu genießen, dann wirst du mehr erreichen.

Meine Liebste, du bist noch so jung und das Leben hat dich bereits enttäuscht. Niemand weiß das besser als ich. Du wirst noch eine Menge mitmachen müssen und viele weitere Enttäuschungen erleben.

Verlier nicht den Mut und kämpfe, wenn es notwendig ist! Aber pass auf, dass du nicht zu einer durchschnittlichen Frau Müller oder Schmidt wirst. Wage es zu leben! Ich weiß so wenig über dich, meine Liebe. Du kannst mich nicht lieben, das weiß ich; und das ist auch nicht wichtig. Ich wünsche nicht mehr. Ich würde gerne mehr wünschen, aber ich traue mich nicht.

Komm zu mir, wenn du traurig bist, und ich werde dich trösten. Komm zu mir, wenn du Sorgen hast, und ich werde versuchen, eine Lösung zu finden. Nach dem Tod meiner Mutter war ich jahrelang alleine. Jetzt kann ich mich um dich kümmern und glücklich sein.

Lebe dein eigenes Leben und tu, was du für richtig empfindest. Sei glücklich; ich werde dir in allen schwierigen Situationen beistehen. Dabei werde ich versuchen, einen klaren Kopf zu behalten. Vielleicht kreuzen sich unsere Wege weiterhin, auch wenn wir nicht dieselbe Route einschlagen. Berge und Täler können nicht zusammenkommen, aber Menschen schon. Das überlasse ich der unbestimmten Zukunft.

Süße Leesha, ich werde mich in deine Lage versetzen und es nicht noch schwerer für dich machen, als es schon ist.

In meinen beiden Briefen entblöße ich mich vor dir und schäme mich nicht dafür. Einen Freund zu haben macht mich überglücklich! Du wirst keine Liebeserklärungen mehr von mir hören. Verzeih mir bitte diesen letzten Ausbruch, der einfach meiner Feder entsprungen ist. Bitte empfange meine zärtlichen Gefühle und schreibe mir, wenn du Zeit findest und dir danach ist. Ich sehne mich danach von dir zu hören. Dein dir ergebener Fritz.

Die Schönheit und Stärke seines Charakters trafen mich mit voller Wucht. Seine selbstlose Liebe war das wertvollste Geschenk für mich. Sie machte mich demütig und ich fühlte mich ihm gegenüber noch mehr verpflichtet. Nahm ich die Herausforderung an? Traute ich mich, mein Leben zu leben?

Ich forschte tief in meinem Inneren. Das wichtigste Kriterium in meinem Leben war immer die Ehrlichkeit mir selbst gegenüber gewesen, unabhängig davon, welche Konsequenzen dies mit sich brachte.

Diese Ehrlichkeit steuerte mein Bewusstsein und meine Handlungen. Sie sorgte für ein Gleichgewicht in meinem Leben und mit weniger konnte ich mich nicht zufriedengeben.

Scheinheiligkeit, Heuchelei oder halbe Wahrheiten wirken sich nachteilig auf jede gute und langlebige Beziehung oder Situation aus.

Traute ich mich zu leben? Wenn das bedeutete, sich gegen die Ungerechtigkeit, den Terror und die Verfolgung von unschuldigen Opfern zu stellen und den widerwärtigen Nazimördern zu trotzen, dann stellte ich mich der Herausforderung.

Anders hätte ich mein Leben nicht führen können. Mein Gewissen ließ nicht zu, dass ich mich ruhig verhielt und inaktiv weiterlebte.

Ich musste mich vor mir selbst verantworten und verlangte von mir selbst das Äußerste.

Wie sehr mein Mut und meine Entschlossenheit bis zum Ende des Krieges auf die Probe gestellt werden würden, konnte ich bis zu diesem Zeitpunkt noch nicht wissen.

21 Es reicht nicht mehr

»Bald müssen wir eine Entscheidung treffen«, sagte Schwester Marie eines Morgens. »Ich glaube, wir werden nicht mehr lange für unsere Patienten in *Het Marishuis* sorgen können. Unsere Rationen neigen sich dem Ende zu, wir haben keine Vorräte mehr und können die horrenden Preise auf dem Schwarzmarkt nicht bezahlen. Wie sollen wir sie versorgen, wenn wir weder Rinder- oder Hühnerfleisch, weder Öl, Zucker, Butter, Milch noch Eier haben? Alles, was wir ihnen bieten können, sind zwei Scheiben Brot am Tag, die nach Tonerde schmecken, ein paar Kartoffeln, ein bisschen Gemüse und einen Tropfen Öl. Es gibt noch nicht mal eine gute Tasse Kaffee oder Tee. Unsere ganze Nahrung besteht aus Ersatzlebensmitteln! Es wird schon kalt draußen und wenn wir den Rest Kohle für den Ofen im Esszimmer verbraucht haben, wird es hier drin auch fürchterlich kalt werden. Das Gas wird nur für ein paar Stunden am Tag freigegeben. Was machen wir, Gott bewahre, wenn die Deutschen es komplett abstellen? Ich habe das bereits mit Schwester Johanna besprochen. Es gibt keine Alternative. Ich muss mich mit den Familien der Angehörigen in Verbindung setzen und ihnen sagen, dass wir gezwungen sind, unsere Kurklinik zu schließen. Leesha, es tut mir wahnsinnig leid, aber Nora und du müsst nach Hause gehen. Es hat alles wunderbar geklappt. Ihr seid unersetzlich für unsere Gäste und sie lieben euch.«

»Warten Sie, Schwester Marie. Wir könnten versuchen, mit dem Essen aus der öffentlichen Suppenküche die Klinik über Wasser zu halten«, schlug ich vor. »Es gibt eine Essensvergabestelle direkt hier am königlichen Yacht- und Segelklub. Das Essen soll nicht schlecht sein. An manchen Tagen gibt es *stamppot* – Kartoffelpüree mit Gemüse und Soße – und an anderen Haferbrei. Für jede Lebensmittelmarke gibt es eine Portion. Auf diese Weise können wir das Gas, das wir sonst zum Kochen benötigen, für andere Dinge benutzen. Wir füllen Wärmflaschen mit gekochtem Wasser und halten so unsere Patienten über den kalten Winter warm.«

Schwester Marie gefiel mein Vorschlag und wir versuchten, was wir nur konnten, damit es weiterging. Nora und ich trugen Tag für Tag große, schwere Töpfe mit *stamppot* von der Suppenküche zum *Marishuis*. Sicher, unter »Gourmet-Küche« verstand man eher etwas anderes.

Ich ermutigte Schwester Marie und half ihr, den Betrieb der Kurklinik in Gang zu halten. Einer der Hauptgründe hierfür war, die Tarnung für meine Untergrundaktivitäten aufrechtzuerhalten. Trotz des Unheils, das der Feind jüngst über uns gebracht hatte, mussten wir unsere Arbeit unbedingt fortsetzen.

In einem überraschenden Übergriff der Deutschen wurden alle Männer zwischen 17 und 50 Jahren zusammengetrommelt und zur Zwangsarbeit nach Deutschland deportiert. Schwer bewaffnete Lautsprecherwagen fuhren durch die Straßen und man befahl den Männern, lebensnotwendige Güter und Kleidung mitzunehmen und sich an bestimmten Sammelpunkten oder vor ihrem Haus einzufinden. Ihnen wurde gutes Essen, Zigaretten und Lohn versprochen.

Häuser wurden wahllos durchsucht, um mehr Männer für die Deportation aufzutreiben. Die Deutschen drohten jeden umzubringen, der sich versteckte oder zu fliehen versuchte. Während ihrer Razzien schossen sie auf der Straße einfach in die Menge. Obwohl der Widerstand über die verbotene Presse versuchte, die Männer davon zu überzeugen, dass sie sich den Deutschen nicht stellen sollten, folgten zwischen 80 000 und 90 000 niederländische Männer dem Aufruf der Deutschen.

Um nicht geschnappt zu werden, tauchten die jungen Männer der Widerstandsgruppen für eine Zeit lang unter und überließen die wichtigen Botengänge innerhalb des Untergrunds hauptsächlich den Frauen. Unsere Arbeit war nun noch gefährlicher und komplizierter geworden.

In regelmäßigen Abständen traf ich mich mit Betty aus Haarlem an der St.-Bavo-Kirche, an der wir Päckchen mit Lebensmittelmarken, illegalen Ausweisen und Nachrichten austauschten und sie an verschiedene Adressen in Leiden, Den Haag und Amsterdam verteilten. Während ich auf Betty wartete, lauschte ich häufig den Orgelkonzerten in der alten Kathedrale.

Ein intensives Verlangen nach Musik, Harmonie und Gelassenheit überkam mich in diesen Momenten. Die wohlklingenden Töne der Orgel schienen durch jede Faser meines Körpers zu strömen und brachten eine verletzliche Seite in mir zum Vorschein. Still schrie es in mir auf: »O Gott, wenn es so viel Schönheit auf der Welt gibt, an der wir uns erfreuen können, warum müssen wir dann den Krieg, Terror und Tod ertragen?«

Es schien, als hätte sich das Wetter gegen uns verschworen. Es war kalt, stürmisch und es regnete. Aufgrund ihres geschwächten körperlichen Zustands und der schlechten Essenssituation wurden viele Menschen krank. In einem öffentlichen Brief klagten die niederländischen Ärzte Dr. Seyß-Inquart an, er würde das Land verhungern lassen, welches immer noch unter der Besatzung der Deutschen stand. Sie warnten vor Epidemien und einer beispiellosen Anzahl an Todesfällen.

Das Engagement der Alliierten, Holland zu befreien, ließ merklich nach. Wir wussten, dass die Alliierten einen Gesamtplan verfolgten, dennoch waren wir ungeduldig und wünschten das Ende des Krieges schneller herbei.

Jeder unserer Tage wurde begleitet von Angst vor Straßenrazzien der Deutschen, Luftangriffen der Alliierten und vor allem vor dem Hunger. In den Städten litten die Menschen am schlimmsten, da es so gut wie keine Nahrung mehr gab. Dank der Hof- und Feldarbeit verfügten zumindest die Bauern noch über Lebensmittelvorräte.

Weil es keinen Strom und keine Kohle mehr gab, mussten die meisten Fabriken schließen und immer mehr Menschen verloren ihre Arbeit. Die Städte waren wie ausgestorben. In den Häusern brannte kein Licht, sondern höchstens eine Öllampe. Man ging früh zu Bett und die elektrischen Geräte konnten nicht mehr genutzt werden. Mittlerweile gab es keine öffentlichen Fortbewegungsmittel mehr, weder Züge noch Straßenbahnen oder Busse. Manche Menschen hatten das Glück, ein Fahrrad mit Holzrädern anstelle von Reifen zu besitzen, aber die meisten Menschen mussten zu Fuß gehen.

Die ständigen Bombardements hatten Schäden an Häusern und Geschäften hinterlassen, die nicht repariert werden konnten, da es kein Glas gab. Daher waren die Fenster mit Brettern zugenagelt und die Türen mit Hartfaserplatten verbarrikadiert. Der Anblick löste in mir das schaurige Gefühl aus, ich hätte mich in eine Geisterstadt verirrt. Alles schien dunkel, finster, kalt und hoffnungslos, wie in einem Weltuntergangsszenario.

Uns kamen Gerüchte zu Ohren, dass Schweden, die Schweiz, Spanien und Portugal bereit seien, uns Lebensmittel über das Rote Kreuz zukommen zu lassen, doch die Deutschen verweigerten ihre Zustimmung.

Entscheidung

Nach einem langen Gewissenskampf und Diskussionen entschloss sich Schwester Marie, *Het Marishuis* eine Woche nach Neujahr 1945 zu schließen und gab den Patienten so noch genügend Zeit, neue Unterbringungsmöglichkeiten mit ihren Familien abzusprechen.

Der ausschlaggebende Grund für ihre Entscheidung war die erhöhte Gefährdung unserer Sicherheit, da die Deutschen die Abschussgebiete für die V1- und V2-Raketen von Wassenaar, in der Nähe von Den Haag, nach Heemstede verlegt hatten. Die Lautstärke der abgefeuerten Raketen war ohrenbetäubend und jagte uns Angst ein; die Fenster klirrten und zersprangen oftmals in tausend Stücke, die Häuser bebten; wir lebten in ständiger Furcht, dass eine der V2-Raketen einen Fehlstart haben könnte und in der Umgebung von Heemstede landete, was Tod und Zerstörung mit sich bringen würde.

Daher mussten Nora und ich uns eine neue Unterkunft suchen, was sich als keine leichte Aufgabe herausstellte. Es gab so viele

Menschen – junge Männer, streikende Bahnangestellte, Juden – die einen geheimen Unterschlupf suchten.

Wer würde in dieser kalten, dunklen Zeit weitere hungrige Mäuler aufnehmen? Wer würde das Risiko auf sich nehmen, von Mitgliedern der NSB verraten werden zu können, in einer Zeit, in der die nervösen Deutschen jede Person hinrichteten, die sie der Sabotage oder des Widerstands verdächtigten?

Wir konnten es kaum abwarten, Fritz wiederzusehen. Egal, wie schwerwiegend unsere Probleme waren, Fritz würde eine Lösung finden. Und dann kam er, auf ihn war einfach Verlass!

Trotz der Gefahr durch die Razzien, des anhaltenden Regens und des stürmischen Wetters fuhr er die 30 Kilometer zwischen Leiden und Heemstede auf seinem Fahrrad zu uns. Als er bei uns ankam, war er nass bis auf die Haut.

Schwester Marie erzählte Noras »Onkel Fritz« von der Entscheidung, *Het Marishuis* zu schließen. Fritz versicherte ihr, er würde sich um Nora kümmern und auch mir auf der Suche nach einer neuen Bleibe helfen. Sollte sie von unserem Engagement im Untergrund geahnt haben, ließ sie es sich nicht anmerken.

Fritz' Anwesenheit beruhigte mich und gab mir ein gutes Gefühl. Plötzlich war nicht mehr alles ganz so düster. Als Schwester Marie den Raum verlassen hatte, fragten Nora und ich ihn nach seinem Plan. Für Nora hatte er einen sicheren Platz im Auge. Wegen mir musste er erst noch mit der Widerstandsgruppe in Leiden sprechen, ob ich besser hier in Heemstede bleiben oder in Leiden weiterarbeiten sollte. Kein Problem!

Wie erleichtert ich war! Die Verantwortung, eine Entscheidung zu treffen, wurde mir abgenommen. Dank Fritz war alles besser zu ertragen, ich konnte mich immer auf ihn verlassen!

Vorsicht

Später gingen Fritz und ich raus in den Regen, um unseren Verpflichtungen nachzukommen. Als ich eines der Häuser auf unserer Adressliste erreichte, fiel mir auf, dass die Vorhänge an beiden

Fenstern leicht geöffnet waren. Ich war sofort alarmiert, da ich wusste, dass sich Juden in dem Haus versteckten und die Vorhänge daher immer geschlossen waren, auch tagsüber. Ich lief an dem Haus vorbei und ging zu Fritz zurück, der um die Ecke stand. Dabei pfiff ich unser Lied, welches wir als Warnsignal ausgemacht hatten: »*Daar bij die molen* – Dort bei der Windmühle«. Er schwang sich auf sein Fahrrad und fuhr davon.

Ich lief weiter in Richtung *Het Marishuis*, wobei ich mich sehr vorsichtig verhielt und mich hin und wieder umdrehte, um zu sehen, ob mich jemand verfolgte. Ich nahm falsche Abzweigungen und lief manche Strecken wieder zurück, bis ich unsere Straße in der Nähe des Kanals erreichte. Dort stellte ich mich unter einen Baum gegenüber der Windmühle.

Als Fritz kam, schwang ich mich auf den Gepäckträger des Fahrrads und hielt mich an ihm fest. So fuhren wir bis nach Haarlem. Auf dem Weg erzählte ich Fritz von meinem Verdacht. Sein Lob wirkte wie ein Elixier auf mich:

»Du hast sehr gut mitgedacht und schnell gehandelt. Ich bin stolz auf dich. Wer weiß, was passiert wäre, wenn du hineingegangen wärst. Wir werden zu Betty gehen. Vielleicht weiß sie, was dort los ist. Auf jeden Fall müssen wir einen neuen Kontakt finden, dem wir die Lebensmittelmarken geben können, da die Menschen sie dringend brauchen.«

Betty erzählte uns die tragische Geschichte: »Letzte Woche sind eines Nachts plötzlich die Deutschen aufgetaucht und haben das Haus durchsucht. Kees, seine Frau und ihre drei Kinder wurden zusammen mit zwei jüdischen Frauen gefangen genommen. Seine älteste Tochter hatte bei Freunden übernachtet, daher war sie in Sicherheit. Die Nazis haben Mitteilungsblätter des Untergrunds, ein Detektorradio, Waffen und gefälschte Ausweise gefunden. Es war sehr gut, dass du nicht geklingelt hast. Das Haus steht unter Beobachtung. Wir haben furchtbare Angst, weil jemand ihn verraten haben muss. Die LKP-Bewegung plant eine Rettungsaktion. Sie wollen keine Details verraten, bevor die Untergrundaktion erfolgreich abgeschlossen wurde. Kees hat fantastische Arbeit geleistet, wir vermissen ihn sehr!«

»So kurz vor Ende des Krieges geschnappt zu werden ist ein Desaster.« Fritz war außer sich vor Wut. Ich konnte sehen, wie sich sein Blick verfinsterte. »Was ist das für eine Belohnung für die selbstlosen Taten, die Kees in seinem Leben vollbracht hat, und für die Risiken, die er auf sich genommen hat? Ich möchte die Gruppe bei der Aktion unterstützen. Bitte sag ihnen das, Betty, ich möchte ein Teil der Rettungsaktion sein.«

Betty nahm die Lebensmittelmarken und wir warteten in einem Café, während sie mit ihrer Kontaktperson im Untergrund Verbindung aufnahm. Noch nicht mal zehn Minuten später sahen wir sie mit einem älteren Herrn am Fenster vorbeispazieren. Fritz zahlte für den geschmacklosen Kaffee-Ersatz und wir schlugen dieselbe Richtung ein wie Betty und ihr Begleiter.

Im Schutze eines verbarrikadierten Ladeneingangs wechselten wir ein paar Worte. Der Herr hieß Dirk und würde anstelle von Kees meine Kontaktperson sein, solange ich noch in *Het Marishuis* wohnte.

Ich sollte vom Küchenfenster aus nach ihm Ausschau halten und rauskommen, wenn ich ihn sah. Unsere oberste Parole lautete nun: »Sei vorsichtig!«

Als wir gingen, hörte ich Fritz und ihn über »den Norden« sprechen. Dirk sagte etwas, das ich akustisch nicht verstand, und dann trennten wir uns. Es hatte aufgehört zu regnen und Fritz und ich liefen gemeinsam zurück nach Heemstede. Als könnte er meine Gedanken lesen und meine gedämpfte Laune spüren, sagte er:

»Leesha, ich danke dem Herrn für deine Rettung heute. Stell dir vor, du wärst in das Haus gegangen. Ich hätte für nichts garantieren können. Es schaudert mich bei dem Gedanken, wenn ich dich verloren hätte. Schau mich nicht so an. Ich weiß, dass ich versprochen hatte, nicht mehr über die Liebe zu reden. Daran halte ich mich auch, aber meine Gefühle kann ich nicht abstellen.«

Als ob er die angespannte Stimmung durchbrechen wollte, fügte er hinzu: »Ach, fast hätte ich es vergessen. Diese Kerze ist für dich. Du wirst nicht glauben, was ich alles tun musste, um sie zu bekommen. Aber du hast sie dir verdient!«

Die Anspannung, die ich empfunden hatte, bevor Fritz gekommen war, die Unsicherheit, wo ich unterkommen würde, die Tragödie von Kees und nun Fritz' wunderbare Anteilnahme, sein Verlangen, mir jeden möglichen Wunsch zu erfüllen – all diese Gefühle überwältigten mich. Die kleine Kerze fest in meinen Händen haltend legte ich meinen Kopf auf seine Schulter und ließ meinen Tränen freien Lauf. Ich konnte fühlen, wie er unter dem Kraftaufwand zitterte, den es ihn kostete, seine Gefühle unter Kontrolle zu halten, aber er berührte mich nicht. Wir standen einfach da und spürten die Güte und das Verständnis menschlicher Liebe.

»Leesha, hast du Lust, mit uns eine Radtour nach Nordholland zu machen?«, fragte er. »Wir brechen nach Neujahr auf, und wenn wir wiederkommen, kannst du an deinen neuen Einsatzort gehen. Höchstwahrscheinlich werden Dirk und Betty oder andere Mitglieder des Untergrunds auch mitkommen. Die Lebensmittelversorgung ist besorgniserregend und wir müssen alternative Beschaffungsmöglichkeiten finden.«

Ich war überwältigt vor Freude. Die Einladung, Teil einer solchen Gemeinschaft zu sein, war in der Tat eine Ehre. Natürlich wollte ich mit – was für eine Frage!

»Aber ich habe kein Fahrrad!«, rief ich bestürzt. »Wo bekomme ich nun eins her?«

»Mach dir keine Gedanken. Unsere Leute in Heemstede werden sich darum kümmern«, sagte er zuversichtlich. »Bis dahin sind noch ein paar Wochen Zeit. Hoffen wir mal, dass sich die Lage nicht weiter verschlechtert. Bevor wir losfahren, sehen wir zwei uns noch einmal.«

Unsere unvermeidbare Trennung lag wie eine Wolke der Trauer über *Het Marishuis*, seinen Patienten, Schwester Marie, Nora und mir. Da sie wussten, dass sie einander nicht mehr wiedersehen würden, verloren die Patienten die gewohnte Zurückhaltung und drückten sich gegenseitig ihr Mitgefühl aus. Vergessen und vergeben waren belanglose Streitigkeiten, Eifersüchteleien und Momente, in denen man gereizt reagiert hatte.

Kurz vor Weihnachten brachte die Patientin Frau Flory eine kleine Tüte, zur Hälfte mit echtem Kakao gefüllt, und ein paar schöne Servietten in die Küche. Mit zitternder Stimme sagte sie zu uns:

»Hier, Kinder, das ist alles, was ich habe. Vielleicht könnt ihr daraus etwas für unser Weihnachtsessen zaubern.«

Ihre Geste löste eine Kettenreaktion aus und fast alle Patienten überließen uns Dinge, die sie aufbewahrt hatten: einige Löffel Zucker, eine Dose Erbsen, Pfefferminzbonbons, Papierblumen und zwei Stückchen Schokolade.

Wir waren zutiefst gerührt über diese ergreifenden Gesten und wertvollen Gaben. Durch die Tragödie der bevorstehenden Trennung waren wir zu einer liebevollen Familie zusammengewachsen. Solange es noch möglich war, wollten wir zusammenbleiben.

Jeder der Anwesenden gelobte feierlich, dass er dieses Weihnachtsessen nie vergessen würde. Mit dem bisschen, was wir hatten, schufen wir etwas, das einem üppigen und eleganten Essen so nah kam, wie wir alle es seit einer langen Zeit nicht mehr hatten genießen dürfen.

Die freundschaftliche und wohlwollende Stimmung, gemischt mit der Trauer, machte den festlichen Anlass noch bedeutsamer.

Ich betrachtete die lebhaften Gesichter der Menschen in dieser Runde und fragte mich: Werden wir diesen Krieg und die Zeit des Hungerns überleben?

Fritz schaffte es vor unserem Ausflug in den Norden nicht mehr nach Heemstede. Stattdessen überbrachte mir Dirk einen Brief von ihm, in dem Fritz schrieb:

31. Dezember 1944

Liebes Mädchen,
wie gerne wäre ich an diesem letzten Tag des Jahres bei dir. Das Jahr 1944 hat uns nicht viel Schönes gebracht. So sehr hatten wir uns auf den Frieden gefreut! Noch immer wütet der Krieg mit solch schrecklichen Folgen, wie wir sie uns nicht mal in unseren schlimmsten Fantasien vorstellen können.
Tausende, nein Millionen Menschen sind weit weg von Haus und Familie, entweder als Soldaten, Gefangene oder als

Flüchtlinge. Auf der ganzen Welt grassieren Tod und Verfall. Die Menschen, die zu Hause geblieben sind, kämpfen verbissen ums Überleben. Alles, was unser Leben versüßen kann, ist auf der Strecke geblieben. Die einzigen Urinstinkte, die uns geblieben sind, sind zu essen und zu überleben.

Das Leben ist nicht leicht mit so vielen Stürmen und so wenig Sonnenschein. Aber der Wille zu leben wird letztendlich siegen und wir werden alle Bedrängnisse überstehen.

Auch wenn ich nicht bei dir sein kann, kreisen meine Gedanken um das, was mir so lieb ist: um dich, liebe Leesha. Ich denke an unsere Spaziergänge in Het Hout und unsere langen Gespräche. Ich erinnere mich, wie glücklich es mich gemacht hat, wenn ich ein Problem für dich lösen konnte. Ich hätte vor Freude in die Luft springen können, als wäre es um mich selbst gegangen.

Meine Liebe, ich habe mich so sehr verändert. Du hast mich zum Leben erweckt, wie der Prinz in dem Märchen von Dornröschen. Hierfür werde ich dir immer dankbar sein. Es ist, als wäre ich ein neuer Mensch. Meine sachliche und nüchterne Seite ist verschwunden. Stattdessen lebe ich jetzt einen wundervollen Traum. Auch wenn die Wirklichkeit mich schnell genug einholen wird, wenn du nicht mehr da bist.

Was immer ich tue, ich denke dabei an dich, Leesha. Ich schreibe nun einfach, was mir in den Sinn kommt. Mein Atem reicht nicht aus, um alles über dich zu sagen, was aus mir herauswill. Wir mögen zwar kein Licht mehr haben, aber wenn ich nachts im Dunkeln dasitze, leuchtet ein Licht in mir auf und dieses Licht bist du. Ich trage dich in mir.

Die Deutschen holen die Leute von der Straße weg. Ich werde vorsichtig sein. Nicht weil ich Angst habe, oh nein! Sondern weil ich am Leben bleiben möchte, um mich um dich und dein Volk zu kümmern.

Ich würde dir meine Gefühle gerne viel genauer beschreiben, aber dafür bräuchte ich ein ganzes Leben.

Liebe Leesha, für das kommende Jahr wünsche ich dir Hingabe, Kraft und Mut, Willensstärke und Durchhaltevermögen.

Mein größter Wunsch ist, dass unsere enge und wundervolle Freundschaft sogar noch enger und wundervoller wird. Schweren Herzens verabschiede ich mich und werde dich nächsten Montag sehen. Mach dich bereit für unseren Ausflug nach Nordholland, Fr. v. D.

Hamsterfahrt

Ein paar Tage später sah ich durch das Küchenfenster Dirk die Straße entlanglaufen. Schnell rannte ich hinaus und traf ihn um die Ecke. Er wies mich an, Montag bereit zur Abreise zu sein. Betty würde an der eisernen Brücke mit einem Fahrrad auf mich warten. Ich sollte Urlaub für vier Tage bis zu einer Woche beantragen und Kleidung mitbringen, die den schlimmsten Wetterbedingungen standhalten würde.

Schwester Marie gestattete meinen dringenden Urlaubsantrag, als ich ihr erzählte, ich müsste mich um meine beste Freundin kümmern, die schwer erkrankt sei und alleine lebte. Ich versprach ihr, rechtzeitig zurück zu sein, um den Patienten beim Packen zu helfen und sie bei den Vorkehrungen zur Schließung des Hauses zu unterstützen.

Wir hätten uns kein schlechteres Wetter aussuchen können als den bitterkalten Regen, Schnee und Wind, die uns an jenem Montag begrüßten. Neben meinen Waschsachen und ein paar anderen kleinen Dingen für den täglichen Bedarf trug ich alle Pullover und Blusen, die ich mitnehmen wollte, übereinander. Betty konnte man kaum erkennen, weil sie so dick eingepackt war. Neben ihr stand ein kleiner Junge mit einem Fahrrad. Er gab mir das Fahrrad und verschwand.

Betty und ich stiegen auf die Räder und fuhren los in Richtung Haarlem, wo wir Fritz und Dirk trafen. Ich war so damit beschäftigt, gegen den heftigen Wind anzukommen, dass ich erst nach einiger Zeit bemerkte, dass das Hinterrad mit einem Holzreifen anstelle eines Gummireifens ausgestattet war. Jedes Mal, wenn ich über einen Stein oder ein Loch fuhr, wurden meine Knochen und

Innereien durchgeschüttelt. Dennoch war ich froh, überhaupt ein Fahrrad zu haben. Nach einer Weile umfuhr ich gekonnt die Löcher in der Straße, und schließlich fuhr es sich so immer noch besser als mit zwei Holzreifen.

In Haarlem hielten wir an einem Café, in dem Fritz und Dirk schon warteten. Während wir uns mit einer Tasse Kaffee-Ersatz aufwärmten, klärten sie uns über ihren Plan für diesen Ausflug auf.

Aufgrund der Hungersnot im westlichen Teil der Niederlande und der Verantwortung der Widerstandsbewegung, die Menschen in ihren Verstecken zu versorgen, machten wir eine Erkundungstour nach Nordholland, um neue Lebensmittelquellen bei den dort lebenden Bauern aufzutun.

Dirk fügte hinzu: »Uns steht eine schwere Aufgabe bevor. Wenn wir keinen Erfolg bei den Bauern in Nordholland haben, müssen wir versuchen, nach Friesland vorzudringen; dort haben wir gute Beziehungen. In den nördlichen und östlichen Provinzen gibt es größere Essensvorräte, die uns die Deutschen vorenthalten, weil sie sich für den Bahnstreik rächen wollen.«

Fritz zeigte uns eine kleine Karte. »Von hier werden wir direkt Richtung Norden nach Alkmaar fahren und auf dem Weg auf den Bauernhöfen anhalten. Wenn wir Glück haben, brauchen wir gar nicht weiter, sondern können in Richtung Osten nach Hoorn fahren. Ich habe gehört, dass man nach Friesland mit einem Boot übersetzen kann. Das wäre gut, weil wir den Abschlussdamm Afsluitdijk, der Nordholland und Friesland verbindet, auf keinen Fall nehmen können. Die Deutschen laufen dort ständige Patrouille und bei diesem Sturm wäre es viel zu gefährlich. In Ordnung, Jacken an und los! Dirk und ich werden vor euch fahren. Lasst uns darauf hoffen, dass wir keine Moffen-Überraschung erleben werden.«

Der gut geplante und überlebensnotwendige Ausflug wurde zu einem absolut frustrierenden und furchtbaren Albtraum. Während wir uns die flachen und ungeschützten Straßen entlangkämpften, wurden wir abwechselnd von Schnee, eiskaltem Regen und Wind gebeutelt. Mit Müh und Not brachten wir genug

Kraft auf, um alle Bauernhöfe auf dem Weg abzuklappern. Das Ergebnis war überall gleich enttäuschend. Die Bauern behaupteten, keine Kartoffeln oder anderes Gemüse zu haben, geschweige denn Fleisch oder Fett. Manchmal ließen sie sogar ihre bellenden Hunde auf uns los, um uns zu verjagen. Fritz machte sich genaue Notizen zu allen Bauern, die den Ruf hatten, Nazisympathisanten zu sein. Diese Information war sehr wertvoll für die LKP, zu der Fritz gehörte. Sie würden später diese Bauernhöfe überfallen und im Namen der »Freien Niederlande« ihre gehorteten Vorräte an Fleisch, Fett, Kartoffeln und Mehl an bedürftige Menschen in ihren Verstecken verteilen.

In Alkmaar fanden wir kein Hotel, in dem wir hätten übernachten können. Das schlechte Wetter hatte uns aufgehalten und wir durften nach der Ausgangssperre nicht mehr auf der Straße bleiben. Zum Glück nahmen uns mitfühlende Bürger in ihren Häusern auf. Betty und ich kamen in einem Haus unter, die beiden Männer in einem anderen.

Trotz unserer Frustration und dem Pech des vorigen Tages trotzten wir dem Wetter und machten uns auf den Weg nach Hoorn. Erschöpft kamen wir an und mussten feststellen, dass nicht die geringste Chance bestand, nach Friesland überzusetzen, da bei dem stürmischen Wetter keine Boote fuhren. Der Seemann riet uns, bis zum nördlichsten Punkt nach Den Helder weiterzufahren. Vielleicht würden wir dort ein Boot finden.

Wir blieben in Hoorn und saßen die ganze Nacht über in der Suppenküche, weil es keinen anderen freien Platz gab. Trotz der Hindernisse gaben wir die Hoffnung nicht auf. Wir wollten unbedingt nach Friesland. Taub vor Müdigkeit konnten Betty und ich unsere Enttäuschung nicht verbergen, als wir auf halber Strecke nach Den Helder erfuhren, dass die Deutschen den gesamten Hafen gesperrt hatten. Uns blieb nichts anderes übrig, als umzukehren.

In meinem ganzen Leben werde ich niemals den Anblick der zighundert niederländischen Menschen vergessen, wie sie auf der Suche nach Essen die Schnell- und Landstraßen entlangliefen. Durchgefroren schoben sie kleine Karren oder Kinderwagen durch das stürmisch-kalte Winterwetter. Sie flehten die Bauern um Nahrung an und boten ihnen dafür ihre besten Leinen, Silber, Pelze und Kleidung als Tausch für Kartoffeln, Mehl oder Gemüse. Nach Fleisch oder Käse wagte gar niemand zu fragen. Unglücklicherweise war der »Hungermarsch« für viele Menschen körperlich zu anstrengend. Sie starben elendig am Rand der Straße.

Betty schlug ein Kreuz auf ihrer Brust und rief »*O Gottegott!*«. Fast schrie auch ich meine immer noch nicht beantwortete Frage hinaus: »Warum, o Gott? Wie lange soll es noch so weitergehen?« Meine heißen Tränen der Wut vermischten sich mit dem Regen auf meinem Gesicht. Fritz sah mich nur kurz an und wusste sofort Bescheid. Er hielt an und sagte mir, ich solle mich auf den Gepäckträger seines Fahrrads setzen. Mit einer Hand fuhr er und hielt dabei mit der anderen mein Rad fest. Ich lehnte mich an seinen Rücken und versank in meinem Kummer. Als ich aufblickte, um mich seiner beruhigenden Anwesenheit zu vergewissern, sah ich einen strengen und entschlossenen Ausdruck in seinem Gesicht. Seine mitfühlenden, liebevollen Augen sahen mich an. So kehrten wir von unserem Ausflug im Zeichen des Hungers wieder nach Heemstede zurück.

Het Marishuis gab mir die Sicherheit eines wunderbaren Zufluchtsortes und mein hartes und enges Bett fühlte sich an wie ein kuscheliges Nest. Wie sehr ich mir wünschte, dort bleiben zu können und nicht in eine neue Umgebung umziehen zu müssen und wieder mit neuen Gefahren konfrontiert zu werden!

Die Patienten unseres Genesungsheims reisten nach und nach ab. Wir konnten sie mit unseren mageren Rationen nicht mehr mit ausreichend Essen versorgen und hatten keine Kohle zum Heizen. Ich packte gerade ihre Sachen zusammen, als Nora mich rief und mir mitteilte, dass ich Besuch hätte. Ich ging zur Tür und dort stand zu meiner Verwunderung Dirk. Aufgebracht sagte er:

»Ich habe mehrfach versucht, mich durch das Küchenfenster bemerkbar zu machen. Das ist ein Notfall! Leesha, unser Freund ist in den Urlaub gefahren! Lass alles liegen und geh noch heute zu Tante Meta. Sie brauchen dich. Geh schnell, Gott behüte dich! *Tot ziens*. Wir werden uns bald wiedersehen!«

Ich schaute ihm hinterher, als er um die Ecke verschwand. Regungslos vor Angst stand ich da. Dirks Worte hallten in meinen Ohren nach. Mein Kopf wollte ihre Bedeutung einfach nicht wahrhaben:

»Unser Freund…im Urlaub? Geh schnell. Sie brauchen dich… Tante Meta in Leiden…Unser Freund Fritz fuhr nicht in den Urlaub! Fritz war weg! Die Nazis hatten ihn geschnappt! O mein Gott, wie war das möglich? Sie brauchen dich. Geh schnell…Ich muss nach Leiden…Gott behüte dich…Geh!«

22 Ein schwerer Schlag

Ich sah, wie Nora ihre Lippen bewegte, aber nahm keines ihrer Worte wahr. Sie musste mir meinen Schock angesehen haben, denn sie führte mich in die Küche und brachte mich dazu, mich hinzusetzen.

»Fritz ist weg«, hauchte ich. »Sie haben ihn mitgenommen. Mein lieber Fritz, so stark wie der Fels von Gibraltar, ist nicht mehr da. Die Nazis haben ihn verhaftet. O Gott, wie konnte das passieren?«

Dann traf mich das Ausmaß der schrecklichen Neuigkeiten mit brutaler Wucht. Ich wollte laut schreien, um meiner Trauer und dem rohen Schmerz Luft zu machen, aber ich konnte nicht. Mit der Zeit hatte ich mir angewöhnt, meine Gefühle ständig unter Kontrolle zu halten. Mein klarer Verstand und effizientes, schnelles Handeln hatten die Führung übernommen.

»Ich muss sofort nach Leiden. Wo ist Schwester Marie? Ich muss ihr sagen, dass ich sofort wegmuss.«

»Leesha, nimm mich mit dir.« Nora flehte mich an. »Ich will hier nicht ohne dich bleiben. Es gehen sowieso alle.«

»Wo willst du denn unterkommen, Nora? Ich muss erst klären, ob wir einen sicheren Platz für dich finden. Fritz war so vorsichtig. Wer weiß, welche Folgen seine Verhaftung mit sich zieht und wie viele Menschen mit ihm geschnappt wurden. Ich bin mir nicht sicher, ob es nicht zu gefährlich ist, Kontakt zu unseren Leuten im Untergrund aufzunehmen. Bleib du bis morgen hier, ich werde in der Zwischenzeit unsere Möglichkeiten erkunden.«

Doch sie ließ nicht locker: »Ich werde zu meinen Eltern gehen. Mach dir keine Sorgen um mich. Ich möchte jetzt mit dir gehen.«

Für Diskussionen blieb keine Zeit, daher packte ich meine Habseligkeiten in eine Tasche und befestigte sie zusammen mit Noras Tasche auf dem Gepäckträger meines Fahrrads. Ein anderes Transportmittel gab es nicht. Wir mussten die 25 bis 30 Kilometer von Heemstede nach Leiden laufen. Nora und ich wechselten uns ab, eine fuhr mit dem Fahrrad, die andere lief nebenher und hielt die Taschen dabei fest. Im strömenden Regen schien die Straße kein Ende zu nehmen. Immer wieder mussten wir nach dem Weg fragen, da wir durch die kleineren Städte liefen und die Schnellstraße vermieden, auf der die Deutschen mit ihren Autos und Lastwagen fuhren. Nur einmal trafen wir auf einen niederländischen Polizisten, der uns fragte, wo wir hinwollten. Ich antwortete, dass Noras Mutter sehr krank sei und wir auf dem Weg zu ihr waren. Auf Knopfdruck fing Nora an zu weinen und zog eine glaubwürdige Schau ab. Als der Polizist weg war, lobte ich sie dafür. Sie antwortete:

»Weißt du, es war nicht besonders schwierig zu weinen. Meine Angst war so groß, dass die Tränen von ganz alleine kamen.«

Klitschnass, erschöpft, durchgefroren und hungrig kamen wir in Leiden an. Es war schon dunkel, als ich Nora zum Versteck ihrer Eltern brachte. Ich ging zu Tante Meta, bei der ich vor meinem Aufenthalt in *Het Marishuis* in Heemstede untergekommen war. Unmittelbar nachdem ich an der Tür geklopft hatte, öffnete Tante Meta und ließ mich schnell herein. Sie erwartete mich schon ungeduldig und sagte:

»Eddy hat nach dir verlangt. Es ist ganz wichtig, dass du sofort zu ihm gehst. Es ist etwas Schlimmes passiert, die Situation ist kritisch.«

Nach einer kurzen Ruhepause und etwas zu essen kam ich wieder zu Kräften. Ich war mir nicht sicher, ob sie wusste, was passiert war, daher erzählte ich ihr lieber nichts von Dirks Nachricht.

Der sicherste Weg für Aktivitäten im Untergrund war, Informationen nur dann preiszugeben, wenn es unbedingt notwendig war. Aus diesem Grund wusste jedes Mitglied der Widerstandsgruppen nur die nötigsten Fakten zu der aktuellen Aufgabe und kannte auch nur seine hierfür notwendigen Kontaktpersonen. Selbst diese Informationen konnten einen schwer belasten, wenn man gefangen genommen und zur Aussage gezwungen wurde. Wir versuchten, uns gegenseitig ausschließlich nur die wichtigsten

Informationen mitzuteilen. Natürlich hatten Widerstandsmitglieder, die für viele Menschen in ihren Verstecken sorgten, auch viele Kontakte und waren daher vielen Menschen bekannt. Zum Eigenschutz musste man viele zusätzliche Vorkehrungen treffen. Zum Beispiel durfte man keine Listen mit Namen und Adressen führen, kein Tagebuch schreiben oder seine Handlungen notieren. Alle Informationen mussten im Gedächtnis aufbewahrt werden. Treffen durften wenn möglich nicht am selben Ort stattfinden und es sollte beim Rein- und Rausgehen nicht derselbe Eingang genutzt werden. Jeder Außenstehende, Nachbar und sogar jedes andere Mitglied der Untergrundorganisation konnte ein potenzieller Spion oder Verräter sein. Nur auf Empfehlung eines anderen Mitglieds konnte man der Widerstandsbewegung beitreten.

Tante Meta erzählte mir, dass Julie – die mir als Botengängerin für den Widerstand bekannt war – am Eingang der Universitätsklinik auf dem Rijnsburger Weg gegenüber von Boerhavelaan, wo Tante Meta lebte, auf mich wartete.

Als Julie und ich bei Eddy ankamen, fand dort bereits ein Treffen mit fünf Leuten statt. Von der Gruppe kannte ich nur Eddy, weil er mein Kontaktmann vor Fritz gewesen war.

Eddy stand auf und stellte mich den anderen vor: »Ich habe Leesha Bos gebeten unverzüglich hierherzukommen. Ursprünglich hatte ich sie in Heemstede stationiert, dort war sie unser Kontakt für die Region und hat ihre Aufgaben mutig und erfolgreich erledigt. Sie arbeitete eng mit Fritz zusammen und kannte ihn sehr gut. Leesha, Victor wird dir nun erzählen, was wir mit dir vorhaben.«

Nachfolge

Schnell war klar, dass Victor der Anführer der Gruppe war. Wie ich später erfuhr, wurde er *Zwarte* (Schwarzer) Vic genannt, weil sein Teint dunkel war und er immer schwarze Stiefel und eine schwarze Lederjacke trug. Er stand auf, ging im Zimmer auf und ab und sprach mich dann in einem direkten, autoritären Ton an:

»Fritz, und ab jetzt werden wir ihn bei seinem richtigen Namen Reinier van Kampenhout nennen, und seine Frau wurden gestern bei einer Durchsuchung ihres Hauses von den Deutschen festgenommen. Sie fanden gestohlene Lebensmittelmarken, neue Mitteilungsblätter aus dem Untergrund, Kurzwellenradios und eine Menge Waffen. Er hatte großes Pech, wir sind alle am Boden zerstört. Daher werden wir herausfinden, wo die Nazis ihn gefangen halten und dann versuchen, ihn zu befreien. Einer Sache bin ich mir sicher: Sie werden keine Informationen aus ihm herausbekommen. Er ist stark, du weißt das, Leesha. Er war für die Versorgung von fast zweihundert versteckten Juden und Nichtjuden verantwortlich. Er brachte ihnen Essen, Lebensmittelmarken, zahlte ihre Unterkunft und sorgte sogar für zusätzliche Essenrationen. Seine Gefangenschaft ist ein schlimmer Verlust für uns. Leesha, wir haben dich gebeten, hierherzukommen, damit du die Lücke füllst, die Reinier hinterlassen hat. Wir kennen deine Fähigkeiten, du musst seinen Platz einnehmen. Wir werden dir helfen und dich voll und ganz unterstützen, aber leider gibt es keine Liste von den Menschen, um die er sich gekümmert hat. Es war ihm so wichtig, kein belastendes Beweismaterial mit sich herumzutragen, dass er sich alles in seinem Kopf gemerkt hat. Ein paar wenige Namen haben wir, deine nicht leichte Aufgabe wird es sein, vorsichtig die anderen Menschen in ihren Verstecken ausfindig zu machen und eine Liste zu erstellen. Wir kennen die Kontaktpersonen noch nicht, also kannst du keinem trauen. Doch die Menschen, die sich um die ›Versteckten‹ kümmern, werden dich finden, weil sie ohne deine Hilfe nicht überleben werden. Es wird sehr gefährlich für dich werden, daher wünschen wir dir viel Glück bei deiner Arbeit. Hier sind die Namen der sechs Personen, die wir bereits ausfindig machen konnten. Begib dich morgen auf die Suche nach diesen Leuten. Ich bin mir sicher, es wird nicht lange dauern, bis die anderen folgen.«

Ich saß da und hörte ihm zu. Überfordert überlegte ich, wie ich bloß jemals all das schaffen konnte, was Reinier getan hatte! Wie sollte ich jemals die Namen und Adressen der Menschen in ihren Verstecken herausbekommen? Wie ihnen rechtzeitig Essen und Geld bringen?

Vic beruhigte mich: »Mach dir keine Sorgen, du wirst das schon hinkriegen. Fang am besten direkt morgen früh an. Hast du ein Fahrrad?«

Als er hörte, dass mein Fahrrad einen Holzreifen hatte, versprach er mir, ein Rad mit Gummireifen zu besorgen. Dann fügte er hinzu, dass er mich gerne bei besonderen Aktivitäten der LKP einsetzen würde. Außerdem sollte ich nicht mehr bei Tante Meta bleiben, weil sie zu neugierig wäre. Er forderte mich auf, mit ihm zu kommen.

Alles ging so schnell. Es war so viel passiert auf dem langen und anstrengenden Weg von Heemstede, und nun lag eine neue und schwere Bürde auf meinen Schultern. Ich war nervös und durcheinander.

Vic wartete an der Ecke auf mich, während ich meinen Koffer und mein Fahrrad holte. Gemeinsam fuhren wir zu meinem nächsten Einsatzort: das Haus der Familie Kruizinga auf der Endegeesterstraat in Oegstgeest, einem kleinen Vorort im Umkreis von Leiden.

Es war ein kleines Haus fast am Ende der Straße, angebunden an die Schnellstraße. Tom Kruizinga war Krankenwärter in der psychiatrischen Klinik, die am Ende der Straße lag. Seine Frau Ada, die viel jünger war als ihr Mann, kümmerte sich um die kleine Tochter Miep sowie eine Reihe von Menschen, die sich in ihrem Haus versteckten. Das Haus war gleichzeitig Treffpunkt für Widerstandskämpfer. Unter dem Dachboden versteckten sich sechs Leute und im Notfall würden noch mehr dort einen Platz finden.

In dem Moment, in dem ich Ada sah, fühlte ich mich sofort viel wohler. Sie war eine süße und freundliche Frau, groß und blond und hatte immer ein Lächeln auf den Lippen. Nichts konnte sie aus der Ruhe bringen und mit allem wurde sie spielend fertig. Nachdem Vic gegangen war, bat mich Ada in ein kleines Arbeitszimmer, das auf der Vorderseite des Hauses zur Straße hin lag.

Das Haus der Kruizingas in Oegstgeest bot vielen verfolgten Menschen Schutz und diente als Treffpunkt für Untergrundaktivitäten.

»Hier kannst du auf der Couch schlafen. Im Schrank ist noch Platz, dort kannst du deine Sachen einräumen. Aber komm doch erst mit uns ins Wohnzimmer, später ist noch genügend Zeit zum Auspacken.«

Am großen Tisch im Wohnzimmer wurden die Mahlzeiten eingenommen, das Essen zubereitet, gearbeitet und Besprechungen abgehalten. Es war der einzige Raum, in dem ein Heizofen stand und nachts eine Öllampe brannte. Im Haus selbst war eigentlich immer etwas los. Junge Leute gingen durch die Hintertür ein und aus. Ich wurde jedem vorgestellt, aber keiner verlor ein Wort über seine Arbeit im Untergrund. Wir gehörten derselben Gruppe an, doch jeder hatte eine andere Aufgabe. Es war für alle Beteiligten das Beste, möglichst wenig von den Aktivitäten der anderen zu wissen.

Als Tom Kruizinga von der Arbeit aus der Psychiatrie nach Hause kam, gingen wir in mein Zimmer und redeten über die

Aufgabe, welche mir bevorstand. Er war voller Bewunderung für Reinier und sorgte sich ebenfalls über die Konsequenzen seiner Gefangenschaft:

»Die Nazis wussten genau, wo sie suchen mussten und haben eine Menge Beweismittel gefunden. Wir könnten einen Verräter in unserer direkten Umgebung haben – Leesha, ich habe einen Verdacht. Bitte sei vorsichtig! Reinier war ein sehr beliebter Anführer. Einer seiner Rivalen könnte ihn hintergangen haben. Das Eis, auf dem wir uns bewegen, ist sehr dünn. Durch unsere Widerstandsarbeit begeben wir uns jede Minute am Tag und in der Nacht in Gefahr. Wir stecken mittendrin und müssen uns vorsichtig und vorausschauend verhalten. Hoffen wir mal, dass der Verräter nicht aus unseren Reihen kommt, sonst ist keiner von uns mehr sicher. In der Zwischenzeit müssen wir mit unserer Arbeit weitermachen.«

Nachdem er sich meine Zweifel über die vor mir liegende heikle Aufspüraktion angehört hatte, versicherte er mir: »Hör zu, du kannst nicht mehr machen, als dein Bestes zu geben. Geh es langsam an, so vermeidest du, dass jemand Verdacht schöpft. Ich bin mir sicher, du wirst innerhalb weniger Wochen mehr *Onderduikers* versorgen, als Reinier es getan hat. Ich werde dir alle notwendigen Informationen besorgen und dir auch sonst helfen, wo ich nur kann. Ich freue mich, dass du da bist, Leesha. Willkommen in unserem Haus.«

Sofort fühlte ich mich viel besser. Tom und Ada Kruizinga waren genau die Art von Menschen, die ich zu diesem Zeitpunkt brauchte: vertrauenswürdig, stark und liebenswert. Sie konnten nicht wissen, wie tief meine Freundschaft zu Reinier war und wie viel sie mir bedeutete. Ich fühlte mich verloren ohne ihn. Als wäre eine schützende Hülle brutal von mir gerissen worden und hätte mich wund und verletzlich zurückgelassen. Doch nun war nicht die Zeit für solche Gedanken.

Als wir zu den anderen ins Wohnzimmer gingen, kam gerade der Schwarze Vic zusammen mit Hans und Phil herein. Alle drei waren extrem aufgeregt. Sie hatten gerade eine gefährliche Mission abgeschlossen. Im Schutze der Dunkelheit waren sie in Reiniers Haus eingebrochen und hatten aus einem Versteck im Keller einen kleinen Sender, weitere Waffen und Radios mitgenommen. Das war ein unglaublicher Coup, und sie hatten die Gegenstände bereits an verschiedenen Orten versteckt.

»Das ist ein gutes Zeichen, Leesha«, sagte er. »Wenigstens werden diese Schätze nun nicht mehr in die dreckigen Hände der Moffen fallen.«

Später in der Nacht lag ich alleine und durchgefroren von der Kälte in meinem Bett und lauschte dem heulenden Wind, der um das Haus fegte. Bei jedem kleinen Geräusch schreckte ich auf, bewegte mich aber nicht, um das bisschen Körperwärme, das ich noch besaß, nicht zu verlieren. Ich zwang mich zu schlafen, denn Schlaf hatte ich bitter nötig. Doch vor meinen brennenden Augenlidern tauchte ein Kaleidoskop aus sich bewegenden Gesichtern auf: abwechselnd sah ich meinen Vater, meine Mutter, Paul, Jackie, Jules, Kitty, Reinier und David. Ich spürte, wie heiße Tränen an den Seiten meines Gesichts herunterliefen.

Versteckte Not

Tom Kruizinga hatte recht. Es dauerte keine drei Wochen und ich hatte die Namen von über 150 versteckten Juden und Nichtjuden herausgefunden, um die ich mich nun kümmerte. Die sechs Namen, die Vic mir gegeben hatte, brachten den Stein langsam ins Rollen. Umgehend suchte ich die entsprechenden Personen auf, und als sie feststellten, wer ich war, war ihre Dankbarkeit und Erleichterung so groß, dass es mir fast unangenehm war, wie oft sie sich bei mir bedankten. Sie waren wie gelähmt gewesen aus Angst, man hätte sie vergessen oder würde sie nicht weiter versorgen. Alle, die Juden in ihren Häusern versteckten, kannten andere Menschen, die ebenfalls Juden versteckten oder jemanden, der mich zu den richtigen Personen führen konnte.

Ich fand keinen Moment Ruhe, da ich unerbittlich meiner Arbeit nachging. Der Gedanke, jemand könnte in Not sein und ich würde ihn nicht erreichen, spornte mich zu Höchstleistungen an. Es lastete auf meinem Gewissen und ließ mir keine Ruhe. Ich sprach Geschäftsinhaber, Krämer, Bäcker und Floristen auf Reinier an. Auf meine Fragen, was passiert war und ob jemand von ihm gehört hatte, seitdem er im Gefängnis saß, erhielt ich unterschiedliche Reaktionen. Oft genug erzählte mir ein Kaufmann, dass viele Menschen nun aufgrund Reiniers Gefangenschaft leiden mussten. Das war ein Zeichen für mich, am nächsten Tag noch einmal hinzugehen, wenn derjenige alleine im Geschäft war, und ihn vorsichtig davon zu überzeugen, mir zu sagen, wo ich die bedürftigen Menschen in ihren Verstecken finden würde.

Meine *Onderduikers* – die versteckten Menschen, um die ich mich kümmerte – konnten es kaum erwarten mich zu sehen. Häufig war ich der einzige Kontakt zur Außenwelt, den sie in ihrem isolierten Zustand hatten. Ich übermittelte ihnen die Nachrichten und neuesten Geschichten von draußen. Dank besonderen Absprachen mit Vic versorgte ich sie mit Lebensmittelmarken. Manchmal konnte ich auch zusätzliche Lebensmittel für sie organisieren, die der Widerstand durch Überfälle auf Bauern oder andere Vorratslager in Beschlag genommen hatte, und damit ihre dürftigen Rationen aufstocken.

Der erbärmliche Zustand, in dem sich die meisten untergetauchten Menschen befanden, schockierte mich. Aufgrund der Hungerdiät von weniger als fünfhundert Kalorien pro Tag waren sie knochig, schwach und anfällig für Krankheiten. Die selbst auferlegte Gefangenschaft hatte ihre Gesichter grau und wachsbleich gemacht; durch ihre zerrissene Kleidung wirkten sie heruntergekommen; und da sie weder Seife noch Waschmittel besaßen, rochen sie streng.

Die Leute fingen an, seltsame Dinge zu essen, die eigentlich Tierfutter waren: Zuckerrüben, Futterrüben, Tulpenzwiebeln, Spinat und andere Gemüsesamen. Keines dieser Nahrungsmittel konnte ihren quälenden Hunger stillen, sondern führte nur zu schlimmen Verdauungsproblemen. Kleine Babys und alte Menschen litten am meisten unter dem Hunger und der Unterernährung. Die eiskalten, frostigen Temperaturen verschlimmerten ihr Leid. Die beunruhigende Zahl der Todesopfer stieg weiter an. Da das Holz für Särge rar war, wurden die Toten oft in Pappkartons oder Decken beerdigt.

Eines Morgens stand ich vor einem tragischen Problem. Als ich ein älteres Paar besuchen wollte, erzählte mir der Lebensmittelhändler, unter dessen Dach sich die beiden versteckten, dass der alte Mann in der letzten Nacht gestorben war. Die Beisetzung musste heimlich nach der Ausgangssperre geschehen. Der Krämer war verzweifelt:

»Was soll ich bloß tun? Er kann nicht auf dem christlichen Friedhof beerdigt werden, dort muss man eine Grabstelle haben. Außerdem ist es zu gefährlich. Die Leute kennen mich und werden Fragen stellen. Ich bin so froh, dass Sie heute gekommen sind, Leesha. Was soll ich tun?«

»Lassen Sie uns zuerst mit seiner Frau sprechen. Sie muss über unsere Pläne Bescheid wissen, unabhängig davon, wofür wir uns entscheiden«, sagte ich.

Die kleine, alte jüdische Dame war gramgebeugt. Ich versuchte sie zu trösten. Zusammen mit dem Krämer entschieden wir, dass wir keine andere Wahl hatten, als ihren Mann vorübergehend irgendwo am Stadtrand von Oegstgeest zu begraben. Nach dem Krieg konnte sie ihn, wohin immer sie es wünschte, verlegen lassen. Sie weinte bitterlich:

»Selbst nach dem Tod berauben uns die Nazis unserer Würde!«

Ich versprach ihnen, der Beerdigung in dieser Nacht beizuwohnen, obwohl das bedeutete, die Ausgangssperre zu missachten und Gefahr zu laufen, den nächtlichen Patrouillen der Deutschen in die Hände zu fallen.

Ein heftiger Sturm tobte, als ich alleine zu dem Treffpunkt am Rande einer Wiese lief. Ich musste einen schmalen Graben überqueren, um zu dem Krämer und seinen beiden Söhnen zu gelangen, die unter einem Baum standen, unter dem der alte Mann beerdigt werden sollte. Abwechselnd schaufelten sie schnell und leise das Grab. Der Regen hatte die fruchtbare holländische Erde in klebrigen Matsch verwandelt, was ihnen die Arbeit zusätzlich erschwerte. Endlich war das Grab tief genug, und sie konnten die Leiche, die in einen Sack gehüllt war, hineingleiten lassen. Die Männer hatten den Toten von ihrem Haus bis hierhin getragen, da sie keine andere Möglichkeit gehabt hatten ihn zu transportieren.

Jener Albtraum meiner ersten Beerdigung wurde zum Symbol für unsere Lage, die sich stetig verschlechterte und hoffnungsloser wurde.

Würden wir diese Dunkelheit überleben, die nach und nach unseren letzten Lebensatem erstickte?

Während die Männer schnell das Grab zuschaufelten und in der Erde herumstocherten, damit man es im Nachhinein nicht erkannte, sagte ich still das jüdische Gebet »Shma Yisrael – Höre, Israel« auf.

Es war so dunkel, dass ich kaum die Umrisse der Männer erkennen konnte, als sie gingen. Ich folgte dem Geräusch ihrer Schritte. Plötzlich spürte ich keinen Boden mehr unter mir. Ich geriet in Panik, während ich bis zu meinen Schultern im eiskalten Wasser des Grabens versank. Die Männer hörten meinen Schrei und langten herunter, um mich herauszuziehen. Um mich zu wärmen legte mir der Krämer dieselbe Decke um, in der sie vorher den toten Mann transportiert hatten. Doch die Decke konnte mich weder vor dem kalten Regen noch vor dem eisigen Wind schützen, der direkt durch mich hindurch blies. Eine halbe Stunde später kam ich zu Hause an. Ich zitterte am ganzen Körper, meine Zähne klapperten und meine Kleidung war an mir festgefroren.

Ada Kruizingas Reaktion nach musste ich wie ein Geist ausgesehen haben. Ich wollte etwas sagen, aber bekam kein Wort heraus. Sie brachte mich direkt ins Bett, dann wurde auf einmal alles schwarz um mich herum. Im Nachhinein erinnere ich mich nur, dass ich eine glühende Hitze verspürte, die sich mit schlotternder Eiseskälte abwechselte, während ich gegen furcherregende Bilder in meinem Kopf kämpfte.

Als ich meine Augen wieder öffnete, sah ich Ada. »Guten Morgen, Schlafmütze«, begrüßte sie mich. »Hast du dich gut erholt die letzten zwei Tage? Du hattest eine schlimme Grippe, wir haben Dr. Hogenholz gerufen. Das ist so ein netter Mann, er wollte noch nicht mal etwas für seinen Besuch haben. Er ist eine große Hilfe für die Widerstandsbewegung.«

Ich war Ada so dankbar für ihre Fürsorge. Doch als ich ihr das sagen wollte, winkte sie ab. Eine Sache beschäftigte mich jedoch, daher musste ich sie fragen: »Ada, als ich fantasiert habe, habe ich da meine tiefsten Geheimnisse preisgegeben?«, fragte ich scherzhaft.

Sie antwortete leichthin: »Du hast wirres Zeug gemurmelt. Ich habe nichts davon verstanden. Mach dir keine Sorgen!« Dabei vermied sie es, mir in die Augen zu sehen.

Hatte sie herausgefunden, dass ich eine Jüdin war? Ich wusste genau, dass mein Geheimnis bei ihr sicher sein würde, da sie mir beteuert hatte, ich solle mir keine Sorgen machen. Sobald ich wieder stehen konnte, kehrte ich zurück an meine Arbeit. Ich war noch angeschlagen und hustete stark, aber ich musste meinen Leuten helfen – sie verließen sich auf mich.

Untergrundaktivitäten

Mit der Zeit wurde ich ein festes Mitglied der vom Schwarzen Vic geleiteten Widerstandsgruppe, die bei den Kruizingas unterkam. Ich berichtete ihm über meine Fortschritte und fragte ihn um Rat, wenn ich Probleme mit etwas hatte. Er war offensichtlich erleichtert, dass ich mich so verantwortlich fühlte, die versteckten Personen zu finden und sie mit allem Notwendigen zu versorgen.

»Ich sagte dir doch, du würdest Erfolg haben, weil du über die richtige Persönlichkeit für diese Art von Arbeit verfügst, Leesha. Ich muss mich um andere wichtige Dinge kümmern«, fügte er ungeduldig hinzu.

Als er sagte, ich habe die »richtige Persönlichkeit«, fragte ich mich erschrocken, ob er wohl wusste, dass ich eine Jüdin bin. Seitdem aus mir Elisabeth Bos geworden war, kannten nur sehr wenige Menschen meine jüdische Herkunft und keiner berührte dieses Thema. Ich passte meine Lebensgewohnheiten denen meiner Umgebung an. Das musste ich auch, um sowohl meine *Onder-*

duikers als auch mich zu schützen. Bei dem kleinsten Fünkchen Verdacht hätte ich bereits auffliegen können. Nur die wichtigsten Kontaktpersonen, darunter Reinier, wussten um meine jüdische Herkunft. Seitdem ich wieder in Leiden war, kannte keiner meiner Kollegen meine wahre Identität und ich andersherum auch nicht die ihre. Wenn der Verrat und die daraus resultierende Verhaftung Reiniers durch einen Informanten aus den eigenen Reihen begangen worden war, konnte es dann nicht gefährlich sein, wenn jemand herausfinden würde, dass ich Jüdin war?

Vic konnte mir meine Beunruhigung ansehen, denn er versicherte mir: »Ich meinte damit, dass ich keine Geduld habe, mich um *Onderduikers* zu kümmern. Die Versorgung der versteckten Juden ist einfach keine Aufgabe für mich.«

Er fuhr fort: »Die Arbeit der LKP, unserer nationalen Aktionsgruppe, ist momentan wichtiger für mich. Vor drei Wochen haben wir die Bahngleise in Warmond gesprengt, während dort ein Konvoi mit V1-Raketenwaffen transportiert wurde. Das war eine große Sache! Die Übergriffe auf die Verteilungsämter müssen regelmäßig stattfinden, damit du und die anderen Mitglieder der Organisation mit Lebensmittelmarken für eure versteckten Leute versorgt werdet. Außerdem überfallen wir die Bauernhöfe der NSB-Sympathisanten, die immer noch Fleisch, Fett, Kartoffeln und Gemüse horten, und verteilen das Essen an die Menschen in ihren Verstecken. Wusstest du, dass wir die arbeitslosen Bahnangestellten nun auch durchfüttern müssen? Wir haben genug andere Probleme und das Ende des Krieges ist noch lange nicht in Sicht.«

»Vic, du hast mir nie davon erzählt, aber konntest du etwas darüber herausfinden, wo sie Reinier gefangen halten? In der ersten Nacht, in der wir uns kennenlernten, erwähntest du einen möglichen Übergriff auf die Polizeistation oder das Gefängnis.«

Er stand auf und lief wie immer nervös auf und ab. »Das ist eine traurige Geschichte. Ich wollte dir nicht noch mehr Kummer bereiten, als du schon hast. Ich weiß, wie eng ihr beiden zusammengearbeitet habt. Leider können wir ihn nicht finden. Die Nazis verlegen ihn von einem Gefängnis ins nächste. Die Deutschen wissen, dass sie einen wichtigen Anführer der Widerstandskämpfer geschnappt haben, daher wird Reinier streng bewacht. Aber ich gebe nicht auf und versuche es weiter.«

Er schaute mich aufmerksam an und fragte dann: »Möchtest du uns bei einer ›Sache‹ helfen, die bald stattfinden soll? Ich brauche dich. In Leiden kennt dich niemand. Das könnte uns von großem Nutzen sein.« Ich willigte ein und er fügte hinzu, dass er mir später mehr dazu sagen würde.

Wenige Nächte später kamen Vic, Hans und Phil zu uns ins Haus, versammelten sich um den Tisch und berieten sich noch lange nachdem wir anderen uns zurückgezogen hatten. Ich hörte, wie jemand Papier unter meiner Tür hindurchschob.

Einer der anwesenden Männer erteilte Anweisungen. Ich schnappte Begriffe wie Wächter, Tür, Fenster und Tresorraum auf. Die Stimmen klangen aufgeregt. Ich fragte mich, ob sie wohl gerade die Aktion planten, an der ich auch teilnehmen sollte. Würde Vic mich mit einbeziehen? Ich wusste, dass alle Aktionen der LKP gefährlich waren. Einer oder alle von uns konnten gefangen genommen werden, wenn etwas schieflief.

Dennoch fühlte ich, dass mich etwas, das ich nicht greifen konnte, dazu drängte, jede Aktion zu unterstützen, die Widerstand gegen die langen Jahre der Unterdrückung leistete. Und das trotz der Entmutigung durch den ständigen Hunger und die wachsende Gefahr, verraten zu werden. Die Deutschen spornten die niederländischen Sympathisanten der NSB an, ihnen jede verdächtige Person zu melden. Als Gegenleistung gaben sie ihnen Geld oder zusätzliche Essensmarken. Ich fürchtete mich nicht vor dieser ernst zu nehmenden Gefahr. Mein fester Entschluss, dem Feind zu trotzen, ließ mich jedes Risiko vergessen. Diese Haltung verstärkte sich noch, selbst nachdem ich von den Gräueltaten in den Konzentrationslagern erfahren hatte.

Ich hatte die Gedanken an meine Familie aus meinem Bewusstsein verdrängt, aber mein Unterbewusstsein konnte ich nicht ausblenden. Viele Nächte wachte ich weinend auf und mein Körper zitterte vor Kummer und Liebe und aus Sehnsucht nach meiner Familie. Mein Herz rief: »Gott, erhöre mich, hilf mir! Bitte … ich bin bereit, jedes Opfer zu bringen, damit du sie am Leben lässt. Bitte lass sie alle wieder zurückkehren … Ich bitte dich … lass sie zurückkommen …«; und so weinte ich mich in den Schlaf.

Am nächsten Tag war Vic sehr nervös. Er lief auf und ab und aß keinen Bissen. Als Tom Kruizinga ihn darauf hinwies, dass es schade und eine Sünde wäre, sein Essen nicht zu verzehren, antwortete Vic: »Morgen steht uns etwas Großes bevor. Ich werde heute Nacht nicht hier schlafen.«

Auf dem Weg nach draußen sagte er zu mir: »Bleib morgen früh hier. Ich melde mich bei dir.«

Gegen 9:00 Uhr morgens brachte Hans mir eine Nachricht von Vic und wir gingen gemeinsam zu einem weiteren Treffpunkt von Vic und seiner LKP-Gruppe. In dem Raum saßen zwölf junge Männer, Julie und ich.

Man konnte kaum atmen aufgrund der faulig riechenden Ersatzzigaretten, die »schwarzes Gras« genannt wurden. Vic war gerade damit fertig geworden, den anderen etwas zu erklären.

Er drehte sich zu mir: »Gut, dass du da bist, Leesha. Du musst Folgendes wissen: Heute Mittag werden wir die *Rotterdamse Bank* an der Rapenburg-Gracht überfallen. Bis dahin werden die Angestellten der Suppenküche ihre Tageseinnahmen bei der Bank eingezahlt haben. Wir brauchen das Geld dringend für unser arbeitsloses Bahnpersonal. Julie und du, ihr werdet auf der Straße gegenüber der Bank stehen und nach der Polizei oder den Nazis Ausschau halten. Die Aktion wird nicht länger als zehn Minuten dauern. Wir haben alles genau geplant, sehr gut organisiert und mit einem Angestellten der Bank abgesprochen. Hans positioniert sich vor dem Eingang der Bank. Julie und du werdet so tun, als würdet ihr euch unterhalten. Wenn ihr einen Polizisten oder Nazi seht, winkt ihr und ruft laut: ›Juu-huu‹ als würdet ihr einen Bekannten sehen und wolltet ihn begrüßen.

Hans wird das Alarmzeichen an uns drinnen weiterleiten. Das ist alles, was ihr beiden Mädchen tun müsst. Wenn der Überfall vorbei ist und ihr uns herauskommen seht, verschwindet ihr so schnell ihr könnt und sucht euch einen sicheren Ort. Verstanden?«

Wir warteten, bis alle nacheinander auf ihre an die Hauswand gelehnten Fahrräder gestiegen und davongefahren waren. Als Letztes machten Julie und ich uns getrennt voneinander auf den Weg.

Überfall

Es war ein bitterkalter, klarer Tag und ich strampelte gegen den Wind an, bis ich die Rapenburg direkt gegenüber der *Rotterdamse Bank* erreicht hatte. Dann traf Julie ein und wir stellten uns gegenüber voneinander auf, mit den Fahrrädern an der Hand, und täuschten ein Gespräch vor, während wir heimlich Ausschau hielten. Bald sahen wir, wie unsere Männer die Bank betraten, einer nach dem anderen; Hans blieb draußen vor dem Eingang stehen.

Julie und ich sprachen nervös miteinander: »Nein, keiner. Ich sehe niemanden. Keine Moffen. Keine Polizei in Sicht. Ich hoffe, alles wird gut gehen. Vic ist ein Profi. Er hat alles genau geplant. O Gott, bitte lass keine Nazis kommen! Ich hoffe, die Jungs haben alles im Griff und keiner wird verletzt!«

Nach einer gefühlten Ewigkeit – in Wahrheit waren es nur wenige Minuten – kamen die Männer nacheinander in Zweier- und Dreiergruppen heraus, einige von ihnen trugen Aktentaschen. Es hatte funktioniert!

Julie und ich sprangen auf unser Fahrrad und fuhren in entgegengesetzte Richtungen los. Als ich an der Oude Singel ankam, sah ich zwei große grüne Transporter der Deutschen auf beiden Seiten des Kanals stehen. Soldaten hatten die Straße abgesperrt und jeder Passant, egal ob zu Fuß oder mit dem Fahrrad, wurde nach dem Ausweis gefragt und nach Waffen und Schwarzmarktlebensmitteln durchsucht.

Oh, jetzt war ich in Schwierigkeiten! In meinem Gürtel steckte eine kleine Pistole und in meinem BH waren ungefähr fünfzig gerollte Lebensmittelmarken und zwei Blanko-Ausweise versteckt. Diese Art von Beweismittel würde auf jeden Fall belasten.

Die Gefahr lag auf der Hand, aber ich sah keinen Ausweg, noch nicht einmal eine Gasse, in die ich hätte abbiegen können. Schnell drehte ich mich um und fuhr gegen den Verkehr. Einer der deutschen Soldaten hatte mich dabei beobachtet und rief: »Halt! Halt!« Er sprang auf ein Fahrrad und eilte mir hinterher.

Ich war verzweifelt. Wenn er mich einholte, wäre das mein Ende. Wer könnte mir jetzt helfen? Da bekam ich einen Geistesblitz und fing an, die ersten vier Noten von Beethovens Fünfter Sinfonie in C-Moll zu pfeifen. Diese Melodie nutzten wir im Untergrund. Wenn ein Freund in der Nähe war, würde er mit dem zweiten Teil der Melodie antworten: »ta-ta-ta-taaa.«

Ein Geschenk des Himmels: Ich hörte, wie mir ein Pfiff antwortete, und dann, wie Fahrräder ineinander krachten. Wütende Stimmen schrien sich an, darunter ein schimpfender Deutscher: »Verfluchte Leute!«

Die mir entgegenkommenden Fahrradfahrer blieben auf der rechten Seite der Straße und machten mir Platz. Ich fuhr weiter gegen den Verkehr, und als ich an der Ecke abbog, drehte ich mich um und sah einen Haufen ineinander verkeilter Fahrräder und mittendrin den fluchenden Deutschen.

Ich aber schlängelte mich durch sämtliche Nebenstraßen, bis ich endlich das Haus der Familie Kruizinga erreichte. Als ich wieder zu Atem kam, erzählte ich Ada von meinem großen Abenteuer. Ich konnte einfach nicht fassen, dass ich der Gefahr wie durch ein Wunder entkommen war.

Ada freute sich mit mir: »Siehst du, Leesha, auf dieser Welt gibt es immer noch gute Menschen. Man darf niemals den Glauben verlieren.«

In dieser Nacht war Vic der Held der Stunde, als er die Geschichte von ihrem Überfall auf die Filiale der *Rotterdamse Bank* an der Rapenburg-Gracht erzählte. Dabei ließ er nicht aus, wie sie die ganze Aktion geplant hatten:

»Als unsere zwölf LKP-Männer einzeln nacheinander die Bank betraten, ging ich zu einem kleinen Mann hinüber, der den Tresorraum bewachte, und sagte zu ihm: ›Im Namen des Prinz von Oranje, Hände hoch‹, und steckte ihm eine Waffe zwischen die Rippen. Der ängstliche kleine Mann hob seine Hände und fing an zu singen: ›*Oranje boven* – Das Haus Oranje über alles‹. Als der Kassenbeamte uns durch sein Fenster kommen sah, ließ er alles fallen und rannte davon. Dann hielten wir dem Bankdirektor zwei Pistolen unter die Nase und er übergab uns das Geld. Wir schubsten alle Leute in der Bank, auch die Angestellten, in den Tresorraum, während wir schnell 95 000 Gulden in unsere Aktentaschen packten. Als wir fertig waren, ließen wir den Direktor und alle anderen Leute aus dem Tresorraum frei. Wir stellten sie gegen die Wand und erklärten ihnen:

›Damen und Herren, das ist kein Diebstahl oder Raubüberfall, sondern ein Übergriff der Widerstandsbewegung. Anstatt dass die Nazis sich daran bereichern, kommt dieses Geld untergetauchten Personen zugute, deren Leben wir damit retten, sowie den arbeitslosen Bahnangestellten. Lang lebe die Königin!‹«

Wir konnten nicht aufhören, über das aufregende Ereignis zu sprechen. Dabei waren wir so laut, dass Tom Kruizinga einen aus unserer Gruppe vor die Tür schickte, um draußen Wache zu halten, weil er Angst hatte, wir würden unerwünschte Besucher auf uns aufmerksam machen. Dann holte er eine Flasche heraus und wir tranken alle ein Glas Wein. Er sagte:

»Jungs und Mädels, ich bewahre noch eine Flasche echten holländischen ›Bols‹ Gin auf, mit der wir das Ende des Krieges und das Ende der Besatzung und Verfolgung durch die Nazis feiern werden.«

Wir verstummten und jeder hing seinen eigenen Gedanken nach. Niemand sprach die Frage aus, aber jeder hörte sie: »Wann?«

23 Einfach durchhalten

Trotz des Hungers, des Elends und des Leids, das die Nazis über unsere Region gebracht hatten, hörte man überall die Menschen voller Hoffnung über das Ende des Krieges reden.

Unsere Hauptinformationsquelle, das illegale Nachrichtenblatt des Untergrunds, hielt uns über die aktuellen militärischen Entwicklungen an allen Fronten auf dem Laufenden:

»Die russische Winteroffensive ähnelt einem Blitzkrieg. Die Bevölkerung von Ostpreußen und Schlesien flieht vor den nahenden Russen. In Berlin herrscht Panik. Die Stadt ist voller Flüchtlinge und Durchreisender und steht unter ständigem Beschuss, besonders nachts. Amerikanische und englische Truppen haben die Provinz Limburg im Süden der Niederlande befreit. Die Panzerwagen der Amerikaner rollen in Deutschland Richtung Rhein. In Italien bricht die deutsche Abwehr zusammen. Nach heftigen Kämpfen ist Budapest nun eingenommen.«

Die Deutschen kämpften auf verlorenem Posten, dennoch gab sich Hitler in einer Rede anlässlich des 12. Jubiläums seiner Machtergreifung in Deutschland überheblich und zuversichtlich: »Jeder Deutsche wird sein Land bis zum Letzten verteidigen, entweder um zu siegen oder um unterzugehen.«

Dann wandte Hitler sich an den allmächtigen Gott: »Du kannst nicht das wundervolle, hart arbeitende deutsche Volk zugunsten des jüdisch-asiatischen Bolschewismus im Stich lassen.«

Wir lasen und sprachen zwar über die Erfolge der Alliierten, aber das alles schien so weit von unserer eigenen Realität entfernt. Wir kämpften schmerzhaft um jede Stunde, die wir am Leben blieben.

Deutschland wurde bombardiert und zerstört, während in den Niederlanden die Nazis mit ihren schießenden Truppen weiterhin äußerst wirksam ihre Straßenübergriffe und Vergeltungsmaßnahmen durchführten. Die Toten ließen sie als sichtbares Zeugnis ihrer erbarmungslosen Macht auf der Straße liegen.

Die Deutschen hatten unsere gesamten Lebensmittelvorräte geplündert und die Boote und Lastwagen konfisziert, mit denen Essen aus dem Norden hätte transportiert werden können, damit tausende von Menschen nicht den Hungertod sterben müssten.

Die Widerstandskämpfer lebten in ständiger Angst, entdeckt, gefangen genommen, erschossen oder deportiert zu werden. Tatsächlich verloren wir viele der wertvollsten und engagiertesten Mitglieder der Untergrundbewegung.

Die Erinnerung an Reiniers Mut und Stärke brachte mich dazu, ununterbrochen zu arbeiten. Ich konnte nicht ruhen, da ich versuchte, seinem Beispiel nachzueifern und in jeder Situation alles zu geben. Dieser niemals nachlassende Ansporn befriedigte mein brennendes Verlangen, den Bedürftigen zu helfen, und bot mir ein Ventil für den in mir angestauten Hass auf die Nazis.

Es tröstete mich, wenn ich mich um die Bedürfnisse meiner Schützlinge kümmern konnte. Eine schwere Entscheidung zu treffen und diese dann mutig in die Tat umzusetzen, erfüllte mich mit tiefem Stolz und Zufriedenheit. Vor allem liebte ich es, meine *Onderduikers* zu besuchen, mit ihnen zu reden, ihnen Rat zu geben, Lebensmittelmarken oder zusätzliche Essensrationen zu bringen, finanziell zu helfen oder mit Kohle zum Heizen auszuhelfen.

Freunde

Zu manchen der jungen Leute entwickelte sich eine warmherzige Freundschaft. Eines dieser jungen Paare waren Terry und Johnny Naber, mit denen ich heute noch befreundet bin. Ihre warme und freundliche Art machte sie mir auf Anhieb sympathisch. Ich musste immerzu Terrys Gesicht ansehen, das sanft umrahmt wurde von ihrem schwarzen Haar und einen starken Kontrast zu ihrer hellen Haut darstellte. Immer wenn sie lachte, blitzten ihre melancholischen Augen auf. Johnny vergötterte sie, das sah man sofort. Er war der Nachfahre einer langen Reihe spanisch-portugiesischer Juden aus einem stolzen und adeligen Geschlecht. Er hatte eine durchschnittliche Statur, war schlank und wendig. Ein Blick in seine warmen blauen Augen verriet sein mitfühlendes und aufgewecktes Wesen.

Sie erzählten mir von ihrer zweijährigen Tochter, die seit ihrer Geburt bei einer Bauernfamilie auf einem Hof in Vaasen bei Appeldorn versteckt wurde. Ich teilte ihre Sorge und ihren Herzschmerz, sie vermissten sie so sehr!

Von der Minute an, in der ich ihr Haus auf dem Emmalaan in Oegstgeest betrat, fühlte ich mich zu Hause. Es war, als wären wir seelenverwandt. Wir sprachen dieselbe ehrliche und direkte Sprache und teilten dieselben von Herzen kommenden, tiefen Gefühle. Es gab kein Thema, über das wir nicht reden konnten. So redeten wir über Bücher, Philosophie und Musik – nur über meine jüdische Identität sprachen wir nicht.

Eines Nachts waren wir so in unser Gespräch vertieft, dass ich die Ausgangssperre vergaß und über Nacht bei den beiden blieb. Wir tranken Kaffee-Ersatz und Johnny drehte uns übel riechende Zigaretten aus Tabakersatz, die viel zu lose gedreht waren und die er deswegen an beiden Enden zudrehte. Er war sehr stolz auf sein Werk, auch wenn die Zigaretten sofort halb abbrannten, wenn er sie anzündete, und er aufpassen musste, sich nicht die Nase oder Haare zu verbrennen.

Wir sprachen auch über die Jaltakonferenz der Großen Drei: Roosevelt, Churchill und Stalin.

»Es wurde entschieden, Deutschland nicht zu zerstören, sondern bei einem Sieg der Alliierten die Nation gewissen Auflagen zu unterwerfen. Die Alliierten werden Deutschland besetzen, entmilitarisieren und die deutschen Streitkräfte sowie den deutschen Generalstab auflösen. Alle Truppen, Parteien und Institutionen der Nazis werden ebenfalls aufgelöst. Alle Kriegsverbrecher werden vor Gericht gestellt und für ihre Taten bestraft. Deutschland wird von den vier alliierten Nationen besetzt – den USA, Großbritannien, Russland und Frankreich. Deutschland wird für die

Güter, die geplündert wurden, eine Entschädigung zahlen. Polen und Jugoslawien werden wieder als eigenständige Staaten anerkannt.«

Wir wägten jeden einzelnen der Punkte ab und setzten uns damit auseinander. Terry hielt vehement dagegen: »Nach ihrem barbarischen Verhalten, der Verfolgung und Vernichtung unschuldiger Menschen, dem unerträglichen Leid, der Sklaverei und Ausbeutung, die sie über die besetzten Länder gebracht haben, verdienen die Deutschen es nicht anders, als dass man sie vernichtet!«

»Deutschland ist doch schon zerstört«, entgegnete Johnny. »Die meisten Städte und besonders Berlin wurden in Schutt und Asche gelegt. Sie werden es nicht leicht haben, das alles wieder aufzubauen.«

Mich beunruhigte etwas und so fügte ich hinzu: »Das hört sich nach einer letzten Abrechnung mit dem Feind an. Die Großen Drei haben Deutschlands Strafe festgelegt und versprochen, den polnischen und jugoslawischen Staat wiederherzustellen. Doch die Deutschen haben auch noch ein anderes Volk deportiert und verfolgt, das sie als ihren Feind betrachten. Haben die Großen Drei bei ihrem Treffen in Jalta auch etwas über eine Wiedergutmachung für die Juden gesagt?«

Wir verstummten. Terry und Johnny schauten erst mich, dann sich gegenseitig fragend an, sagten aber kein Wort. Ich fuhr fort: »Die Geschichte der Juden ist geprägt durch Verfolgung; schon früher wurden sie zum Opferlamm gemacht. Ich frage mich, was wir noch über diese Deportationen erfahren werden, wenn all dies vorbei ist. Ich habe Angst, dass ...«

Johnny unterbrach mich: »Leesha, lass uns darüber jetzt nicht sprechen. Bisher haben Terry und ich bewusst nicht über das Ungewisse, die Konzentrationslager, gesprochen. Die Gerüchte übersteigen unsere Vorstellungskraft: Massaker, Menschen werden vergast oder in Öfen verbrannt? Lasst uns zu Gott beten, dass diese Leute alle wieder zurückkehren – vielleicht unterernährt, ausgelaugt und erschöpft von der harten Arbeit, zu der die Nazis sie verdammt haben.

In der Zwischenzeit müssen wir doppelt vorsichtig sein, nicht von ihnen erwischt zu werden. Sie sind verzweifelt geworden, erschießen kaltblütig ihre Gefangenen. Eines ist klar: Jeder, den sie für einen Juden halten, ist leichte Beute für ihre immer einsatzbereiten Todeswerkzeuge.«

Eingehüllt in Decken, die uns vor der Kälte schützten, unterhielten wir uns bis spät in die Nacht. Um Öl für die Karbidlampe zu sparen, hatte Terry die Verdunkelungsvorhänge aufgezogen und wir schauten auf die menschenleere, vom Mond beleuchtete Straßen. Man konnte deutlich die Umrisse der Häuser, Bäume und Büsche erkennen. Plötzlich hörten wir ein dröhnendes Geräusch, das immer lauter wurde. Die Flugzeuggeschwader der Alliierten flogen auf ihren nächtlichen Einsätzen in Richtung Osten, um Ziele in Deutschland zu bombardieren.

»Wie lange wird diese sinnlose Zerstörung noch anhalten? Die Verschwendung junger Leben, die ausgelöscht wurden, bevor sie überhaupt begonnen hatten richtig zu leben, das Leid und die Hungersnot und vor allem die Unterdrückung unserer persönlichen Freiheit?«

Ich muss meine Frage laut ausgesprochen haben, da Terry mir antwortete:

»Mein Gefühl sagt mir, dass es nicht mehr lange dauern wird, Leesha. Ich frage mich, wie es sich wohl anfühlt ... nach dem Krieg ... Ich traue mich gar nicht darüber nachzudenken.«

Von Tag zu Tag kümmerte ich mich um mehr untergetauchte Menschen und steigerte mein Engagement für das verschachtelte Netzwerk des Widerstands. Dr. Hogenholz, der sich so nett um mich gekümmert hatte, als ich an der Grippe erkrankt war, hinterließ eine Nachricht bei Tom Kruizinga, dass er meine Hilfe brauchte. Als ich in seine Praxis kam, machte er mir als Erstes ein Kompliment für meine geleistete Arbeit und bat mich dann um einen Gefallen:

»Könntest du jedes Mal, wenn du Lebensmittelmarken bekommst, 21 Stück für mich aufheben? Meine Quelle gibt es nicht mehr.«

Ohne zu zögern versprach ich ihm, die Karten für ihn zu organisieren. Seine Anfrage bedeutete, dass Dr. Hogenholz sich um 21 versteckte Menschen kümmerte, und bis zum Ende des Krieges versorgte ich ihn mit allem, was er für seine *Onderduikers* brauchte.

Die Lebensmittelknappheit wurde immer fataler. Das schwedische Rote Kreuz hatte es endlich geschafft, die Deutschen zu überzeugen, und durfte zwei Schiffe mit Lebensmitteln in die westlichen Provinzen schicken. Es war ein Freudentag, als sie die Rationen mit 800 Gramm weißem Brot und 125 Gramm Margarine austeilten.

Zusammen mit Hans und Phil hatte Vic in einem Geniestreich eine große Menge Brot »organisiert«, die wir an besonders schwache Menschen verteilten, die kurz vorm Verhungern waren. Die Menschen freuten sich aufrichtig über die unerwarteten Geschenke, als wären sie wertvoller als Diamanten.

Ich kam gerade aus dem Haus der Rietvelds im Rijnsburger Weg, wo ich ein paar Zusatzrationen für meine Schützlinge abgeliefert hatte. Während ich mein schwer beladenes Rad schob, überkam mich ein Hochgefühl, da ich mit diesen Gaben das elende Dasein der Menschen in ihren Verstecken doch noch ein wenig erhellen konnte. Plötzlich hörte ich Schritte hinter mir und fühlte eine Hand auf meiner Schulter. Ich erstarrte und blieb stehen … Ich drehte mich um, in der beängstigenden Annahme, ich wäre von den Nazis entdeckt worden … doch dort stand direkt vor meinen Augen meine Freundin Ann, mit der ich zusammen als Lernschwester im jüdischen Pflegeheim in Amsterdam gearbeitet hatte.

Freudig umarmten wir uns. Wir waren so glücklich einander zu sehen. Ich fragte sie: »Wie hast du mich gefunden?«

»Es ist ein Wunder«, antwortete sie. »Ich habe gehört, wie jemand eine Sonate von Beethoven pfiff und war neugierig, wer das wohl war. Als ich der Melodie folgte, habe ich dich direkt erkannt. Dank sei Gott dem Herrn, dass wir noch leben. Wie geht es dir? Wo wohnst du jetzt?«

Ich war so freudvoll mit der Auslieferung der Brote beschäftigt gewesen, dass mir mein Pfeifen gar nicht aufgefallen war. Ich erzählte ihr, was ich tat und dass ich im Widerstand aktiv war. Dann versprach ich ihr, sie bald zu besuchen, da wir so viel zu bereden hatten und sie in einer wichtigen Angelegenheit meine Hilfe benötigte.

Koller

Als Nächstes hielt ich bei Noras Eltern an, auf derselben breiten Allee, auf der auch 17 meiner anderen Schützlinge in sechs Häusern untergekommen waren. Ich war schon einige Male bei den Kramers gewesen, hatte der Familie – wie auch den anderen Menschen in ihren Verstecken – Lebensmittelmarken, finanzielle Unterstützung für die Zimmermiete an die Hausbesitzer und für Verpflegung sowie andere kleine Extras besorgt.

Sie waren ein seltsames Paar, das ständig stritt oder miteinander diskutierte und sich über die Menschen beschwerte, in deren Haus sie untergekommen waren. Als ich den Raum betrat, ergoss sich Frau Kramer gerade in einem unverständlichen Wortschwall aus holländischen, deutschen, jiddischen und polnischen Sätzen. Sie schrie ihren Mann an, beschwerte sich und bezichtigte ihre Gastgeber, sie würden ihnen nicht die volle Essensration geben. Dabei gestikulierte sie wild und lief nervös auf und ab. Herr Kramer spottete über seine Frau, zuckte mit den Schultern und sagte auf Deutsch: »Ach, sie ist ja ganz verrückt.« Dabei lachte er höhnisch.

Ihre Beziehung unterschied sich grundlegend von der zwischen Terry und Johnny Naber. Die Liebe und das Verständnis füreinander halfen Terry und Johnny durch die schwierigsten Zeiten ihrer selbst auferlegten Gefangenschaft. Offensichtlich löst das Gefühl des Eingesperrtseins häufig negative Reaktionen aus.

Ich schaute mir das Paar mittleren Alters genauer an. Sie sahen aus wie Häftlinge. Ihre Gesichter waren wächsern und bleich, ihre Kleidung schmutzig-grau und heruntergekommen. Sowohl Herr als auch Frau Kramer waren gebildete Leute, aber die Nähe zueinander auf engem Raum über die letzten Jahre hatte ihre

Differenzen verschärft. Nachdem ich Noras Eltern kennengelernt hatte, verstand ich ihre Persönlichkeit. Sie war das Ergebnis des schlechten Einflusses ihrer Eltern.

Frau Kramer fing sofort an, das von mir mitgebrachte Brot zu essen. Ihr Mann versuchte, es ihr wegzunehmen. »Lass es uns für später aufbewahren, wir haben doch gerade zu Mittag gegessen«, rief er.

»Nein, ich bin jetzt hungrig. Ich muss es essen. Leesha wird uns mehr bringen. Sie muss einfach. Ich werde herausfinden, wo sie wohnt, und es mir dann selbst holen«, tönte sie.

Ich beachtete ihr kindisches, absurdes Gerede nicht. Dann wandte sich Herr Kramer an mich:

»Ehrlich, Leesha. Wir sind so hungrig. Du musst uns mehr zu essen bringen! Die Widerstandsbewegung hat so viel Geld, sie könnten es für uns auf dem Schwarzmarkt kaufen.«

Ich hatte mich bis zu diesem Zeitpunkt zurückgehalten. Ihre Streitigkeiten gingen mich letztendlich nichts an. Doch sein letzter Kommentar provozierte mich. Ich schaute ihm in die Augen und sagte energisch:

»Sie bekommen genauso viel wie alle anderen *Onderduikers*. Anstatt dankbar zu sein, dass Sie sicher untergebracht und am Leben gehalten werden, und wertzuschätzen, was andere für Sie tun, zanken und streiten Sie miteinander und mit Ihren Gastgebern. Jetzt wollen Sie auch noch dem Untergrund sagen, wie er seine Angelegenheiten regeln soll. Ich hatte schon von Reinier gehört, dass Sie Ihr Versteck wechseln mussten aufgrund der Schwierigkeiten und Unannehmlichkeiten, die Sie verursacht haben. Ich sage Ihnen: Wenn Sie möchten, dass ich mich weiterhin um Sie kümmere, werden Sie mit der Zankerei aufhören müssen!« Mit diesen Worten schwang ich mich auf mein Fahrrad und fuhr weiter, um ein paar Häuserblöcke entfernt die Straße herunter Will und Joop zu besuchen.

Ich freute mich auf das nette und freundliche Paar. Sie waren nur wenige Jahre älter als ich und wir hatten viele Gemeinsamkeiten. Sie kamen aus Amsterdam, wo sie Jura studiert hatte, bevor die Nazis die Juden aus den Universitäten verbannten, und er war ein sehr erfolgreicher Teilhaber der Firma seines Vaters. Zum Zeitvertreib hatte sie in ihrem Versteck mit dem Malen angefangen und er spielte Schach mit jedem, der gerade verfügbar war, so auch mit mir. Mein Besuch bei ihnen war ein angenehmer Ausgleich, da man mit ihnen entspannte und anregende Unterhaltungen führen konnte. Ich erledigte meine Aufgaben und schon war ich wieder auf dem Weg zum nächsten Haushalt.

Zunächst fiel es mir nicht auf, aber als ich genauer darauf achtete, hörte ich, wie hinter mir jemand schnell rannte und dann stehen blieb. Ich hatte gelernt, meine Angst oder meinen Verdacht, verfolgt zu werden, niemals zu zeigen. Ich hielt an und versicherte mich, dass das Bündel auf meinem Gepäckträger fest verschnürt war. Dann sprang ich auf und machte eine direkte Kehrtwende auf der Straße – gerade noch rechtzeitig, um zu sehen, wie sich Noras Mutter, Frau Kramer, hinter einem Baum versteckte.

»Was machen Sie da?«, fragte ich sie. »Verstehen Sie nicht, in welche Gefahr Sie sich selbst, Ihre Familie, den Widerstand, die Menschen, mit denen Sie leben, und mich bringen? Wenn die Deutschen Sie fassen, wird man Sie zum Reden bringen und dann sind wir alle verloren. Warum haben Sie das Haus verlassen?«

Sie versuchte sich loszureißen, aber ich hielt sie mit einer Hand fest, während ich mit der anderen mein Rad hielt. Glücklicherweise hatte ihre Gastgeberin Frau Kramers Verschwinden nicht bemerkt, sonst hätte sie Noras Mutter auf die Straße gesetzt. Herr Kramer hatte geschlafen und wachte auf, als wir den Raum betraten. Er schaute seine Frau an und wusste sofort, was passiert war. Kopfschüttelnd sagte er mit einem traurigen Unterton:

»Jetzt wissen Sie, was sie immer ausheckt. Das Gleiche hat sie auch schon mit Reinier gemacht. Unsere letzte Gastgeberin hat uns deswegen rausgeschmissen. Reinier hatte dieselben Probleme mit ihr.«

Frau Kramer hatte wieder Mut gefasst und wandte sich jetzt an mich: »Sie können mich nicht kontrollieren. Warten Sie es ab. Ich werde herausfinden, wo Sie wohnen und wo die Untergrundtreffen stattfinden. Dann werde ich so viel Essen bekommen, wie ich es will.« Sie plapperte immer weiter. Ich ging zur Tür, nahm den Schlüssel heraus und hielt ihn Herrn Kramer hin:

»Sie sind dafür verantwortlich, dass sie das Haus nicht verlässt. Diese Tür muss immer verschlossen bleiben. Ihre Frau ist nicht zurechnungsfähig. Sie werden sie ab jetzt bei jedem Schritt begleiten, sogar ins Badezimmer, damit so etwas nicht wieder vorkommt.

Ich werde den Vorfall dem Untergrund melden müssen, da ich geschworen habe, von jeder Unregelmäßigkeit zu berichten, welche die Sicherheit der Organisation gefährden könnte. Ihre Frau könnte etwas Törichtes tun oder von den Deutschen geschnappt werden und uns so alle in Schwierigkeiten bringen. Herr Kramer, ich warne Sie! Sie sind dafür verantwortlich, dass sie ab jetzt im Haus bleibt.«

Ich drückte ihm den Schlüssel in die Hand und verließ das Haus zum zweiten Mal an diesem Tag.

Risiko

Am Abend erzählte ich Vic und Hans beim Abendessen von dem Vorfall bei den Kramers. Ich wusste, dass die beiden ein ernsthaftes Problem darstellten. Aus diesem Grund wollte ich nicht die alleinige Verantwortung tragen. Dennoch war ich nicht auf den Schock vorbereitet, als Vic seinen Teller wegstieß und explodierte:

»Diese Frau ist eine Plage und Gefahr. Jemand muss sich um diese Angelegenheit kümmern. Gib mir ihre Adresse und ich werde hingehen und uns von dieser Frau befreien. Das ist kein Scherz. Wo wohnt sie?«

Mir war schlecht vor Angst. Konnte er mich zwingen, ihm die Adresse zu sagen? Ich hatte damit gerechnet, dass er ihr drohen und sie warnen würde. Aber bis zum Äußersten zu gehen und sie zu beseitigen? Die Wende der Ereignisse versetzte mich in Schrecken. Tom, der älter und reifer war, sah das Ganze gelassener:

»Lass uns der Dame eine zweite Chance geben. Kannst du sie vielleicht einsperren, Leesha?« »Ich habe die Verantwortung in die Hände ihres Mannes gelegt. Er hat den Schlüssel zu dem Zimmer und wird sie nicht aus den Augen lassen«, erklärte ich den beiden.

Hans, der sich meist gewählt und ruhig ausdrückte, äußerte ebenfalls seine Meinung:

»Wir setzen Tag und Nacht unser Leben aufs Spiel für die Menschen in ihren Verstecken. Durch das unverantwortliche Verhalten dieser verrückten Frau könnten die Nazis Verdacht schöpfen. Unsere gesamte Organisation und Arbeit könnte ihnen direkt in die Hände fallen. Ich bin dazu geneigt, Vic recht zu geben. ›Der zögerliche Arzt züchtet eitrige Wunden‹ – gegen eine gefährliche Infektion muss drastisch vorgegangen werden.«

Ich schaute den blonden kultivierten Hans bittend an: »Aber sie ist eine Jüdin. Sie würde niemals…«

Vic fiel mir wütend ins Wort: »Es gibt keine andere Lösung, Leesha. Wir müssen sie loswerden.«

Ich drehte mich bestürzt weg. Die Logik war auf ihrer Seite. Sie könnte der Untergang für hunderte Menschen sein, vielleicht sogar noch mehr. Aber wie könnte ich jemals Teil einer solchen Aktion sein? Ich würde mein Leben lang keine Ruhe finden! Ich stellte mich gegen Vic wie David gegen Goliath und entgegnete entschlossen:

»Ich bin nun schon seit langer Zeit ein Mitglied der Untergrundbewegung und arbeite manchmal sogar Tag und Nacht, härter als es meine Pflicht verlangt, weil mein Gewissen es mir auferlegt. Ihr habt mich von Heemstede hierhin gerufen, um Reiniers Platz einzunehmen. Ich bin den ganzen Tag durch den Regen gelaufen, um euren Anweisungen zu folgen und so schnell wie möglich hierherzukommen. Ich weiß, dass Disziplin die unabdingbare Voraussetzung für Sicherheit und effiziente Arbeit ist. Dennoch tut es mir leid, Vic. Ich kann dir nicht recht geben. Ich werde niemals bewusst den Tod eines Menschen verantworten. Das kann ich einfach nicht tun!«

Ich starrte ihn böse an, doch ich konnte meine mich beschämenden Tränen nicht mehr zurückhalten.

Vic war kurz davor, wieder zu explodieren, änderte dann jedoch plötzlich seine Meinung. Er winkte ab und spie mit angewidertem Gesicht seine nächsten Worte aus:

»Ach, Frauen … Aber sei dir gewiss, so kann es nicht weitergehen. Ich werde mich mit ein paar anderen Leuten beraten und dir morgen Bescheid geben.« Er verließ den Raum. Es war offensichtlich, dass er Widerspruch nicht gewohnt war.

Vor dem Zubettgehen unterhielt sich Tom mit mir und ich konnte, wie immer, seine Besorgnis um mich spüren. Seine klugen Worte beruhigten mich:

»Leesha, könntest du ein paar Nächte woanders schlafen? Du hast doch von diesen netten Freunden erzählt, bleib bei ihnen. Diese Frau Kramer und unsere Sicherheit liegen in deiner Verantwortung.«

Tom hatte mich wieder auf Kurs gebracht. Mehr musste er nicht über die Angelegenheit sagen. Als ob er das Thema wechseln wollte, fügte er hinzu:

»Ach ja, du hattest ja erwähnt, du würdest warme Decken und Bettlaken für einige deiner Leute brauchen. Ich habe mit dem Direktor der Psychiatrie, Dr. van der Steen, gesprochen. Er erwartet dich und wird dir helfen.«

In der Nacht lag ich wach und dachte über die Konsequenzen meines Widerspruchs gegen Vics Urteil nach. Die enorme Verantwortung lastete außerordentlich schwer auf meinen Schultern. Wie sehr vermisste ich doch die beruhigende Entschlossenheit von Reinier! In seinem leidenschaftlichen Mitgefühl für das verfolgte Volk hätte er aber niemals solch drastische Maßnahmen in Erwägung gezogen. Eines wusste ich gewiss: Ich würde Vic niemals erzählen, wo Frau Kramer versteckt war! Mein Entschluss stand nun fest.

Da ich pünktlich um 6:00 Uhr morgens nach Ende der Ausgangssperre das Haus verlassen wollte, zwang ich mich wach zu bleiben. Die Nacht schien kein Ende zu nehmen. Alle paar Minuten wachte ich auf und dachte, es wäre Zeit zum Aufstehen. Beängstigende Bilder schwirrten mir durch den Kopf. Mir war kalt, ich war müde und ich hatte die Nase gestrichen voll. Mit einem Mal fühlte ich mich völlig einsam.

»Wann ist das endlich alles vorbei? Wird die Dunkelheit und Hoffnungslosigkeit jemals einem heiteren, hoffnungsvollen Leben weichen?«

Wie sehr sehnte ich mich nach einem sonnigen Fleckchen nur für mich alleine! Was für eine Erleichterung und Luxus es wäre, keine Angst mehr zu haben! Frei von fremden Beschränkungen und Regeln zu sein! Ich fühlte mich, als wären wir von der Welt abgeschnitten, außer dem Stück Himmel über unseren Köpfen.

»Warum so lange? Wie lange sollen wir dieses Leid noch ertragen? Werde ich das Leben je wieder genießen können?«

Als ich sah, dass die ersten Sonnenstrahlen die Dunkelheit durchbrachen, machte ich mich schnell und leise auf. Ich packte ein paar persönliche Sachen zusammen, ein Bündel Lebensmittelmarken, einige andere Papiere, die ich für meine Arbeit benötigte, und steckte alles zusammen in meine Tasche. Dann zog ich mich an und verließ auf Strümpfen geräuschlos durch die Hintertür das Haus. Ich schob mein Fahrrad über das Gras der Wiese, damit ich keine Geräusche auf dem Kiesweg machte.

Auf meinem Weg nach Leiden versicherte ich mich, dass mir keiner folgte. Über Umwege fuhr ich in den Rijnsburger Weg zu den Kramers. Sie waren beunruhigt, mich so früh am Morgen zu sehen, und waren augenscheinlich von dem ernsten Hintergrund meines Besuchs überwältigt. Ich erzählte ihnen, was die Nacht zuvor geschehen war – von Vics Urteil und meinem Versuch, Frau Kramer das Leben zu retten. Ich hatte keine andere Wahl, als ihnen eine Todesangst einzujagen.

»Herr Kramer, wenn Sie möchten, dass Ihre Frau am Leben bleibt und Ihr eigenes Leben nicht riskieren wollen, ganz zu schweigen das von hunderten anderer Menschen, müssen Sie folgende Regeln beachten. Auf keinen Fall dürfen Sie innerhalb der nächsten Woche das Haus verlassen. Sie dürfen nicht aus den Fenstern schauen. Genauer gesagt müssen Sie die Vorhänge immer zuziehen. Unter einem Vorwand werde ich Ihre Gastgeberin davon überzeugen, dass sie keinen fremden Menschen die Tür öffnet. Sie müssen diesen Anweisungen Folge leisten, haben Sie das verstanden? Frau Kramer, wenn ich höre, dass Sie irgendetwas angestellt

haben, werde ich persönlich zu dem Anführer der Widerstandsgruppe gehen und ihm von Ihnen berichten. Und Sie, Herr Kramer,
sind für Ihre Frau verantwortlich. Wenn es sein muss, binden Sie
sie am Bett fest oder verpassen ihr einen Schlag, damit sie bewusst-
los wird. Ihr Leben ist in höchster Gefahr!«

Ich erzählte der Gastgeberin der Kramers, es würde ein Informant draußen herumlaufen und sie sollte daher keinen ins Haus
und auch auf keinen Fall die beiden Kramers vor die Tür lassen.
Dann verließ ich den Ort so schnell ich konnte; die ganze Situation hatte mich furchtbar aufgebracht.

Als ich bei Terry und Johnny Naber gefrühstückt und mich
frisch gemacht hatte, ging es mir langsam etwas besser. In ein paar
Sätzen erzählte ich ihnen, was passiert war, ohne dabei Namen
oder Adressen zu nennen. Sie wollten mir unbedingt etwas Gutes
tun und boten mir sogar ein zweites Stück Brot an, was eigentlich
ihre Abendration gewesen wäre. Natürlich konnte ich es unmöglich annehmen und so lehnte ich ab. Ich musste los, versprach
aber, die folgende Nacht bei ihnen zu verbringen.

Das Gelände der Psychiatrie auf der Endegeesterstraat in Oegstgeest war vollständig von einem Maschendrahtzaun umgeben.
Nur wer eine Genehmigung vorzeigen konnte, durfte dort hinein;
das galt gleichermaßen für das Krankenhauspersonal wie auch
für die Angehörigen der Patienten. Als ich ankam, forderte der
Wachmann mich auf, ihm mein Anliegen zu nennen. Ich antwortete ihm, ich wolle zu Tom Kruizinga. Während ich wartete, sah
ich auf dem Gelände Gruppen von Männern; manche spazierten
umher, andere rannten und benahmen sich wie unreife, spielende
Kinder. Ein Mann rannte so schnell er konnte von einem Baum
zum anderen und versteckte sich vor einem imaginären Verfolger.

Tom holte mich ab und wir gingen gemeinsam zum Büro des
Doktors. Mehrere Male kamen die Insassen auf uns zu, fassten
mich an oder fingen an zu schreien. Ein Mann hielt einen Ast in
seiner Hand und sah aus, als wollte er gleich zuschlagen. Ruhig
nahm Tom ihm das Stück Holz aus der Hand und sagte ihm, er
solle lieber die Pflanzen gießen. Der Patient lächelte und ging. Ich
war voller Bewunderung.

»Tom, du weißt genau, wie du mit ihnen reden musst. Woher wusstest du, dass er nicht wild um sich schlagen würde? Diese armen Menschen …«

»Das ist mein Beruf. Ich arbeite schon so lange hier, dass ich die Jahre nicht mehr zählen kann. Ich kenne jeden Patienten. Es tut mir leid, sie in ihrem geistigen Zustand zu sehen. Auf der anderen Seite nehmen sie weder das Leid des Krieges, die Risiken, die Gefahr oder den Hunger wahr. Sie leben in ihrer eigenen Welt. So, hier wären wir, das ist das Büro von Dr. van der Steen.«

Der ältere, nett aussehende Arzt streckte mir zur Begrüßung seine Hand entgegen. Bevor ich ein Wort sagen konnte, nahm er ein Blatt Papier, setzte sich hinter seinen Schreibtisch und fragte sachlich:

»Wie viele Decken brauchen Sie? Bettlaken? Betten?

Seine lockere Art und Großzügigkeit berührten mich. Ich wollte gerade antworten, doch er fuhr fort:

»Sagen Sie es ruhig. Sie brauchen nicht schüchtern sein! Wenn ich irgendwann Ihre Hilfe benötige, werde ich auch auf Sie zukommen. Tom hat mir von Ihnen erzählt und Ihre Art gefällt mir.«

Innerhalb kürzester Zeit hatte ich vier Decken hinten auf mein Fahrrad geschnallt und eine Einladung bekommen, mir bei Bedarf weitere abzuholen. Tom brachte mich hinaus, und wir sprachen kurz über den Kramer-Fall. Er befürwortete meine morgendliche Aktion.

Die bedürftigen Menschen würden sich bei dem kalten und rauen Wetter sehr über die geschenkten Decken freuen.

Mit gebücktem Kopf strampelte ich mit aller Kraft gegen den starken Wind an. Plötzlich fühlte ich mich erschöpft und ausgelaugt. Ich stieg vom Fahrrad und legte im Eingangsbereich eines Blumenladens eine Pause ein.

Die zentrale Einkaufsstraße in Oegstgeest war wie leer gefegt. Es gab keine Geschäfte zu tätigen, die Geschäfte waren leer und verschlossen. Die großen Fenster waren mit Klebeband und Verdunkelungspapier zugeklebt. Es gab nichts zum Verkaufen. An dem Lebensmittelladen, in dem die notdürftigen Rationen gegen die zugeteilten Marken eingetauscht wurden, hing ein Schild in der Tür: »Wir haben keine Vorräte mehr. Vielleicht gibt es morgen wieder etwas.« Was für eine Armut und Leere in unserem reichen Land!

Die Folgen des Schlafmangels machten sich nun bei mir bemerkbar. Mir fiel außerdem ein, dass ich außer der Tasse Tee-Ersatz und einer Scheibe sägemehlartigem Brot am Morgen bei den Nabers nichts mehr gegessen hatte. Ich ging in den Blumenladen und merkte, dass ich mich setzen musste.

Der Besitzer war sehr nett. Er brachte mir etwas Warmes zu trinken und sagte: »Es passiert sehr häufig, dass Menschen auf der Straße ohnmächtig werden oder sich nicht wohl fühlen. Sie brauchen sich dafür nicht zu schämen, junge Dame.«

Da erblickten meine Augen das Schönste, was ich seit einer langen Zeit gesehen hatte – einen kleinen Strauß gelber und weißer Krokusse. Wie unschuldig und zart sie aussahen! Sie waren kurz davor, ihre farbenprächtigen Knospen zu öffnen. Mit einem Schlag fühlte ich mich besser. Ich kaufte die Blumen, steckte sie unter meinen Mantel, um sie vor dem Wind zu schützen, und sprang mit scheinbar ungebrochener Energie auf mein Rad. Dann fuhr ich zu meiner Freundin Ann.

Immer wieder stieg mir der Duft der Blumen unter meiner Jacke in die Nase. Meine Ehrfurcht vor der Natur und meine Liebe für sie kannte keine Grenzen.

»Es gibt so viel Schönheit auf dieser Welt, an der man sich erfreuen und die man bewundern kann«, sinnierte ich. »Das ist das Gefühl, wenn man eins mit der Natur ist … das ist Glückseligkeit … das ist Freiheit …«

Freiheit – auf einmal kam mir ein Gedanke. Essen und Lebensmittel, finanzielle Hilfe und Sicherheit waren unerlässlich für meine versteckten Schützlinge, aber wie könnte ich ihnen trotz des Krieges und der Besatzung durch die Nazis ein bisschen Freiheit schenken?

Langsam nahm ein Plan Formen an. Den Anstoß dazu hatte ein Kollege der Widerstandsbewegung *Strijdent Nederland*, was so viel bedeutet wie »Kämpfende Niederlande«, gegeben.

Man empfahl mir, mich an Cor van Wijk zu wenden, da er die Operation unterstützte; er war Beamter des Einwohnermeldeamts, dem *Bevolkingsregister*, in Leiden.

Gleich am nächsten Morgen würde ich ihn kontaktieren.

24 Entscheidende Begegnung

Wie würde es sich anfühlen, wieder man selbst zu sein und ein normales Leben zu führen? Wie hoch war die Wahrscheinlichkeit, dass wir das noch erleben würden? In der ersten Nacht meines Besuchs bei Ann diskutierten wir diese Fragen angeregt. Wir waren so glücklich, uns wieder zu sehen, und konnten das Wunder kaum fassen, das uns wieder zusammengebracht hatte.

»Das verdanken wir Beethoven!«, rief Ann. »Wenn du nicht seine Sonate gepfiffen hättest, wäre ich nicht der Musik gefolgt.«

Ihr ansteckendes Lachen rief Erinnerungen an unsere gemeinsame Zeit von 1942 bis 1943 in der *Joodsche Invalide* in Amsterdam hervor. Wir erinnerten uns an bestimmte Ereignisse, an Patienten und unsere gemeinsamen Freunde. Wir fragten uns, wie es ihnen wohl ergangen war: »Werden sie wieder auftauchen...?«

Nachdem Ann das Krankenhaus am letzten Abend, bevor die Nazis die kranken Patienten in ein Konzentrationslager abtransportiert hatten, verließ, versteckte sie sich für kurze Zeit. Sie wurde von den Deutschen aufgegriffen, doch nachdem es ihr gelungen war, ihnen zu entkommen, tauchte sie im November 1943 dauerhaft in Leiden unter. Ihre Mutter und Schwestern waren in Amsterdam untergebracht worden. Ihr Vater, ein Professor an der Universität Groningen, war bereits 1941 aufgrund seiner offenen Kritik gegen die Nazis ins Konzentrationslager geschickt worden.

Ann erzählte mir außerdem von Suzanne, einer unserer ehemaligen Kolleginnen am jüdischen Pflegeheim, mit der sie in Kontakt stand. »Du kennst doch unsere schüchterne und verträumte Suusje. Sie versteckt sich gerade an einem äußerst unsicheren Ort und hat einen gefälschten Ausweis, der keiner Überprüfung standhalten würde. Leesha, kannst du ihr nicht helfen?«, fragte Ann.

»Natürlich werde ich ihr helfen!«, versprach ich ihr. »Ich brauche einen oder zwei Tage Zeit, um einen Platz für sie zu organisieren. Wenn sie herkommt, gebe ich ihr einen neuen Ausweis. Ich lass es dich wissen, sobald ich eine sichere Adresse für sie habe.«

Den ganzen Abend spielten wir Platten auf ihrem kleinen Plattenspieler ab, der manuell aufgezogen werden musste – Mozart, Beethoven sowie das Cembalokonzert von Johann Christian Bach, das ich besonders gern mochte. Zum Abendessen aßen wir gekochte Zuckerrüben, tranken Kaffee-Ersatz und bewunderten die Krokusse, die ich Ann mitgebracht hatte. Meine ausgedörrte Seele sog die Musik gierig in sich auf.

»Blumen, Musik, Freundschaft«, dachte ich bei mir, »einzelne Tropfen Glück in all diesem Leid …« Sie würden schnell unter dem unnachgiebigen Druck der dringlichen Verpflichtungen und drohenden Gefahr verdampfen.

Gleichzeitig beschäftigte sich mein Geist bereits mit dem nächsten Tag – das Standesamt Leiden – die Ausweise – würde das funktionieren? Ich konnte es mir nicht erlauben, meine Pflichten zu vernachlässigen, zu viele Schicksale hingen davon ab. Und jede Minute zählte!

Amtsstuben

Der Eingang zum Standesamt und der Dokumentationsstelle im Rathaus der Stadt Leiden wurde von einem deutschen Polizisten bewacht. Ich stellte mich in der Schlange an der Tür an und zeigte gelassen meinen Ausweis vor, während mein Herz bis zum Hals schlug. Obwohl ich wusste, dass mein Ausweis neu und legal war, da ich ihn offiziell vom Heemsteder Standesamt erhalten hatte, konnte man nie wissen, ob die Nazis nicht doch etwas fanden, woran sie Anstoß nahmen. Der Deutsche gab mir meinen Ausweis wieder und winkte mich durch. Mit atemloser Erleichterung rannte ich die Stufen hinauf und verlangte nach Cor van Wijk.

Ich wurde an einen großen, schlanken und dunkelhaarigen jungen Mann verwiesen, der ungefähr in meinem Alter war. Seine intelligenten Augen, die sich hinter einer Hornbrille versteckten, blitzten bestätigend auf, als ich den Namen unseres gemeinsamen Kontaktmannes Henk erwähnte. Er signalisierte mir, zwei Fenster weiter zu gehen, wo wir außer Hörweite seines Kollegen waren. Ich überreichte ihm meinen Ausweis und sagte:

»Ich bin Leesha Bos, Henk hat vorgeschlagen, dass wir zusammenarbeiten sollten.«

Cor schaute mir direkt ins Gesicht. Kaum die Lippen bewegend und nur für mich hörbar sagte er schnell und deutlich: »Sagen Sie nichts. Schreiben Sie mir einfach eine Adresse auf, wo ich Sie heute Abend eine Stunde vor der Ausgangssperre treffen kann. Ich werde Ihnen neue Ausweise, ein Fingerabdruckset und die notwendigen offiziellen Stempel mitbringen, dann zeige ich Ihnen, was Sie zu tun haben. Sie müssen mir nur die persönlichen Daten der Person übermitteln, die den Ausweis benötigt, den Rest können Sie mir überlassen.«

Ich traute meinen Ohren kaum. Alles ging so schnell und einfach, dabei hatte ich mir solche Sorgen gemacht. Sollte ich es wagen, ihn um einen weiteren Gefallen zu bitten?

Der Gedanke, meinen Leuten ihre persönliche Freiheit schenken zu können, ließ mir keine Ruhe. Ich musste es versuchen.

»Cor, ich hoffe, Sie verübeln mir diese Frage nicht«, fing ich bescheiden an. »Gibt es irgendeine Möglichkeit, untergetauchte Menschen legal, aber unter falschem Namen registrieren zu lassen, damit sie sich frei bewegen können? Ich ...«

»Das passiert automatisch«, unterbrach er mich. »Ich erkläre Ihnen alles heute Abend. Wir reden schon zu lange. Auf Wiedersehen.«

Das war der Beginn einer wundervollen und kooperativen Beziehung, die sich ganz natürlich in eine echte Freundschaft verwandelte. Ich hatte etwas fast Unmögliches für die von mir versteckten Menschen erreicht. Mit Hilfe von Cor van Wijk wurde der illegale Status vieler Personen, die mit meiner Hilfe untergetaucht waren, legalisiert, indem sie offiziell in das Bevölkerungsregister des Rathauses der Stadt Leiden eingetragen wurden. Cor versorgte uns außerdem mit neuen Ausweisen für den Fall, dass die alten Papiere kritischen Überprüfungen nicht mehr standhielten. Dann trug er alle Daten den Ausweisen entsprechend in besonderen Karteikarten ein und fügte auch fiktive Namen und Geburtsorte von Eltern hinzu, die er sich selbst ausdachte und welche die entsprechenden Personen auswendig lernen mussten. Als Grund für die Neuausstellung der Ausweise gab er an, dass die alten, die angeblich irgendwo im Norden, Süden oder Osten von Holland ausgestellt wurden, verloren gegangen waren oder in einem zu schlechten Zustand seien. Da wir von diesen Gebieten komplett abgeschnitten waren, war es unmöglich, die Herkunft der Ausweise weiter zu verfolgen.

Meine Aufgabe war es, alle persönlichen Daten für Cor zusammenzutragen, den Leuten ihre Fingerabdrücke abzunehmen, sicherzustellen, dass sie mit falschem Namen unterschrieben, den offiziellen Stempel anzubringen und die Ausweise dann zurück zu Cor zu bringen, damit er den Stempel der Stadt anbringen konnte. Nach dieser Prozedur hielt der Ausweis der jeweiligen Person auch der gründlichsten Überprüfung durch die Nazis stand.

Sofort berichtete ich von den Kramers und Cor traf Vorkehrungen, um ihren Status zu legalisieren. So wurde der Schaden begrenzt, den Frau Kramer sich selbst oder der Widerstandsbewegung zufügen konnte.

Der Schwarze Vic war voller Lob über mein wirkungsvolles Handeln und meinen Einfallsreichtum.

»Um dich brauche ich mich nicht mehr zu sorgen. Wenn du dich um Leute kümmerst, klappt alles wie am Schnürchen«, sagte er. Das Problem um Frau Kramer wurde nicht mehr erwähnt. Es gab wichtigere und dringendere Themen, die seine volle Aufmerksamkeit erforderten.

Ich fand ein geeignetes Versteck für Suusje in Oegstgeest, woraufhin Ann nach Amsterdam kam, um ihr beim Umzug zu helfen. Von dort schoben sie ihre schwer bepackten Fahrräder mit Holzreifen den ganzen Weg bis nach Oegstgeest. Auf halber Strecke wurden sie von einem Polizisten angehalten, der sie nach ihren Ausweisen fragte. Da sie sich der schlimmen Folgen bewusst war, wenn sie mit einem gefälschten Ausweis erwischt wurden, tat Suusje so, als sei sie todkrank. Ann behauptete dem Polizisten gegenüber, dass sie Suusje, die angeblich an Tuberkulose litt, gerade in ein Sanatorium bringen wollte. Aus Angst sich anzustecken, zog sich der Polizist schnell zurück. So stand dem sicheren Versteck und den legalen Papieren für Suusje nichts mehr im Wege.

Schönes Amsterdam

Cor stellte mich seiner holländischen Widerstandsgruppe *Strijdent Nederland*, »Kämpfende Niederlande«, vor, denen ich mich anschloss. Gemeinsam mit Koos, Lex, Bernard und anderen versorgten sie meine Schützlinge zwischendurch mit Lebensmittelpaketen oder Holz zum Kochen und Heizen. Einmal bekamen wir sogar 90 Kilo Roggenkörner, die wegen des Strommangels nicht gemahlen werden konnten. Cor half mir dabei, die Pakete zu transportieren und an meine versteckten Schützlinge auszuteilen.

Eine weitere Person, die für mich unentbehrlich geworden war, war ein Mann namens Schiller, ein Vertreter des *National Steunfonds* (NSF), dem Nationalen Hilfsfonds. Der NSF versorgte die Widerstandsbewegung mit den finanziellen Mitteln, die sie für ihre illegalen Aktivitäten benötigten. Die niederländische Regierung, die sich im Exil in London befand, autorisierte diese Zahlungen und garantierte die Erstattung von Zahlungen, die aus Darlehen und freiwilligen Schenkungen von verschiedenen Banken und Finanzinstituten bezogen wurden. Der NSF wurde direkt unter der Nase der Nazis von einem Amsterdamer Bankier namens Waalraven van Hall organisiert.

Jeden Monat gab ich eine Liste ab mit den Namen der versteckten Personen und den Beträgen, die ich für diese benötigte, welche sich meist auf 5 000 Gulden pro Monat beliefen. Nicht alle der 180 Menschen, für die ich zuständig war, benötigten finanzielle Unterstützung. Anfangs stellte ich mich Herrn Schiller als Fräulein van Dorn vor. Nachdem mich im Haus der Nabers eine kurze Botschaft von ihm erreicht hatte, verabredeten wir ein Treffen. Unser Umgang war sehr angenehm und effizient, geprägt von gegenseitigem Vertrauen und Respekt. Aus Angst, entlarvt zu werden, wurde die Liste nach jeder Transaktion vernichtet. Erst nach dem Krieg ließ ich es zu, dass eine Liste, auf der die Namen meiner sämtlichen Schützlinge aufgeführt waren, ihren Weg in die offiziellen Aufzeichnungen des NSF fand.

Das Haus der Nabers wurde zu meinem zweiten Zuhause. Terry und Johnny betrachteten mich als Mitglied ihrer Familie. Ich konnte sie jederzeit besuchen, über Nacht bleiben oder mich mit meinen Kollegen in ihrem Haus treffen. Wann immer es mir möglich war, versuchte ich meinen Beitrag im Haushalt zu leisten. Ich liebte es, bei ihnen zu sein. Ihre Gesellschaft machte mein hektisches und doch einsames Leben erträglicher. Die wenigen Lebensmittel, die wir zur Verfügung hatten, bereiteten wir auf einem kleinen Mayo-Kocher zu, der wie eine große Dose aussah und auf den normalen Ofen gestellt wurde, um den Zug des Abzugsrohrs zu nutzen. Alle paar Minuten musste man streichholzgroße Holzstückchen nachlegen. Wir rieben Zuckerrüben oder Kohlrabi und versuchten sie in einer Pfanne ohne Öl zu braten. Es schmeckte furchtbar und in unserem unterernährten Zustand litten wir unter schlimmen Nachwirkungen. Dafür half es, das schmerzhafte Knurren unserer Mägen zu beruhigen.

Kriegsleiden

Während eines meiner Besuche bei den Nabers erfuhren wir von dem schrecklichen Unglück, das meine Heimatstadt Den Haag getroffen hatte.

Anstatt wie geplant die V2-Raketen-Basis zu treffen, die auf England gerichtet war, hatten die Alliierten Den Haag bombardiert. Aufgrund eines Navigationsfehlers wurde ein dicht bevölkerter Bezirk, der Bezuidenhout, zerstört. Über 500 Menschen starben bei diesem Angriff, 30 000 wurden obdachlos und verloren ihr gesamtes Hab und Gut.

Was für eine Katastrophe! Mir kam es vor, als wäre meine eigene Heimatstadt über mir zusammengestürzt. Sofort beschlossen Henny, ein anderes Mitglied des *Strijdent Nederland*, das auch aus Den Haag kam, und ich mit dem Fahrrad in unsere angeschlagene, schöne Stadt zu fahren, um zu helfen.

Die Autobahn von Leiden nach Den Haag war blockiert durch Menschen, die zu Fuß gingen, Karren vor sich herschoben oder versuchten, mit dem Fahrrad voranzukommen. Es wurde wenig gesprochen und alle Gesichter waren finster. Jeder versuchte, so schnell wie möglich nach Den Haag zu kommen, um herauszufinden, ob die eigene Familie die Bombardierung überlebt hatte. Viele kamen auch, um zu helfen.

In der Ferne färbte ein Meer aus Flammen den Himmel; wir sahen, wie Gebäude einstürzten, erstickender Qualm durchdrang die Luft. Das gesamte betroffene Viertel Het Bezuidenhout war von der Polizei abgesperrt worden.

Die meisten Überlebenden waren bereits in andere Stadtteile gebracht worden, wo sie untergebracht und versorgt wurden. Kinder und Erwachsene flüchteten vor den Flammen, ihre Gesichter durch Ruß, Dreck, Blut und Tränen verschmiert, ihre wertvollsten Habseligkeiten fest an sich gedrückt.

Niemals zuvor hatte ich so viel Zerstörung, Leid und Chaos gesehen! Für mich war es wie der Weltuntergang.

Het Bezuidenhout war eine Wohngegend, in der viele Juden gelebt hatten, bevor sie in die Konzentrationslager geschickt worden waren. Ich hatte dort oft Freunde getroffen. Die Schule für Modedesign, die ich ein Jahr lang besucht hatte, war nur ein paar Straßen entfernt von dem Ort, an dem ich jetzt stand. Nun befanden sich hier nur noch rauchende Ruinen.

Die Menschen um uns herum waren außer sich und verbittert wegen des Leids und der Todesfälle, welche die Bombardierung der unschuldigen Stadt verursacht hatte. Später entschuldigten sich die Briten offiziell für das schreckliche Unglück, das durch das Fehlverhalten einiger weniger entstanden war.

Henny und ich trösteten die Kinder, halfen Leuten dabei, ihre Sachen zu tragen, und rannten mit Nachrichten von Krankenhaussanitätern hin und her.

Am späten Nachmittag kehrten wir nach Leiden zurück, müde, verbittert über das Schicksal Den Haags und mit Schmerz in unseren Herzen wegen der unschuldigen Opfer.

Die Mitteilungsblätter des Untergrunds enthielten begeisterte Berichte über die Fortschritte des Krieges. Alle verfolgten die Berichterstattung und auch die Schlachten, die man auf den Karten Europas eingezeichnet hatte:

Die Alliierten haben den Rhein überquert.

Fünf alliierte Armeen sind nach Deutschland vorgedrungen. Der größte Vorstoß seit der Invasion!

Die Russen marschieren gegen Österreich.

Die Alliierten haben den gesamten Luftraum über Italien in ihrer Gewalt.

Gemeinsam haben die Alliierten eine Offensive gestartet, die Deutschland mitten ins Herz getroffen hat.

Dennoch schienen diese vielversprechenden Entwicklungen an den Kriegsfronten keinerlei Auswirkung auf den Westen Hollands zu haben. Noch immer marschierten deutsche Soldaten durch die Straßen und sangen Lieder über die Heimat und das Vaterland, auch wenn in diesem Vaterland kaum noch etwas stand. Noch immer führten die Nazis Straßenrazzien durch, und noch immer hielten wir verschärft nach Spionen und Informanten Ausschau, die im Dienste des Feindes standen.

Der berüchtigte SS-Offizier und Polizeichef Hans Rauter wurde bei einer Aktion der niederländischen Untergrundarmee, den *Inländischen Streitkräften* (BS), schwer verletzt. Als Vergeltungsmaßnahme ließ sein Stellvertreter Schöngarth bei einem Rachezug 400 Personen hinrichten, deren Körper nicht von der Straße entfernt werden durften.

Jede Woche starben hunderte von Menschen an Hunger und Krankheit; es gab kein Gas und keinen Strom mehr. Der Wasserdruck in den Leitungen war sehr niedrig und es drohte eine ernsthafte Wasserknappheit.

In Amsterdam plünderten die Menschen die leer stehenden Häuser des jüdischen Viertels und nutzten alles, was sie an Möbeln, Türen und Fensterrahmen finden konnten, um ihre Öfen anzufeuern.

Einzelne deutsche Soldaten desertierten und stahlen auf ihrer Flucht Fahrräder, Armbanduhren, Schmuck, Uhren und Lebensmittel. Niemand wusste, wohin sie flohen, da die Alliierten bereits den größten Teil von Deutschland besetzt hatten, das kurz vor der sicheren Niederlage stand.

Da ich ständig mit meiner nie enden wollenden Arbeit beschäftigt war, hatte ich kaum Zeit, weiter aktiv in Vics LKP-Gruppe zu sein. Dennoch war ich verpflichtet, an den geheimen Treffen der LKP teilzunehmen. Alle jungen Männer waren Mitglieder der *Inländischen Streitkräfte* und mussten eine militärische Ausbildung absolvieren, für den Fall, dass sie jemals Feindkontakt haben sollten. Wir fürchteten, dass die Deutschen aus reiner Rachsucht in der letzten Schlacht öffentliche Einrichtungen und andere Gebäude in die Luft sprengen würden. Die BS war extrem wachsam, um sicherzugehen, dass ein solcher Versuch verhindert werden könnte.

Vic fuhr nun immer auf einem Motorrad herum. Er zeigte uns, wie man die Gewehre und Waffen benutzte, die er in seiner Wohnung gehortet hatte, in der wir uns zum ersten Mal getroffen hatten. Wir nutzten Wege, durch die wir unbemerkt durch die Vorder- und Hintereingänge kamen, um kein Misstrauen zu erwecken, und mussten unsere Fahrräder immer in einer der Nachbarstraßen abstellen.

Befehlsverweigerung

Vic erzählte uns von einem aufregenden Plan, der sich auf die beiden Hauptziele der LKP konzentrierte: Erst sollten die Nazis ausgenutzt und dann beseitigt werden. Inzwischen wendeten sich nämlich viele Mitglieder des deutschen militärischen Personals Hilfe suchend an die Widerstandsbewegung, um der Inhaftierung zu entgehen und unterzutauchen. Im Austausch für ein sicheres Versteck bis zum Ende des Krieges verpflichteten sich die Deutschen, die Widerstandsbewegung mit Uniformen, Waffen, Munition, Motorrädern und Benzin zu versorgen.

Vic war begeistert: »Was für ein Glücksfall! Wir benötigen dringend neue Vorräte. Wer kann schon sagen, wie lange wir noch kämpfen müssen, um die Nazis ein für allemal zu besiegen? Die Motorräder sind für die BS-Untergrundarmee überlebenswichtig.«

Während er redete, schaute ich mich im Zimmer um: Da waren Hans, Kees, Phil und ein paar andere, die ich nicht so gut kannte.

In mir stiegen Wut, Abscheu und Enttäuschung hoch. »Die Widerstandsbewegung soll den Nazis dabei helfen, sich zu verstecken? Egal was sie uns dafür bieten, egal was auf dem Spiel steht, ich finde diese Vorstellung abstoßend. Niemals!«

Ich musste mich zwingen, ihm weiter zuzuhören.

»Glaubst du etwa, wir werden diese verdammten Nazis wirklich verstecken?«, fuhr Vic aufgebracht fort und marschierte dabei in seinen schwarzen Stiefeln im Zimmer auf und ab. »Hier ist mein Vorschlag. Bei unserem ersten Treffen sagen wir den Deutschen, was sie uns zu liefern haben, dann verabreden wir uns mit ihnen, um sie zu verstecken. Wenn sie uns die verlangten Sachen gebracht haben, fahren wir mit ihnen in den Wald – wo sie zum letzten Mal gesehen werden.«

Er stand da, den Kopf herausfordernd gestreckt, bereit sich auf jeden zu stürzen, der es wagte, ihm zu widersprechen. Seine Ankündigung war wie eine Bombe eingeschlagen. Alle begannen, aufgeregt durcheinanderzusprechen.

»Das ist nur der Auftakt unserer Rache für all das Morden und Blutvergießen – all die Geiseln, die auf offener Straße erschossen wurden, all die Deportationen in Konzentrationslager – all die Zerstörung, die sie verursacht haben; den Hunger und das Leid.«

Vic nahm eine Flasche holländischen Gin heraus, goss sich etwas davon in seine Kaffeetasse und ermunterte uns:

»Kommt, nehmt euch auch einen Schluck! Die Flasche habe ich von einem Deutschen, der sie in diesem Land gestohlen hat. Jetzt ist sie wieder im Besitz ihrer rechtmäßigen Eigentümer.«

Mittlerweile waren alle Feuer und Flamme und hörten Vic gebannt zu.

»Wir sind auf eure uneingeschränkte Unterstützung angewiesen, da sich nun die Gelegenheit bietet, mit vielen Deutschen in Kontakt zu treten. Wir benötigen dringend neue Vorräte und die Zeit drängt. Über den Kontaktmann, der mich aufgesucht hat, werde ich die Treffen arrangieren. Ich informiere euch bald über die entsprechenden Zeitpunkte und Orte. Ihr werdet dann den Deutschen die Termine für die Übergaben mitteilen müssen.«

Er wandte sich an mich: »Leesha, ich habe dich nicht trinken sehen. Aber ich werde dir nicht gestatten, von deinen Verpflichtungen bei diesem Unternehmen zurückzutreten.«

Beschämt antwortete ich: »Ich trinke keinen Gin, davon wird mir schlecht.« Ich konnte seine bevormundende Art aber nicht ausstehen.

Kurz nach dieser Sitzung wurde ich angewiesen, mich um 16:00 Uhr mit einem deutschen Soldaten am Stadtrand von Oegstgeest unweit der Autobahn zu treffen. Phil würde mir aus einiger Entfernung Rückendeckung geben, falls der Deutsche versuchen sollte, mich in eine Falle zu locken, anstatt wirklich Zuflucht zu suchen.

Ich überprüfte zunächst meine Waffe, dann die Botschaft für den Deutschen und machte mich auf den Weg. Hier bot sich mir nun die Gelegenheit, Rache für die Qualen, die ich erlitten hatte, zu nehmen und einen der Nazis zu vernichten, die alle Menschen, die mir lieb und teuer waren, deportiert hatten. Der Deutsche, der den Juden als seinen Erzfeind betrachtete und der in seinen Augen nur wert war vernichtet zu werden, war nun in meiner Gewalt. Und ich hatte Anweisungen, was seinen endgültigen Bestimmungsort anbelangte.

Mit klopfendem Herzen und extrem nervös sprang ich von meinem Fahrrad, als ich den Nazi in seiner Uniform sah. Er drehte sich herum und stand direkt vor mir – ein Junge, nicht älter als 18 Jahre, mit hellbraunem Haar, verängstigten blauen Augen und einem schmerzlichen Ausdruck im Gesicht. Seine Augen wichen nicht von meinem Gesicht, suchend, dankbar für diesen Akt der Menschlichkeit, den er von mir erwartete. Anstatt ihm die Botschaft zu überreichen und direkt wieder zu verschwinden, fragte ich ihn auf Deutsch: »Wie alt bist du? Wie lange bist du schon in der Armee?«

»Ich bin siebzehneinhalb«, stotterte er. »Ich bin erst seit ein paar Monaten in Holland.«

»Was bringst du mit?«, fragte ich ihn.

»Drei Uniformen, Munition, zwei Pistolen, eine Maschinenpistole, einen Helm, Benzin und Stiefel. Ich habe auch versucht, ein Motorrad zu organisieren, war aber leider nicht erfolgreich. Es tut mir leid«, entschuldigte er sich.

Ich weiß nicht, was mich überkam, aber ich sagte barsch: »Wir können nicht länger hierbleiben. Übermorgen kommst du um 18:00 Uhr wieder hierher und bringst alle genannten Gegenstände mit. Jetzt verschwinde, schnell!« Er stammelte ein hastiges Dankeschön und einen Gruß und ging.

Ich verließ den Ort in entgegengesetzter Richtung, fuhr blindwütig drauflos, versuchte meine Gedanken zu sammeln und zu verstehen, was ich da gerade getan hatte. Anstatt den Deutschen anzuweisen, um 16:00 Uhr zu kommen, wenn ihn die LKP-Gruppe erwarten würde, hatte ich ihm gesagt, dass er um 18:00 Uhr erscheinen sollte. Ich wusste, dass wenn er nicht pünktlich um 16:00 Uhr auftauchen würde, die Mitglieder der Widerstandsbewegung nicht auf ihn warten würden, da dies zu gefährlich wäre.

Warum hatte ich das getan? Warum hatte ich diesen Deutschen davor bewahrt erschossen zu werden? Alle Deutschen waren verantwortlich für das Blutvergießen und die Ermordung von vielen Millionen unschuldigen Menschen. Ich hätte zumindest die Gelegenheit nutzen können, das Schicksal meiner eigenen Familie zu rächen! Tränen der Enttäuschung strömten über mein Gesicht.

Ich war so wütend auf mich selbst. Warum war ich so schwach? Das wäre ihre gerechte Strafe! Doch dann erinnerte ich mich an die verängstigten Augen in dem jungen Gesicht des deutschen Soldaten.

»Sie sind schuldig! Die Deutschen würden nicht zweimal darüber nachdenken, einen unschuldigen Juden zu ermorden! Denk an die Konzentrationslager, all die Leben, die umsonst verloren wurden, das entsetzliche Leid, das den Menschen auferlegt wurde, die fünf Jahre am Rande des Todes!« Ich schämte mich dafür, nicht so kaltblütig zu sein, wie es von mir erwartet wurde, doch in der Sekunde, in der ich sein verängstigtes Gesicht gesehen hatte, war der Deutsche zu einem menschlichen Wesen für mich geworden. Wie konnte ich zum Richter und Henker eines menschlichen

Wesens werden? Niemals hätte ich reinen Gewissens weiterleben können. Diese Augen hätten mich in jedem Augenblick meines Lebens verfolgt.

Eine Woche nach diesem Vorfall lief ich Vic im Haus der Kruizingas über den Weg. Er prahlte mit dem großen Waffenvorrat, den er sichergestellt hatte. Er sagte, dass nun alle männlichen Mitglieder der LKP-Organisation mit Motorrädern ausgestattet wären und er leichten Zugang zu Benzin hätte. Nur ein Deutscher war nicht aufgetaucht. Er schaute mich mit einem seltsamen Gesichtsausdruck an, sagte aber nichts. Gegen Abend packte ich ein paar meiner Sachen zusammen und beschloss für eine Weile bei Terry und Johnny zu bleiben.

Endkampf

Unsere Geduld wurde extrem auf die Probe gestellt und die Anspannung stieg ins Unermessliche. Wir hörten, dass die Alliierten nun schnell vorrückten, durch Deutschland fegten und eine Stadt nach der anderen einnahmen.

Als der Krieg sich dem Ende näherte, waren Fahrräder und Karren die einzigen Transportmittel. Tausende ausgehungerte Menschen suchten verzweifelt nach Essen und Heizmaterial.

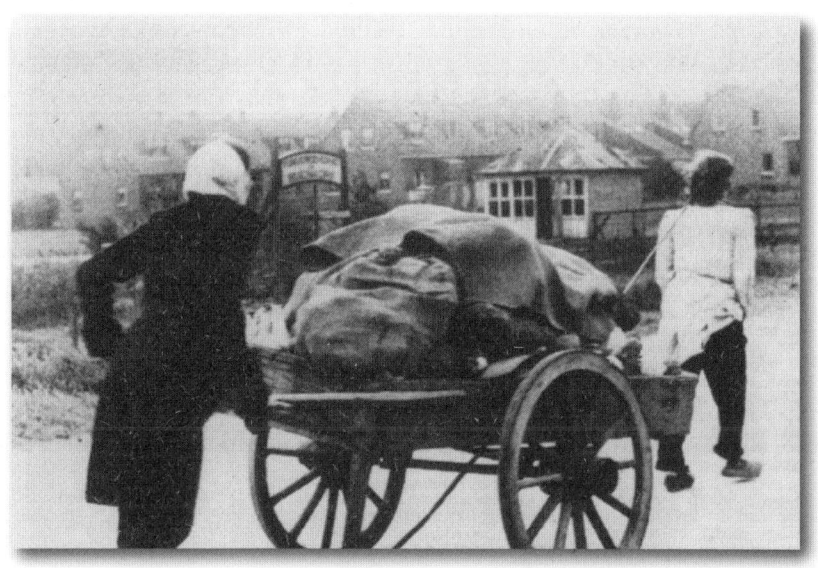

Die Provinzen Friesland und Groningen, die im Norden der Niederlande liegen, wurden von der kanadischen Armee befreit, die in die östlichen Provinzen an den Grenzen zu Deutschland vorgedrungen war.

In den holländischen Provinzen entlang der Westküste saßen die Deutschen in einer tödlichen Falle und vier Millionen Holländer erlitten ein noch schlimmeres Schicksal. Die Bevölkerung verhungerte; selbst die Suppenküchen mussten aus Mangel an Lebensmitteln schließen. An Ostern wurde dem schwedischen Roten Kreuz erneut gestattet, unter den schwer unterernährten und hungrigen Menschen jeweils einen Laib Brot und etwas Margarine auszuteilen.

Wir wussten, dass das Ende nah war. Doch die Frage war: Würden wir das Ende des Krieges noch erleben? Es gab kaum noch Nahrung oder Medikamente und mit dem zunehmenden Mangel schwand auch unsere Kraft und die Zeit, die uns noch blieb.

Die Brotration wurde auf ein Pfund die Woche reduziert, wobei es kaum etwas anderes zu essen gab. Der Lebensmittelbeauftragte Louwes kündigte an, dass ab dem 1. Mai kein Essen mehr ausgegeben würde, da alle Vorräte aufgebraucht waren.

Um den Alliierten den Weg in die westlichen Provinzen, die »Festung Holland«, zu erschweren, befahlen die Deutschen, die Schleusen von Muiden und Ijmuiden zu öffnen und das gesamte Gebiet zu fluten. Das hatte zur Folge, dass der Wasserpegel zwischen Amsterdam und Utrecht – die Grebbelinie von Rhenen-Ijselmeer bis Amersfoort – komplett unter Wasser stand. Durch den letzten heimtückischen Befehl des deutschen Generals Blaskowitz wurden die niedrigen Ebenen des Wieringermeer-Polder, durch den man der Zuidersee etwas Land abgewonnen hatte und welcher der ganze Stolz der Niederländer war, fast fünf Meter tief unter Wasser gesetzt. Es würde lange dauern, bis man diese Gegend wieder bewirtschaften konnte.

Das Wasser wurde zu unserem Feind, da das ganze Land nun überschwemmt war. Unsere Abschottung vom Rest der Welt ließ uns die Franzosen und Belgier beneiden, die so schnell befreit worden waren.

Die traurige Nachricht über den Tod des amerikanischen Präsidenten Franklin D. Roosevelt machte uns alle betroffen; wir beteten dafür, dass der neue Präsident Truman den Krieg schnell beenden würde.

Wir erfuhren, dass die Amerikaner und die Russen sich an der Elbe getroffen und das Deutsche Reich in zwei Hälften geteilt hatten. Die Untergrundzeitung druckte die Berichte der britischen und amerikanischen Delegationen über die Zustände, die sie in den Konzentrationslagern vorgefunden hatten. Selbst das Mittelalter hatte nicht solche Gräueltaten hervorgebracht. Die Alliierten zwangen die deutschen Kriegsgefangenen durch die Lager zu gehen, damit sie später nicht behaupten könnten, dass die Berichte nicht wahr seien.

Truman, Churchill und Stalin verkündeten, dass alle Personen, die für diese Gräueltaten verantwortlich waren, zur Rechenschaft gezogen werden würden, und gaben bekannt, dass Millionen von Menschenleben brutal von den Nazis ausgelöscht worden waren.

Die niederschmetternde Meldung verursachte einen Kurz-schluss in meinem Kopf. Ich erlaubte meinem Gehirn nicht, die Ausmaße dieser Nachricht zu erfassen, und trotzdem senkte sich eine eisige Kälte über mein Herz. Ich arbeitete unermüdlich und war dankbar dafür, dass die vielen Aktivitäten, in die ich invol-viert war, meine ganze Aufmerksamkeit erforderten.

Die verzweifelten versteckten Menschen brauchten meine Kraft nun mehr als je zuvor. Meine Unterstützung half ihnen dabei, weiter durchzuhalten und die Hoffnung nicht zu verlieren. »Zum Ende hin ist das Leid immer am schwersten zu ertragen!« Ende April 1945 begann dann endlich unsere Rettung.

25   Der Frieden kommt

Im Rahmen einer offiziellen Übertragung des Niederländischen Radiosenders *Oranje* aus London erklärte die niederländische Regierung im Exil: »Das Oberkommando der Alliierten gibt bekannt, dass Flugzeuge Nahrungsmittel in drei Provinzen transportieren werden, deren Bevölkerung Hungersnot leidet: Nordholland, Südholland und Utrecht. Sobald die Wetterbedingungen es zulassen, werden sich die Flugzeuge von England aus auf den Weg machen.«

Nie werde ich diesen sonnigen Morgen des 29. April 1945 vergessen. Wir hatten uns bereits an das Geräusch der Flugzeuge gewöhnt, daher schenkten wir den Bombern über unseren Köpfen wenig Beachtung. Doch diese Flugzeuge flogen nicht weiter ostwärts!

Die gigantischen, wunderschönen Vögel – hunderte von »Lancaster«- und »Liberator«-Flugzeugen – zogen über uns tiefe Kreise, als wollten sie absichtlich die Stadt berühren. Man konnte sogar die Piloten in ihren Cockpits erkennen.

Was für ein wundervolles, fast unwirkliches Erlebnis! Wir rannten auf die Straße, winkten den Piloten übermütig und riefen ihnen zu. Die Menschen lachten und weinten.

Die Piloten winkten zurück. Dann sahen wir, wie die Bomber ihre Ladeluken öffneten. Plötzlich war der Himmel voller Pakete und Kisten, die auf den nahegelegenen Flugplatz Valkenburg niedersegelten!

Bei diesem unglaublichen Anblick ging ein tosender Schrei durch die Menge!

Die Flugzeuge brachten uns tatsächlich Lebensmittel und warfen diese direkt vor unseren Füßen ab, während der Feind mit verstummten Waffen zuschaute! Das waren keine Bomben, die dort abgeworfen wurden – das waren Lebensmittel für uns! Tonnenweise Lebensmittel!

Wir hatten nichts zu befürchten! Kinder und Erwachsene tanzten und umarmten sich vor Freude. Nun wussten wir, dass der Krieg zu Ende ging! Bald würden wir frei sein!

Die Leute waren genauso aufgeregt wie am »verrückten Dienstag« im September 1944, an dem wir fälschlicherweise die Ankunft der alliierten Truppen erwartet hatten.

Manche Leute missachteten sogar die Ausgangssperre. Radio Oranje warnte die niederländische Bevölkerung vor voreiligen Demonstrationen. Noch war der Krieg nicht wirklich vorbei. Die »Grüne Polizei« fuhr immer noch durch die Straßen und eröffnete das Feuer auf die Demonstranten. Die Deutschen taten so, als wäre nichts passiert.

Die Verhandlungen über den Abwurf von Lebensmitteln in die besetzten niederländischen Provinzen wurden von Prinz Bernhard von den Niederlanden, dem Kommandeur der *Prinzessin-Irene-Brigade*, Lt. General Smits, und ein paar anderen hochrangigen niederländischen Offizieren geführt. Die Deutschen wurden von Dr. Seyß-Inquart und bedeutenden Offizieren ihrer Armee und Marine vertreten.

Mit Beginn der Verhandlungen herrschte eine inoffizielle Waffenruhe. Es wurden besondere Anweisungen gegeben, um die Lebensmittel effizient, schnell und gerecht auszuteilen, was eine Vorbereitungsphase von über fünf Wochen für den Transport erforderte.

Bei dem zweiten Abwurf von Nahrungsmitteln am 30. April warfen 450 RAF-Bomber insgesamt 1 250 Tonnen Lebensmittel an zehn verschiedenen Orten ab. Käse, Fleisch, Kartoffeln, Mehl, Gemüse, Tee, Kaffee, Schokolade und Zucker waren nur ein Teil der willkommenen Waren, welche an die verhungernde Bevölkerung ausgegeben wurden. Unsere Dankbarkeit war nicht in Worte zu fassen. Wir erkannten die »Flying Fortress«-Bomber der Amerikaner und begrüßten sie wie willkommene Freunde voller Liebe und Begeisterung.

In den ersten drei Tagen warfen die amerikanische und britische Luftwaffe insgesamt 3 650 Tonnen Lebensmittel über dem besetzten Holland ab. Kanadische und englische Wagen brachten tausende Tonnen von Essen aus den befreiten Gebieten. Die Alliierten stellten 250 Lkws zur Verfügung, um die Lebensmittel zu transportieren. Mit Booten brachten sie uns sogar Kohle zum Heizen und für andere Zwecke.

Langsam begriffen wir, dass andere Menschen sich wirklich für unser Schicksal interessierten. Endlich waren wir wieder mit der lebendigen Welt außerhalb der niederländischen Grenzen verbunden.

Die berauschende Stimmung war aufregend, sorgte aber auch für viel Verwirrung. Man munkelte, die Friedenserklärungen wären unterzeichnet worden, was aber später dementiert wurde. Der Frieden war zum Greifen nahe, doch die Alliierten warteten darauf, dass die Deutschen sich bedingungslos ergaben.

Dann erfuhren wir es – Hitler war tot! Die Umstände seines Todes waren mysteriös. Aber unser lang ersehnter Wunsch war endlich in Erfüllung gegangen.

Wir hörten, dass Radio Milan die Festnahme Mussolinis bestätigt hatte. Als er versuchte, die Schweizer Grenze zu passieren, wurde er von italienischen Patrioten erschossen und sein Leichnam, gemeinsam mit dem seiner Geliebten, vor den Augen aller auf grausige Weise aufgehängt.

Endlich hatten die beiden Kriminellen diese Welt verlassen, der sie so viel Leid, Tod und Zerstörung gebracht hatten, und sie ließen dabei eine blutige Spur zurück.

Viele der hochkarätigen Nazianführer hatten Berichten zufolge Selbstmord begangen. Admiral Doenitz hatte nun das Kommando und befahl den deutschen Truppen den Kampf gegen die Alliierten weiterzuführen.

Stalin verkündete den Fall Berlins und die russische Flagge wurde auf dem Reichstag gehisst. Wir waren wie trunken vor Vorfreude. Das Ende war in Sicht. Glück und Erleichterung machten sich in der Bevölkerung breit, auch wenn der Feind noch immer unter uns war. Die Auseinandersetzungen zwischen der niederländischen Bevölkerung und den deutschen Truppen hielten weiter an. Noch hatte die »Grüne Polizei« nicht aufgehört, auf Menschen zu schießen.

Wir mussten geduldig sein und abwarten, bis die Deutschen offiziell ihre Kapitulation unterzeichneten.

Suchtrupp

Mir wurde klar, dass nun die Zeit gekommen war, meinen Freund Reinier van Kampenhout zu suchen, den angesehenen und geliebten Anführer der Untergrundbewegung, der Anfang Januar von den Deutschen gefasst und inhaftiert worden war. Als wäre der Plan seit Langem in mir gereift, wusste ich, dass ich mich umgehend auf die Suche machen musste, damit wir diese ersten Momente süßer Freiheit gemeinsam auskosten konnten. Ich konnte es nicht ertragen, dass er noch länger eingesperrt bleiben sollte, jetzt, da die Deutschen kurz davor waren, sich zu ergeben. Es war sein Recht, umgehend freigelassen zu werden!

Ich begann mich nach möglichen Gefängnissen zu erkundigen, in die er hätte gebracht werden können. Tom Kruizinga meinte, dass er wahrscheinlich im Rotterdamer Gefängnis saß. Vic warf ein, dass sie ihn auch in Utrecht oder dem berüchtigten Gefängnis von Amersfoort festhalten könnten.

Dann wurde mir klar, dass sich eine solche Erkundungsfahrt nicht mit meinem Fahrrad bewältigen ließ, und ich schaute mich nach alternativen Transportmitteln um. Würden mich Vic, Kees oder Phil auf ihren Motorrädern mitnehmen? Ich wusste, dass sie zu sehr mit ihrer Arbeit bei den BS beschäftigt waren, die nun zur offiziellen niederländischen Armee geworden war. Jetzt waren sie bereit, sich jeder militärischen Herausforderung zu stellen.

Es gab keine öffentlichen Verkehrsmittel. Busse, Züge und Straßenbahnen waren aufgrund des Strom- und Benzinmangels nicht in Betrieb. Wie sollte ich meine Mission bewerkstelligen?

Die Antwort auf diese Frage kam aus unerwarteter Richtung. Mein Freund, der Lebensmittelhändler, mit dem ich mein Problem besprochen hatte, sagte mir, dass er einen Bekannten namens Herrn van Sand hatte, der bereit war, mir zu helfen.

Umgehend kontaktierte ich Herrn van Sand. Seine Villa war prunkvoll! Ich wurde in ein wunderschön dekoriertes Zimmer geführt, wo Frau van Sand uns köstlichen, echten Tee aus einer silbernen Teekanne in feinen Porzellantassen servierte. Das ganze Ambiente war geprägt durch Eleganz und Überfluss.

Herr van Sand bot mir sein Auto an, einen Citroën, den er seit dem *Dolle Dinsdag* im September 1944 in einer verbarrikadierten Werkstatt untergestellt hatte, aus Angst, dass die Deutschen den Wagen beschlagnahmen würden.

»Aber ich habe kein Benzin und wüsste auch nicht, wo ich welches bekommen sollte. Vielleicht können Sie die Widerstandsbewegung um etwas Kraftstoff bitten? Ich werde dann das Auto warten lassen und bin willens, Sie zu fahren.«

Das Ausmaß an Unterstützung, das er mir zuteilwerden ließ, beeindruckte mich zutiefst, und ich drückte ihm gegenüber meine Wertschätzung und Dankbarkeit aus. Als ich sein Haus verließ, beschäftigte mich nur eine Frage: Wo sollte ich Benzin für das Auto herbekommen? Während ich die neuen Entwicklungen mit Vic und Tom besprach, fand ich heraus, dass Herr van Sand ein Kollaborateur der Deutschen gewesen war und nun vermutlich versuchte, sich vor Racheakten seitens der Widerstandsbewegung zu schützen, indem er einem Mitglied ebendieser Organisation seine Hilfe anbot. Es sollte ihn von seinen vorherigen Schandtaten reinwaschen. Nun wurde mir klar, warum ich sein Haus als so luxuriös empfunden hatte; ihm hatte es nie an etwas gemangelt, für ihn hatte der Krieg keinerlei Entbehrung mit sich gebracht. Dank seiner deutschen Kontakte war er mit allem versorgt worden, wonach es ihn und seine französische Frau verlangte.

»Nun«, beschloss ich, »ich brauche ihn jetzt. Was später mit ihm geschieht, liegt in der Hand der Regierung. Vic, wie komme ich an Benzin?«

Er sagte mir, dass er momentan kein Benzin habe, aber dass es vielleicht in ein paar Tagen welches geben würde.

Doch ich war ungeduldig. Ich konnte nicht warten! Wo konnte ich Benzin bekommen? Wer hatte sonst noch welches?

Plötzlich fiel es mir ein. Das wars! Wie konnte ich die offensichtlichste Quelle übersehen? Bestimmt hatten die Deutschen noch Benzin. Nun, da ein inoffizieller Waffenstillstand bestand, würde ich es riskieren, die deutschen Obersturmführer aufzusuchen, welche die schönsten Häuser Oegstgeests beschlagnahmt hatten, und sie um Benzin bitten.

Letztendlich siegte meine große Entschlossenheit über meine Furcht, die immer wieder hochkam. Ich ging auf den Wachposten zu, der vor dem deutschen Hauptquartier stand, und verlangte den zuständigen Offizier zu sprechen. Nach ein paar Minuten wurde ich hineingelassen und stand nun einem wichtig aussehenden Offizier hinter einem großen Schreibtisch gegenüber. Ich sprach ihn auf Deutsch an und unterbreitete ihm mein Anliegen förmlich und entschieden:

»Ich vertrete die niederländische Widerstandsbewegung und ersuche Sie, mich in folgender Angelegenheit zu unterstützen. In Kürze werde ich mich auf eine wichtige Suchaktion begeben, für die ich Benzin für mein Auto benötige. Wenn Sie mir helfen, werde ich Ihnen eine Bescheinigung ausstellen, dass Sie die Widerstandsbewegung unterstützt haben. Sollten Sie jedoch mit dem Gedanken spielen, mir auf irgendeine Weise zu schaden, möchte ich Ihnen mitteilen, dass meine Kollegen dieses Gebäude umstellt haben. Sie sind bereit, Vergeltung zu üben, sollte ich nicht innerhalb von 15 Minuten wohlbehalten zurückkehren.«

»Wir haben nicht vor, Ihnen etwas anzutun. Der Krieg ist vorbei«, antwortete der Deutsche, offensichtlich überrascht. »Wir haben selbst kaum noch Benzin, aber ich kann Ihnen 10 oder 12 Liter überlassen. Würde Ihnen das weiterhelfen? Warten Sie, ich schicke jemanden los, es zu holen.«

Ich dankte ihm. Als ich zur Tür ging, überreichte mir ein deutscher Soldat einen großen Kanister Benzin und half mir sogar dabei, diesen auf den Gepäckträger meines Fahrrads zu laden. Dieselbe Nummer zog ich noch zweimal erfolgreich ab.

Terry und Johnny staunten nicht schlecht und waren stolz auf meinen Einfallsreichtum und meinen Mut, mich in die Höhle des Löwen begeben zu haben.

Als Terry von meinen Plänen hörte, nach Reinier zu suchen und dafür sogar bis nach Amersfoort zu reisen, wurde sie ganz aufgeregt und flehte mich mit Tränen in den Augen an, sie mitzunehmen:

»Leesha, ich muss mein Baby nach Hause bringen. Johnny und ich haben sie nicht mehr gesehen, seitdem sie vor zwei Jahren versteckt wurde. Bitte tu mir diesen großen Gefallen und lass mich mit dir kommen. Wenn du doch nur den Kummer und Herzschmerz nachempfinden könntest, den Eltern empfinden, die nicht selbst für ihr Kind sorgen können und ihm ihre Liebe zuteilwerden lassen dürfen. Wir liegen nachts wach und versuchen uns vorzustellen, wie sie aussieht und ob es ihr gut geht. Ich sehne mich so nach ihr! Leesha, du fährst nach Amersfoort. Das ist nicht weit von Apeldoorn entfernt. Emily ist bei Bauern untergekommen, die etwa 10 Kilometer außerhalb von Apeldoorn leben. Bitte lass mich mitkommen. Ich verlange ja gar nicht, dass du auch Johnny mitnimmst, er muss sowieso bei den BS bleiben.«

Natürlich konnte ich ihr diese Bitte nicht abschlagen, und so beschlossen wir früh am nächsten Morgen, dem 3. Mai, einem Donnerstag, aufzubrechen.

In dieser Nacht hatte ich eine Vision von Reinier van Kampenhout, die so realistisch war, als stünde er persönlich vor mir. Er strahlte Ehrlichkeit, Stärke, Mitgefühl und Entschlossenheit aus – seine hervorstechendsten Merkmale. Ich vermisste ihn so!

»O Gott, lass ihn noch am Leben sein!« Mit Herz und Seele wünschte ich mir, dass ich ihn morgen finden würde. Ich spürte, wie sich Anspannung und Vorfreude in mir aufbauten.

Herr und Frau van Sand waren freundliche Gastgeber, ich fühlte mich in ihrer Gesellschaft sehr wohl. Terry und ich kommunizierten mit Frau van Sand auf Französisch, da sie kein Niederländisch sprach.

Auf unserem Weg zum Rotterdamer Gefängnis, dem ersten Halt auf unserer Route, sahen wir links und rechts der Schnellstraße das teilweise unter Wasser stehende Ackerland. Nun konnten wir mit eigenen Augen die Folgen der Überschwemmungen der Flachlandgebiete hinter den Deichen sehen, welche die rachsüchtigen Deutschen verursacht hatten. Wie viel Zeit, Mühe und Geld würde es die Bauern kosten, dieses Land wieder fruchtbar zu machen!

Als wir Rotterdam erreichten und vor dem Eingang des Gefängnisses hielten, sprang ich aus dem Wagen und rannte in das Gefängnisbüro. Nachdem ich mich als Vertreterin der Widerstandsbewegung vorgestellt hatte, willigten die Beamten ein, ihre Register zu überprüfen, um festzustellen, ob Reinier van Kampenhout in diesem Gefängnis inhaftiert war.

»Nein«, sie schüttelten mit den Köpfen. »Hier haben wir niemand unter diesem Namen.«

»Vielleicht hat er seine Decknamen Fritz van Dongen oder Fritz van Kampen benutzt?«, fragte ich hartnäckig nach.

Wieder schauten sie in ihre Listen, ohne Ergebnis.

»Versuchen Sie es im Gefängnis von Utrecht«, rieten sie mir. »Vielleicht wurde er dorthin gebracht.« Enttäuscht und traurig verließ ich das Büro. Als sie mir meine Enttäuschung ansah, legte Terry schützend ihren Arm um mich. Ich war total entmutigt.

»Ich hatte so gehofft, dass ich Reinier hier finden würde. Dieses Gefängnis liegt so nah bei Leiden; es wäre nur logisch, ihn hierher zu bringen«, sagte ich niedergeschlagen.

»Lass uns nicht die Hoffnung aufgeben. Wir haben noch einen weiten Weg vor uns. Vielleicht haben wir in Utrecht mehr Glück«, tröstete mich Terry.

Aber wir hatten auch in Utrecht kein Glück. Die Gefängnisbeamten erklärten uns, dass man Reinier nur nach Amersfoort gebracht haben konnte, da dies ein großes Gefängnis für politische Gefangene war. Ein weiteres Argument für dieses Gefängnis war, dass, nachdem die Alliierten die östlichen Provinzen erobert hatten, der Westen abgeschnitten war und keine Gefangenen mehr in die weiter östlich gelegenen Konzentrationslager transportiert werden konnten.

Und so eilten wir weiter zum Amersfoorter Gefängnis, unserer letzten Chance, Reinier zu finden. Frau van Sand forderte uns immer wieder auf, uns doch an ihrem unerschöpflichen Vorrat an

Butterbroten und Kaffee zu bedienen. Wir durchquerten Landstriche, die wie Seen aussahen, aus denen Bäume, Sträucher und Höfe herausragten. Unsere Herzen wurden von Bitterkeit erfüllt, als wir sahen, wie viel Schaden die Deutschen mutwillig in unserem armen Land angerichtet hatten.

Als wir die Schnellstraße erreichten, die zum Amersfoorter Gefängnis führte, sahen wir, wie auf beiden Seiten ausgezehrte und heruntergekommene deutsche Soldaten im Gänsemarsch die Straße entlangliefen. Sie waren sowohl im übertragenen als auch im wortwörtlichen Sinne entwaffnet. Hier und da wurden sie von ein paar Niederländern angeschrien und verflucht. Manche spuckten sie an und streckten ihnen ihre geballten Fäuste und Werkzeuge entgegen. So drückten sie die Wut aus, die sie in fünf Jahren voller Hass und Frustration unterdrückt hatten.

Die sich dahinschleppenden Soldaten ähnelten einem Trauermarsch. Das war die deutsche Niederlage! Eine weitere Facette dieses sinnlosen Krieges.

Hatten die Deutschen nun akzeptiert, dass sie den Krieg verloren hatten? Oder war ihr Verstand durch all die Jahre der Indoktrinierung mit dem Nazigift zerstört worden? Manche Soldaten glaubten immer noch, dass sie nach Deutschland zurückgeschickt wurden, um sich neu aufzustellen, ihre Kräfte zu sammeln und dann den Kommunismus und die Russen zu bekämpfen.

Gewissheit

Im Anmeldebüro des Amersfoorter Gefängnisses erfuhren wir die niederschmetternde Wahrheit. Man hatte Reinier van Kampenhout erst gefoltert und dann erschossen. Seine Frau verstarb an einer qualvollen Entzündung des Dünndarms. Sie hatte vor Schmerzen und Hunger geschrien, ein Zustand, unter dem fast alle Gefangenen litten.

Diese Nachricht traf mich wie ein Hammerschlag und ich merkte, wie ich anfing zu schwanken. Ich konnte nicht glauben, dass es wahr und endgültig sein sollte.

»Sind Sie sich sicher?«, fragte ich immer wieder, während ich ziellos auf und ab lief. »Ist sein Tod in den Akten vermerkt?«

»Hören Sie, junge Dame«, sagte der Sachbearbeiter langsam verärgert. »Er kam hierher; jetzt ist er nicht mehr hier und sie haben ihn nicht woanders hingebracht. Sie haben ihn erschossen.«

»Das kann nicht sein. Das ist unmöglich!«, schrie ich. »Nicht Reinier, er kann einfach nicht tot sein. Er war so stark, so voller Leben!«

Wie sollte ich jemals diesen unumstößlichen Verlust akzeptieren? Warum ausgerechnet Reinier? Er hatte seine eigene Sicherheit und Bequemlichkeit außer Acht gelassen, um anderen zu helfen und sie zu beschützen. In der unmittelbaren Zukunft würden seine Integrität und Ehrlichkeit so dringend benötigt werden.

Nach kürzester Zeit waren wir von einer Gruppe frisch entlassener Häftlinge umgeben. Sie wollten so schnell wie möglich nach Hause, doch es gab keine öffentlichen Verkehrsmittel und ihre Haft hatte sie zu sehr geschwächt, als dass sie den weiten Weg zu Fuß hätten bewältigen können. Herr van Sand willigte ein, zwei Mitglieder der Widerstandsbewegung in seinem Auto mitzunehmen, von denen einer im nördlich gelegenen Groningen lebte und der andere aus einer Provinz im Osten kam. Sie waren abgemagert, wachsbleich und schwach. Die Nazis hatten sie gefoltert, verhört und ihnen über einen langen Zeitraum hinweg nichts zu essen gegeben.

Terry, die beiden Männer und ich quetschten uns auf den Rücksitz des kleinen Citroën. Den Kopf an Terrys Schulter gelehnt schüttete ich all meinen Kummer, meine Trauer und Enttäuschung über den Verlust von Reinier aus. Ich hätte alles gegeben und getan, um ihn wohlauf zu sehen. Wie sehr schmerzte mich sein Schicksal!

Wir fuhren an deutschen Armee-Einheiten vorbei, die ihre Stützpunkte in den Niederlanden verließen. Es war spät am Nachmittag und wir fuhren zu den Bauern in Vaasen, die etwa zehn Kilometer von Apeldoorn entfernt lebten und bei denen Terry endlich ihre kleine Tochter wiederbekommen sollte. Sie wurde seit ihrer Geburt vor zwei Jahren auf diesem Hof versteckt. Die Straße führte rechts an einem hügeligen Waldgebiet vorbei, das die Veluwe genannt wurde. Wir waren mehrere Male gezwungen, Umwege zu fahren, da Abschnitte der Schnellstraße gesperrt waren. Hinter den Hügeln der Veluwe konnten wir Maschinengewehrfeuer hören.

Wir fuhren auf eine Straßensperre zu und zwei englische Soldaten signalisierten uns anzuhalten. Dies war das erste Mal, dass wir unseren Befreiern, unseren Verbündeten, Auge in Auge gegenüberstanden! Als wir uns dessen bewusst wurden, sprangen wir aus dem Wagen und rannten aufgeregt auf sie zu, schüttelten ihnen die Hände und dankten ihnen. Die Soldaten konnten unsere Gefühle verstehen, doch sagten direkt förmlich: »Meine Damen und Herren. Ich fürchte, Sie müssen umkehren. Diese Straße ist für Zivilfahrzeuge gesperrt.«

»Warum? Was ist los? Der Krieg ist doch vorbei!«, erwiderten wir.

»Ein paar vereinzelte deutsche Einheiten leisten noch immer Widerstand und wir sind gerade dabei sie auszuräuchern. Deswegen dürfen keine Zivilpersonen diese Straße passieren«, erklärte einer der Soldaten.

Als ich Terrys kummervollen Gesichtsausdruck sah, begann ich, die zwei Soldaten auf Englisch anzuflehen:

»Meine Herren, ich repräsentiere die niederländische Widerstandsbewegung. Heute haben wir uns auf eine sehr schmerzliche Mission begeben, um einen unserer Anführer zu finden, der im Januar von den Nazis inhaftiert wurde. Wir haben in drei Gefängnissen nach ihm gesucht, im letzten wurden wir dann darüber informiert, dass er von den Nazis erschossen wurde. Diese beiden jungen Männer sind politische Gefangene, denen wir dabei helfen, nach ihrer Gefangenschaft endlich wieder nach Hause zu kommen. Das Baby dieser jüdischen Dame ist bei Bauern versteckt worden, die etwa eine Stunde von hier entfernt leben. Bitte lassen Sie uns passieren, damit dieses Baby wieder zu seinen leiblichen Eltern kommt. Sie haben während dieses Krieges wegen der Nazis so viel Leid erdulden müssen. Bitte lassen Sie uns durch!«

Die zwei Soldaten schauten sich an, winkten uns dann durch und sagten:

»Sie fahren auf eigene Gefahr weiter!«

Wir dankten ihnen, quetschten uns wieder ins Auto und fuhren los, stolz, dieses schwere Hindernis überwunden zu haben.

Es wurde bereits dunkel und Herr van Sand musste wegen der schlechten Straßenverhältnisse besonders vorsichtig fahren. Immer wieder klammerten wir uns aneinander, wenn wir die unmittelbar in unserer Nähe abgefeuerten Schüsse hörten.

Auf einmal hatte das Auto eine Fehlzündung, wurde immer langsamer und kam dann ganz zum Stehen, als würde es sich weigern, den langen Hügel vor uns hinaufzufahren. Wir schlugen vor, auszusteigen und den Wagen anzuschieben, doch Herr van Sand hatte schlechte Neuigkeiten für uns. Uns war das Benzin ausgegangen. Was sollten wir nun tun?

»Lasst uns einen Armeewagen der Alliierten anhalten, sie können uns helfen«, schlug ich vor. Die anderen hielten das für eine gute Idee und so warteten wir am Rand der Straße und hofften darauf, einen netten Fahrer anhalten zu können.

Bald würde es dunkel sein und noch immer waren Schüsse zu hören. Unglücklicherweise kamen nur wenige Fahrzeuge diese Straße hinunter, die dann in solch atemberaubender Geschwindigkeit vorbeirasten, dass unsere Haare und Kleider im Luftstoß flatterten und Staubwolken hinter den verschwindenden Wagen aufflogen. Langsam wurden wir nervös; der Gedanke, nachts von einer verzweifelten Truppe deutscher Soldaten angegriffen zu werden, war nicht sonderlich beruhigend. Wir mussten etwas tun!

Dann sahen wir, wie sich in der Ferne ein großer Stabswagen näherte, an dessen Kühler der Stern der Alliierten angebracht war.

»Der hier muss anhalten!«, rief Terry. Wir alle begannen, wild mit den Armen zu wedeln, um das Auto anzuhalten, als Terry in ihrer Verzweiflung mitten auf die Straße sprang und fast von dem Wagen überrollt wurde.

Retter

Doch so klappte es! Der Stabswagen hielt an. Wir rannten erwartungsvoll darauf zu, als ein kanadischer Offizier ausstieg.

»Was ist hier los?«, fragte er. Alle begannen wild durcheinander zu reden. Er wandte sich an Terry:

»Junge Frau, Sie haben fast einen Unfall verursacht!«

Eindringlich schilderte ich ihm unsere Situation.

»Bitte verzeihen Sie, dass wir Ihnen Unannehmlichkeiten verursacht haben. Aber bald ist es dunkel, und wir sitzen auf dieser einsamen Straße fest, weil uns das Benzin ausgegangen ist, und die Deutschen kämpfen immer noch ganz in der Nähe. Wir sind müde, hungrig und haben Angst. Könnten Sie uns vielleicht mit etwas Benzin aushelfen, damit wir es heute Nacht noch bis nach Apeldoorn schaffen?«

Er schaute uns an und schüttelte den Kopf.

»Es tut mir leid, aber wir haben strenge Anweisung, unter keinen Umständen anzuhalten. Wir könnten in einen Hinterhalt geraten, da sich in dieser Gegend noch immer vereinzelte deutsche Kampfgruppen aufhalten. Ich weiß nicht, wer Sie sind. Sie könnten auch an einer Aktion gegen die Alliierten beteiligt sein!«

Ich versuchte ihn zu überreden: »Mein Herr, nichts könnte unwahrscheinlicher sein! Ich möchte mich Ihnen vorstellen. Mein Name ist Leesha Bos. Ich bin Mitglied der niederländischen Widerstandsbewegung in Leiden und Oegstgeest und habe viele Menschen versteckt und versorgt, die sich in großer Gefahr befanden. Heute haben wir in drei Gefängnissen nach unserem geliebten Anführer gesucht, der im Januar von den Nazis gefangen genommen wurde und zu unserem tiefen Kummer erfahren, dass die Nazis ihn erschossen haben. Jetzt führen wir unsere Reise fort, um meiner Freundin Terry hier zu helfen. Sie ist Jüdin. Kurz nach der Geburt wurde ihre kleine Tochter bei Bauern, etwa zehn Kilometer von Apeldoorn entfernt, versteckt. Es ist jetzt zwei Jahre her, dass Terry und ihr Mann das Baby gesehen haben. Können Sie sich vorstellen, welchen Schmerz und Verlust sie die ganze Zeit über empfunden haben, weil sie nicht für ihr eigenes

Kind sorgen und ihm ihre Liebe schenken konnten? Bitte helfen Sie uns. Sobald wir in Apeldoorn angekommen sind, kann ich zum Hauptquartier der niederländischen Armee gehen und Ihnen das geborgte Benzin wiedergeben.«

Der Offizier hörte mir gar nicht mehr zu. Er drehte sich zu Terry und rief erstaunt:

»Sie sind wirklich Jüdin? Ich bin auch Jude! Mein Name ist Captain Rose. Ich bin ein jüdischer Geistlicher der kanadischen Armee in Übersee!« Ganz spontan umarmten sich die beiden und Terry weinte an seiner Schulter. Der Captain wurde von seinen Gefühlen übermannt.

So lehnten sie aneinander in der zunehmenden Dunkelheit, im Hintergrund die hohen Bäume, die wie Schutzengel über ihnen standen. Zwei Seelen hatten zueinander gefunden. Es war ein herzerwärmender Anblick. Wir alle waren Teil dieses einzigartigen Erlebnisses.

Nun wandte er sich mir zu: »Sind Sie auch Jüdin?«

Ich nickte. Es war das erste Mal, seitdem ich meine Identität gewechselt hatte, dass ich öffentlich zugab, Jüdin zu sein, und ich sah, wie sich ein warmer Ausdruck in seinem Gesicht ausbreitete.

Der Captain ergriff die Initiative. »Kommen Sie. Es wird schon dunkel. Sidney!«, rief er seinem Fahrer zu. »Komm raus, ich möchte dir ein paar Leute vorstellen. Wir werden ihnen etwas Benzin und was sie sonst noch so brauchen besorgen.«

Auf einmal war alles möglich. Die starken Gefühle menschlicher Nächstenliebe hatten die strengen Vorschriften des Militärs und die Angst vor Sabotage außer Kraft gesetzt.

Da der Stabswagen kein Benzin für unser Auto mit sich führte, stiegen wir alle, bis auf das Ehepaar van Sand, mit in den Wagen ein, der auch den Citroën nach Apeldoorn abschleppte. Dort verabschiedeten sich die zwei jungen Männer, die wir aus dem Amersfoorter Gefängnis mitgenommen hatten, von uns und gingen ihre eigenen Wege. Die van Sands folgten Sidney, um den Citroën aufzutanken. Während wir auf ihre Rückkehr warteten, spazierten Terry, der Captain und ich durch eine Parkanlage, an der wir angehalten hatten, und lernten uns besser kennen. Ich merkte, wie aufgeregt Terry war, endlich ihr Baby wiederzusehen. Sie redete ohne Unterbrechung über den Krieg, die Verfolgung der Juden, über die Razzien und die Transporte in die Konzentrationslager. Sie erzählte davon, wie sie sich versteckt hatten, beschrieb die Aktionen der Widerstandsbewegung, wobei sie immer wieder meine Leistungen innerhalb der Organisation lobte, was mich sehr verlegen machte. Ich beschwor sie aufzuhören, doch sie hörte nicht auf mich.

Mir kam es vor, als wäre jeder Tropfen Blut aus meinem Körper gewichen. Der Verlust und der Schmerz, den ich aufgrund von Reiniers Tod empfand, gepaart mit den Anstrengungen des Tages, saugte mir alle Kraft aus. Ich wollte mich nur noch in mein Schneckenhaus verkriechen und in Ruhe gelassen werden. Alles, was ich mir selbst abverlangt hatte, war getan; meine Energie war aufgebraucht.

Die Nacht war sternenklar und mild, getränkt von dem Duft der knospenden Sträucher und Blumen, und doch zitterte ich, als wollte ich eine Vorahnung abschütteln.

Dann merkte ich, wie etwas meinen Arm berührte und sanft und warm meine Hand umschloss. Ich wusste, dass es die Hand des Captains war. Diese unerwartete Geste, die mir zuteilwurde, als ich sie am meisten brauchte, berührte mich zutiefst. Ich konnte ihn im Dunkeln kaum erkennen, doch ich erinnerte mich an die schlanke, athletische Figur, an das intelligente Gesicht mit den dunklen Haaren und den tief liegenden Augen. Unsere Blicke trafen sich und seine Augen drückten das gleiche Verständnis und Mitgefühl aus, die gleiche Stärke, die ich schon in der Berührung seiner Hand gespürt hatte.

Ich nahm Terry, die zwischen uns ging und immer noch redete, gar nicht mehr wahr.

»Was haben Sie vor, Leesha, jetzt, da der Krieg fast vorbei ist?«, fragte mich Captain Rose direkt.

»Meine Pläne?« Die Frage fand ich merkwürdig beunruhigend. Darüber hatte ich mir noch gar keine Gedanken gemacht. »Es gibt noch so vieles zu tun, um meinen Schützlingen zu helfen, wieder in ein normales Leben zurückzufinden. Es wird schwierig für sie werden, in ihre Heimatstädte zurückzukehren, da es keine öffentlichen Verkehrsmittel gibt.«

»Vielleicht kann ich Ihnen dabei behilflich sein, diese Menschen wieder nach Hause zu bringen«, sagte der Captain.

Dann hörten wir das Hupen des Citroëns und des Stabswagens; sie hatten uns entdeckt. Als Terry dem Captain ihre Adresse aufschrieb, fragte er mich:

»Und wo kann ich Sie erreichen? Darf ich Sie bald wiedersehen?«

»Ich habe im Moment keinen festen Wohnsitz«, antwortete ich und versuchte, seiner Frage auszuweichen. »Außerdem werde ich in nächster Zeit sehr beschäftigt sein.«

»Keine Sorge, Captain«, warf Terry ein. »Wenn Sie uns besuchen kommen, wird Leesha da sein. Sie müssen unbedingt kommen, um unser Baby zu sehen, wenn wir sie endlich nach Hause geholt haben. Da Sie uns dabei geholfen haben, sie wiederzubekommen, müssen Sie sie auch kennenlernen. Versprechen Sie mir, uns zu besuchen!«

Terry und ich saßen bereits im Auto, als Captain Rose und sein Fahrer Sidney anfingen, uns mit Keksdosen, Kräckern, ungesäuertem Brot, Lachs in Dosen, Butter, koscherem Corned Beef, Schokoriegeln und Zigaretten zu überhäufen.

»Was ist das alles?«, keuchten wir. Wir lachten und waren sprachlos. Das Auto war nun so mit Lebensmitteln vollgestopft, dass kaum noch Platz für uns blieb. Es war zauberhaft, wie ein Märchen! Wir hatten seit Jahren nicht mehr so viel gutes Essen in solchem Überfluss gesehen!

»Das reicht!«, riefen wir, den Tränen nahe.

»Iss, iss, mein Kind«, zitierte der Captain einen bekannten jiddischen Ausdruck. »Wir werden uns bald wieder sehen. Ihnen allen viel Glück!«

Wir ließen uns in unsere Sitze zurückfallen, zu erschöpft, um zu reden. Es war mir peinlich, dass die Kriegssituation mich in eine Lage gebracht hatte, in der ich dankbar für Lebensmittelgaben sein musste. Das Einzige, was mich mit dieser Situation versöhnte, war das Feingefühl und die Aufrichtigkeit, die in dieser Geste des Captains und seines Fahrers lagen.

Wir waren nun auf dem Weg zum Hof der Bauern.

»Leesha, weißt du, was ich glaube?«, fragte Terry mich aus dem Dunkeln heraus. »Ich glaube, der Captain hat dich gern. Er war sehr beeindruckt von dem, was er von dir gesehen und gehört hat. Ich habe gesehen, wie er dich angeschaut hat.«

»Ach was, das ist Unsinn. Nur weil er mich angeschaut hat, bedeutet das nicht, dass er irgendwelche Hintergedanken hatte. Ich habe weder Zeit noch Lust für persönliche Angelegenheiten. Für mich war er einfach der erste Soldat in Uniform, den ich weder hassen noch fürchten musste. O Terry, ich bin so müde!«, rief ich.

Terry hatte eine Packung Sweet-Corporal-Zigaretten geöffnet und rauchte nervös eine nach der anderen. Wir näherten uns dem kleinen Bauerndorf Vaasen, in dem ihre Tochter versteckt war. Es ging auf Mitternacht zu. Nachdem wir uns bei mehreren Bauernhäusern durchgefragt hatten, klopften wir endlich an die Tür von Bauer Hendriksen und weckten den ganzen Haushalt auf. Widerwillig wurden wir ins Wohnzimmer geführt. Terry, die das Ehepaar Hendriksen getroffen hatte, als man Emily zu ihnen gebracht hatte, entschuldigte sich für die späte Störung und erklärte, dass uns das Benzin ausgegangen war.

Mutterliebe

Die Bauern und die älteren Kinder saßen um den Tisch herum und hörten stumm zu. Die Stimmung wurde mit jeder Minute angespannter. Die Hendriksens wussten, dass Terry nicht mitten in der Nacht aufgetaucht war, um ihnen einen Höflichkeitsbesuch abzustatten. Terry sagte gefühlvoll:

»Ich bin gekommen, um Ihnen im Namen meines Mannes und mir von tiefstem Herzen für alles zu danken, was Sie für unsere Tochter Emily getan haben. Wir wissen, welch großer Gefahr Sie sich selbst ausgesetzt haben, indem Sie unser Kind aufgenommen und ihr das Leben gerettet haben. Wir werden für immer in

Ihrer Schuld stehen für die wundervolle Fürsorge und das gute Zuhause, das Sie Emily geboten haben. Nun, da der Krieg vorbei ist, können wir keine Minute länger warten. Wir sehnen uns nach unserem Kind. Ich hatte Glück, die Möglichkeit zu bekommen, mit dem Auto meiner Freundin hierherkommen zu können. Jetzt können wir sie mitnehmen. Wo ist sie?«

Die Hendriksens waren steif und unnachgiebig. Feindselig schauten sie uns an; ihre Gesichter wurden grimmig. Frau Hendriksen stand auf und sagte schroff:

»Sie können sie uns nicht wegnehmen. Sie ist uns zu sehr ans Herz gewachsen. Sie ist nun Teil unserer Familie. Sie kennt Sie überhaupt nicht. Sie würde nicht mal mit Ihnen gehen wollen. Sie sind eine Fremde für sie.«

Herr Hendriksen teilte die Gefühle seiner Frau. Ihre Söhne und Töchter bewegten sich ruhelos hin und her und sagten emotionsgeladen: »Wir werden sie niemals gehen lassen! Sie gehört jetzt zu uns!« und »So wird es einem gedankt…«

Terry war außer sich. Sie hätte nie gedacht, dass es solch einen Aufruhr und Widerstand hervorrufen würde, nur weil sie das eigene Kind abholen wollte.

»Aber sie ist mein Fleisch und Blut. Im Krieg wollten uns die Nazis töten. Jetzt ist der Krieg vorbei. Sie mir zu verweigern wird mich umbringen. Können Sie sich überhaupt vorstellen, wie sehr ich die ganze Zeit gelitten habe, wie sehr mir das Herz geblutet hat, weil ich mein Baby nicht in den Armen halten und mich nicht um es kümmern konnte? Mir wurden die natürlichen und dringenden mütterlichen Instinkte verwehrt…«

Sie ging vor Frau Hendriksen auf die Knie und weinte, als würde ihr gleich das Herz zerspringen: »Bitte, geben Sie mir mein Kind zurück. Sie ist mein Fleisch und Blut…«

Ich hatte mich die ganze Zeit ruhig verhalten, während sich das Drama vor meinen Augen abspielte, doch als ich nun sah, wie Terry kurz davor war zusammenzubrechen, konnte ich mich nicht länger zurückhalten.

»Kein Gericht, kein Richter dieser Welt wird mit dem einverstanden sein, was Sie dieser Frau antun wollen. Sie haben sich aus der Güte Ihrer Herzen heraus dazu bereiterklärt, Emilys Leben zu schützen, solange das Naziregime hier in den Niederlanden herrschen sollte. Dafür, wie Sie sich um dieses Kind gekümmert haben, werden die Nabers Ihnen für immer dankbar sein. Doch jetzt ist es als leibliche Eltern ihr Recht, dass ihre Tochter zu ihnen zurückkehrt. Ich bin eine der Leiterinnen der Widerstandsbewegung. Ich habe mich persönlich um viele jüdische Menschen während des Krieges gekümmert, darunter waren auch viele Kinder. Die Gefahr ist nun gebannt. Die Juden dürfen nun wieder zurück in ihre Häuser und zurück zu ihren Familien und überall hingehen, wo es ihnen beliebt. Ich kann verstehen, dass Sie dieses kleine Mädchen mittlerweile wie eine eigene Tochter lieben. Aber bitte geben Sie das Kind nun seiner eigenen Mutter zurück. Andernfalls, das verspreche ich Ihnen, kommt eine Menge Ärger auf Sie zu.«

Eine der Hendriksen-Töchter war hinausgegangen und kam nun mit der verschlafenen Emily auf dem Arm zurück. Terrys Gesicht hellte sich beim Anblick ihrer Tochter auf und wieder strömten die Tränen. Sie öffnete die Arme, doch das kleine Mädchen drehte sich von ihr weg und streckte sich zu Frau Hendriksen hin, als wolle sie von ihr hochgenommen werden. Terry war abgewiesen worden. Sie ließ sich in einen Stuhl fallen und vergrub den Kopf in den Händen.

Frau Hendriksen nahm eine kleine Jacke aus dem Bündel von Emilys Kleidern, die auf dem Tisch lagen, zog sie Emily an und setzte sie auf Terrys Schoß. Das Kind bekam Angst, fing an zu schreien und nach der armen Terry zu schlagen, die sie an sich drückte und versuchte mit liebevollen Worten zu beruhigen. Terry versprach den Hendriksens in Kontakt zu bleiben, und so ließen sie uns endlich nach einigem Zögern gehen.

Die ganze Heimfahrt über weinte Emily hysterisch und ließ sich nicht beruhigen, egal wie viel Schokolade und Kekse wir ihr anboten.

»Verzweifle nicht, Terry«, versuchte ich sie zu trösten. »Liebe und Zeit werden Wunder bewirken, du wirst schon sehen.«

Terry schaute ihre kleine Tochter immer wieder hilflos an.

»Es wird schwer für sie sein sich einzugewöhnen. Ich hoffe nur, dass sie merkt, dass jeder Herzschlag von uns voller Liebe zu ihr ist«, seufzte sie. »Wenigstens ist unsere Familie jetzt endlich wieder zusammen.«

Ich schaute hinaus in die dunkle Nacht. Wagte ich es, an meine eigene Familie zu denken? Würden wir uns jemals wiedersehen? Ich spürte, wie sich Ungewissheit, schwindende Hoffnung und Angst in mir ausbreiteten.

Befreiung

Im Laufe der nächsten Tage überschlugen sich die weltbewegenden Ereignisse mit atemberaubender Geschwindigkeit und Begeisterung.

Am 4. Mai 1945 übergaben die Deutschen in einem Zelt in der Lüneburger Heide Nordwest-Europa bedingungslos an Feldmarschall Bernard Montgomery vom Oberkommando der Alliierten.

Am 5. Mai 1945 waren im Hotel »The World« General Foulkes, der Kommandeur des ersten kanadischen Korps, und Prinz Bernhard von den Niederlanden anwesend, als die Deutschen die vollständige Kapitulation der deutschen Armee im westlichen Teil der Niederlande unterzeichneten.

Die nun legale Leidener *Freie Presse* brachte ein Sonderblatt unter der Nummer 43 heraus. Fett gedruckt war auf der Titelseite zu lesen:

Die besten Nachrichten des Krieges

Bedingungslose Kapitulation der Deutschen

Die Niederlande werden wiederauferstehen!

Plötzlich wehten überall holländische Flaggen! Die Menschen feierten und bedankten sich bei den Truppen der Alliierten, die sie befreit hatten. Endlich waren wir vom deutschen Joch erlöst. Die ständige Angst, die brutale Gewalt, Hunger und Tod, die Verfolgungen und Erschießungskommandos – all das war nun verschwunden.

»Können wir jetzt wieder wir selbst sein?«, schlich sich ein Gedanke bei mir ein. Noch immer waren die Auswirkungen des Krieges bemerkbar. Man konnte nicht einfach alles vergessen, als sei das nur ein böser Traum gewesen.

Am 7. Mai 1945 verkündete General Dwight D. Eisenhower, dass die Deutschen die bedingungslose Kapitulation aller deutscher Truppen gegenüber den Westmächten und Russland im Hauptquartier in Reims unterzeichnet hatten. Sie trat am 8. Mai in Kraft. Damit war der Zweite Weltkrieg in Europa endlich vorbei!

Der 8. Mai 1945 wurde zum »Victory in Europe Day«, kurz V. E.-Day, zum »Sieg-in-Europa-Tag« erklärt und mit wildem Jubel gefeiert!

Was für ein wundervoller Tag! Mit Freudentränen in den Augen begrüßten wir die vielen verschiedenen Truppen der Alliierten, die durch unsere Dörfer und Städte fuhren. Tausende niederländische Mädchen und Jungen hingen sich an die Wagen und kletterten auf die Panzer. Sie küssten die Soldaten und überschütteten sie mit Blumen. Sie winkten und bejubelten sie und sangen die niederländische Nationalhymne, den *Wilhelmus,* und das Lied *Oranje Boven,* »Das Haus Oranje über alles«.

Sehr herzlich begrüßten wir auch die kanadischen Truppen, die genau wie die britischen Soldaten freundlich, natürlich und entspannt waren. Wir waren fasziniert von den farbenfrohen Schotten in ihren Kilts. Die amerikanischen Soldaten, die wir später kennenlernten, verzauberten uns mit ihrer fröhlichen Art und ihrem guten Aussehen.

Stolz und begeistert applaudierten wir unserer niederländischen *Prinzessin-Irene-Brigade*, die so tapfer an der Seite der Alliierten gekämpft hatte.

Doch der bewegendste Augenblick für mich persönlich war, als ich zum ersten Mal die Soldaten der jüdischen Brigade aus

Palästina sah, die als Einheit der 8. englischen Armee gekämpft hatten. Ich war zu Tränen gerührt und es überkam mich ein Gefühl von Ehrfurcht, Glück und Verbundenheit, als ich das Emblem an ihren Ärmeln bemerkte: ein goldener Davidstern auf blau-weißem Untergrund.

Ich musste ihn berühren, um sicherzugehen, dass er echt war. Mein Herz platzte fast vor Stolz, denn hier waren freie jüdische Männer aus unserem Gelobten Land, und sie hatten erfolgreich gegen die Nazis gekämpft, die auf so teuflische Weise geplant hatten, die Juden in Europa auszurotten.

Wir empfingen unsere Befreier mit tief empfundener Dankbarkeit. Endlich herrschte wieder Frieden. Darauf hatten wir fünf qualvolle Jahre lang gewartet.

Königin Wilhelmina hielt zum ersten Mal, seitdem der Krieg vorüber war, eine Ansprache an ihr Volk:

Unsere Worte können nicht die Gefühle beschreiben, die unsere Herzen in dieser Stunde der Befreiung der Niederlande erfüllen.

Der Feind ist besiegt! Endlich sind wir wieder die Herren in unserem eigenen Haus.

Siegesfeier

In dieser Nacht feierten wir den Siegestag im Haus der Nabers, in dem sich eine Gruppe unserer Freunde versammelt hatte; es waren die jungen Paare, um die ich mich gekümmert hatte. Jeder brachte etwas von seinen Rationen mit, das er extra für diesen lang erwarteten und lang erhofften Anlass aufgehoben hatte. Wir bereiteten gerade alles vor, als wir plötzlich hörten, wie mit quietschenden Reifen ein Auto vor dem Haus anhielt.

Terry rannte aufgeregt aus der Küche zur Haustür und rief mir zu: »Leesha, das ist bestimmt der Captain. Ich hatte so eine Ahnung, dass er heute kommen würde.«

Nach dem Ende des Krieges und der Befreiung, vor dem Haus der Nabers auf dem Emmalaan in Oegstgeest. Von links nach rechts: Sidney (der Fahrer), Leesha, Johnny Naber, der seine Tochter Emily im Arm hält, Captain I. B. Rose und Terry Naber.

Ich hörte viel Trubel im Flur, dann führte Johnny den Captain in die Küche: »Hier ist sie. Leesha, erinnerst du dich an Captain Rose?«

Da war er, mit einem glücklichen Lächeln auf den Lippen, hinter ihm Sidney, sein Fahrer, der von unseren Gästen umringt war.

Man stellte sich gegenseitig vor und bald war das kleine Haus von einer festlichen Stimmung erfüllt.

»Wartet«, sagte der Captain. »Wir haben auch etwas für die Party mitgebracht.« Mit diesen Worten brachte er allerlei wundervolle Überraschungen hervor. Die Berge von Lebensmitteln, die sie über uns ausschütteten, schienen kein Ende zu nehmen. Es war sogar weit mehr als das, was sie uns im Auto mitgegeben hatten; viele Dinge hatten wir schon seit fünf Jahren nicht mehr zu Gesicht bekommen. Darunter waren sogar mehrere Dutzend frische Eier, die sie bei Bauern gegen Zigaretten eingetauscht hatten. Um dem Ganzen die Krone aufzusetzen, hatten sie eine große Batterie mitgebracht, da sie wussten, dass es keinen Strom gab, und wie durch ein Wunder: Wir hatten wieder Licht!

Dieser Abend markierte das Ende einer Ära, die keiner von uns je vergessen würde. Ich war stolz darauf, dass ich mich am Kampf beteiligt hatte. Wir kämpften ohne Waffen und ohne Macht in einem geografischen Gebiet ohne große Vorzüge. Unser Widerstand den Nazis gegenüber bewies, dass wir bereit waren, unser Leben und unseren Besitz für die moralischen Werte von Frieden, Freiheit und Gerechtigkeit zu opfern. Wir waren im langen Ringen ums Überleben durch alle Niederlagen und Siege hinweg unseren Prinzipien und uns selbst treu geblieben.

Die Menschlichkeit, die Ausdauer und die geistige Willensstärke der wundervollen niederländischen Menschen hatten sich ausgezahlt! Wir hatten überlebt!

Die Menschen begannen langsam ihr zerbrochenes Leben wiederaufzubauen. So viel war zerstört worden, besonders in den Städten Amsterdam, Rotterdam, Den Haag, Arnheim, Nijmegen, Oosterbeek und Wageningen. Häuser waren geplündert, Bäume gefällt und große Teile des Landes überflutet worden.

Der Sieg fand Niederländer vor, die nichts mehr hatten – kein Telefon und keine Telegrafenämter, sie waren ohne Gas, Strom, Busse, Züge, Straßenbahnen, Autos oder Benzin. So viel war von den Deutschen gestohlen oder absichtlich zerstört worden, dass es lange dauern und harte Arbeit kosten würde, um alles wiederaufzubauen.

Aber wir waren frei und durften wieder unsere Meinung äußern! Wir mussten nicht länger Razzien, Erschießungen, Verhaftungen, Bombardierungen, Enteignungen und den Terror des Krieges fürchten. Es herrschte kein Verdunkelungsgebot mehr und wir konnten wieder nachts auf die Straße gehen.

Niederländische Verräter, Kollaborateure, Mitglieder der NSB, der Nationalsozialistischen Bewegung der Niederlande, wurden verhaftet und schwer bestraft.

Die Rückkehr und Wiederansiedlung der vielen *Onderduikers* – der versteckten und untergetauchten Juden – in ihre Heimatorte erforderte meine ganze Kraft, wobei mich Captain Rose mit den vielen Dingen, die er mir zur Verfügung stellte, sehr unterstützte.

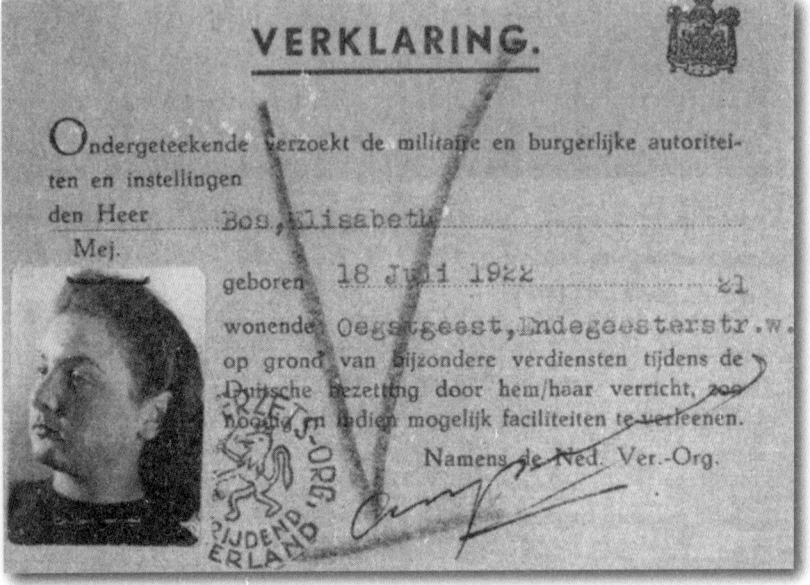

Meine von der Widerstandsorganisation »Kämpfende Niederlande« ausgestellte Bescheinigung als Anerkennung für besondere Leistungen während der Besatzung durch die Nazis.

Zukunft?

Und dann stellte ich auf einmal fest, dass es keine Verpflichtungen und nichts mehr zu tun gab für mich – und dass ich allein war.

Die Menschen kehrten aus ihren Verstecken und Zufluchtsorten zurück, aus Konzentrationslagern und Kriegsgefangenenlagern. Viele von ihnen, wenn nicht alle, waren schwach, krank, ausgezehrt und verängstigt. Manche waren fürs Leben entstellt.

Die meisten waren von Erinnerungen an Erlebnisse gezeichnet, die sie ein Leben lang verfolgen würden.

Die inbrünstige Hoffnung, meine Familie nach dem Krieg wiederzufinden, wurde zu meinem inneren Antrieb. Doch langsam setzte sich in mir eine tiefe Furcht fest, die mich rastlos und kalt werden ließ.

Verzweifelt durchsuchten wir die Listen der Überlebenden der Konzentrationslager, die täglich veröffentlicht wurden, in der Hoffnung, die eigenen Familienmitglieder wiederzufinden. Wir belagerten die Büros des Internationalen Roten Kreuzes, die ein Register mit allen Kriegsopfern führten, um etwas über unsere nächsten Verwandten in Erfahrung zu bringen. Ich trug meinen Namen und meine Adresse in diversen Listen ein, die Verwandten ermöglichten, in Kontakt miteinander zu treten. Der jüdische Koordinierungsausschuss in Amsterdam, der nach dem Krieg ins Leben gerufen worden war, um die überlebenden Juden zu unterstützen, war sehr hilfreich und wurde auch dringend benötigt.

Einer der wenigen sonnigen Tage, die ich persönlich in dieser Zeit erlebte, war kurz nach dem Ende des Krieges. In Anerkennung meiner aktiven Beteiligung und Leistungen in der Widerstandsbewegung, gewährte mir die niederländische Regierung ein sechsjähriges Stipendium für ein Medizinstudium an der Universität von Amsterdam, und so begann ich mich auf ein Leben als Medizinstudentin vorzubereiten.

Die Cafés, Restaurants, Offiziersklubs und Jachtklubs bedienten nun wieder die spaßentwöhnte Nation und ihre alliierten Befreier. Die Leute tanzten zu den Klängen von »Bésame mucho«, »Symphony of Love«, »Don't Fence Me In« und »Saturday Night Is the Loneliest Night of the Week«.

Mir schien, als wollte jeder seinen persönlichen Kummer vergraben, und die Jugend versuchte, den Verlust von fünf wertvollen und wichtigen Jahren ihres Lebens wieder wettzumachen. Es war, als sollte die Ausgelassenheit der Nation nach dem Krieg die Rastlosigkeit und Einsamkeit der Menschen stillen und zumindest für eine kurze Zeit die tiefsten Bedürfnisse zudecken.

Dann fiel eines Tages das Urteil, das ich mit Grauen und Bangen erwartet hatte. Das Internationale Rote Kreuz händigte mir eine Liste mit folgenden Statistiken aus:

Vater:	Ankunft im Lager Westerbork	02. Januar 1943
	Nach Auschwitz deportiert	16. November 1943
	In Auschwitz gestorben	31. März 1944
Mutter:	Ankunft im Lager Westerbork	01. April 1943
	Nach Auschwitz deportiert	16. November 1943
	In Auschwitz gestorben	19. November 1943
Mein Bruder Jackie:	Ankunft im Lager Westerbork	01. April 1943
	Nach Auschwitz deportiert	16. November 1943
	In Auschwitz gestorben	19. November 1943
Mein Bruder Paul:	Ankunft im Lager Westerbork	10. April 1943
	Nach Sobibor deportiert	18. Mai 1943
	In Sobibor gestorben	21. Mai 1943

Nur drei Zeilen für jeden von ihnen als Grabinschrift. Während ich auf das Stück Papier starrte, stieg in mir eine Woge blinder Wut auf. Die Buchstaben und Zahlen entfachten in mir ein Feuer, das mich mit solch quälenden Schmerzen verzehrte, wie ich sie nie für möglich gehalten hätte.

Jemand zog mich von der Wand zurück, auf die ich mit meinen Fäusten eingeschlagen hatte, bis sie blutig waren.

Wie sollte ich diesen Schmerz ertragen können?

Wie sollte ich weiterleben können mit dem Wissen, dass sie nicht mehr da waren?

Wie konnten diese jungen und wundervollen Leben nur so sinnlos ausgelöscht werden?

Ich sah sie alle vor mir: meinen gebildeten, angesehenen und großzügigen Vater; meine gutherzige, schöne und sensible Mutter; meine zwei jungen und unschuldigen Brüder – ich konnte den Schmerz nicht verkraften.

Gott, womit haben sie ein solches Schicksal verdient?

Wofür mussten sie ihr Leben opfern?

Warum, o Gott, warum?

Wo warst du, als all dies geschah?

Ich rang mit mir selbst und mit meinem Glauben, während ich versuchte, das alles zu verstehen; ich kämpfte um meinen Verstand. Ich kämpfte um mein Leben.

Hatte die Welt dort draußen von diesen Gräueltaten gewusst? Waren sie nicht alle der schlimmsten Sünde der Unterlassung schuldig, indem sie nicht alles versucht hatten, um den Schreckenstaten ein Ende zu setzen, und zwar in dem Moment, als bekannt wurde, dass Hitler begann, seine »Endlösung« für die Juden in Europa in die Tat umzusetzen?

Ich konnte diese Ungerechtigkeit nicht begreifen! Ich konnte eine solch schreckliche Situation einfach nicht verarbeiten.

In dem unerträglichen Schmerz schloss sich ein schwerer, undurchdringlicher Schutzpanzer um mich, der sich nur nachts in der Einsamkeit meines Zimmers öffnete, begleitet von endlosen Tränen und quälenden Albträumen.

Doch ich spürte, wie sich in den Tiefen meiner Trauer um die geliebten Menschen, die ich verloren hatte, ein Entschluss regte. Genau wie während des Krieges sollte konstruktives und humanitäres Handeln zu meinem Lebenszweck werden und mir gleichzeitig dabei helfen, meine allgegenwärtige Trauer zu lindern.

Ich war nun fest entschlossen, Medizin zu studieren und nach dem Studium nach Palästina zu gehen, um den Menschen dort zu helfen. Mehr als jemals zuvor fühlte ich mich untrennbar mit meinem jüdischen Volk verbunden.

Ich betrachtete unser jüdisches Dasein als einen starken, knorrigen und Leben spendenden Baum, der fest im reichen Erbe und der Tradition der Vergangenheit verwurzelt war, was unsere gegenseitige Verantwortung füreinander verdeutlichte. Die starken Äste waren lang und weit ausladend, und deshalb waren die Leben spendenden Früchte des Baumes überall zu erreichen.

Schwere Stürme konnten hier und da einen Trieb abbrechen; absichtlich gelegte Feuer konnten viele Äste verbrennen; Mörder mochten große Teile des Baumes niederholzen – doch die liebevollen und Leben spendenden Kräfte der verbleibenden Zweige würden den Baum heilen, und mit ihrem üppigen Wuchs und ihrer Fruchtbarkeit würden sie die Verluste ausgleichen, denn die Wurzeln des Baumes waren unzerstörbar.

Nachwort

25 Jahre lang habe ich geschwiegen. Meine Erlebnisse, mein Schmerz und mein Verlust waren wie in einer Gruft hermetisch in mir verschlossen. Ich konnte weder über die Geschichte des Holocaust reden noch etwas darüber lesen oder mich eingehend mit der Tragödie beschäftigen. Ich wollte so sehr ein normales Leben führen, studieren, arbeiten, meine Ziele erreichen, gute Freunde kennenlernen und ihre Gesellschaft genießen.

Zeitungen in ganz Kanada veröffentlichten als Schlagzeile die Geschichte und Fotos von meiner Hochzeit mit Dr. I. B. Rose, dem früheren Captain Rose der Kanadischen Armee.

Als der Zweite Weltkrieg 1945 zu Ende war, widmete ich mich ganz meinem Medizinstudium an der Universität in Amsterdam. Zeitgleich half ich dabei, vertriebene Juden über die niederländisch-belgische Grenze nach Israel (damals noch Palästina) zu schmuggeln. Ein Jahr später übernahm ich die Leitung eines Pionier-Trainingszentrums, das junge Menschen auf ein Leben in Israel vorbereitete. Ich arbeitete hart, meine Energie kannte keine Grenzen.

1947 gab ich mein Studium auf und flog nach Kanada, um Captain Isaac B. Rose zu heiraten, der damals kurz vor dem Ende des Krieges auf der Straße zwischen Amsterdam und Apeldoorn angehalten hatte, um mir zu helfen.

Ich erinnere mich daran, wie ich an meinem Hochzeitstag ohne die liebevolle Anwesenheit meiner Eltern und Brüder den Gang hinunterschritt; mein Herz zersprang fast vor Sehnsucht nach ihnen.

Ich entsinne mich, wie ich unter den Schmerzen der Geburt meines Kindes nach meiner Mutter rief und ihre Trost und Hilfe spendenden Hände vermisste.

Instinktiv wollte ich meine Kinder vor dem Schrecken des Holocausts beschützen, daher erzählte ich ihnen nichts von meinen Erfahrungen und meinem Schmerz. Sie kannten nur die oberflächlichen Fakten.

Dann war da dieses unergründliche Neidgefühl, wenn ich einer Beerdigung beiwohnte und den trauernden Personen mein Beileid aussprach. Meine Eltern und Brüder hatten kein Begräbnis erhalten mit den traditionellen Ritualen und der Ehre, die den Toten erwiesen werden sollte. Ich wurde nicht sieben Tage lang von Freunden getröstet, wie es in Israel für die Hinterbliebenen Brauch ist. Ich konnte nicht ihre Gräber besuchen – denn es gab keine. Mein Gebet für die Toten, das Kaddisch, kam nie über meine Lippen.

Der Antrieb, mich für den Frieden und die Bildung meines Volkes zu engagieren, hat mein ganzes Leben bestimmt, sei es als Sozialarbeiterin in Israel, wo ich mit jemenitischen Juden arbeitete, die gerade über die »Operation Fliegender Teppich«

eingetroffen waren, oder als Präsidentin von Hilfs- und Bildungs-organisationen.

Nach vielen Jahren als Lehrerin wurde mir bewusst, dass man nur in sehr erbärmlicher Weise an den Holocaust als Ereignis der jüdischen Geschichte dachte. Seine historische, nationale und religiöse Signifikanz wurde von Führungspersonen, Schülern, Lehrern und Eltern gleichermaßen verkannt. Je mehr mir das bewusst wurde, desto mehr packte es mich und ließ mich nicht mehr los. Langsam und auch schmerzhaft öffnete sich die fest verschlossene Gruft der Erinnerung in mir. Doch erst das große Interesse meines Sohnes an meinen persönlichen Erfahrungen überzeugte mich davon, meine eigene Geschichte in vollem Umfang zu erzählen.

Ich begann, Vorträge bei Schulversammlungen und Lehrerseminaren zu halten. Ich organisierte Holocaustgedenkfeiern. Ich schrieb und inszenierte Theaterstücke, die den Heroismus während des Holocausts thematisierten. Ich begann, mich mit der Geschichte des Antisemitismus und Nationalsozialismus sowie mit der Methodik der »Endlösung« bezüglich der Juden in Europa auseinanderzusetzen und wurde angesichts der unglaublichen und ungeheuerlichen Gräueltaten, die gegenüber den Juden verübt wurden, immer fassungsloser. Ich stellte außerdem zu meinem großen Entsetzen fest, dass 35 Jahre nach dem Holocaust Bücher veröffentlicht wurden, die verleugnen, dass der Holocaust jemals stattgefunden hat – manche stellten sogar infrage, dass Hitler von der systematischen Vernichtung von sechs Millionen Juden gewusst hatte oder für diese verantwortlich war. All das, obwohl es Millionen von Menschen, Augenzeugenberichte und schier unendliche Literatur zu diesem Thema gibt und sogar offizielle Aufzeichnungen der Nazis existieren.

Daher müssen wir, die Zeugen, die überlebt haben und die die letzte lebende Verbindung zum Holocaust sind, unsere persönlichen Geschichten erzählen, egal wie schmerzhaft und qualvoll das für uns sein mag. Das ist der Grund, warum ich dieses Buch geschrieben habe – damit jetzige und zukünftige Generationen niemals das jüdische Leid vergessen werden. Denn nur dann werden sie verhindern, dass so etwas noch einmal geschieht.

Über die Autorin

Als der Zweite Weltkrieg ausbrach, war Leesha Rose Schülerin an einer Oberschule in Den Haag. Die Invasion der Nazis 1940 in den Niederlanden durchkreuzte ihre Pläne und lenkte ihr Leben in ganz neue Bahnen. Ihre Eltern und ihre beiden Brüder wurden in die Konzentrationslager Auschwitz und Sobibor gebracht. Sie selbst arbeitete als Krankenschwester an jüdischen Krankenhäusern in Amsterdam und entging der Deportation dreimal unter Lebensgefahr. 1943 schloss sie sich mit neuem Namen und neuer Identität der niederländischen Widerstandsbewegung an. Sie suchte Verstecke für hunderte von Juden und versorgte sie dort. Außerdem beteiligte sie sich an Untergrundaktivitäten gegen die nationalsozialistischen Unterdrücker.

Am Ende des Krieges erfuhr sie vom Roten Kreuz, dass ihre Eltern und Brüder ermordet worden waren. Sie nahm ihr Medizinstudium in Amsterdam auf und half später auch dabei, Juden nach Israel zu schmuggeln.

1950 und 1951 war sie als Sozialarbeiterin im neuen Staat Israel aktiv und arbeitete mit Neueinwanderern, die durch die »Operation Fliegender Teppich« aus dem Jemen und Nordafrika eintrafen. Anschließend unterrichtete sie in den Vereinigten Staaten bis 1973 an Schulen in Long Island und New York und leitete Organisationen, die sich auf Bildung und Sozialarbeit konzentrierten. Leesha lebt heute in Jerusalem und hält dort an der Holocaustgedenkstätte Yad Vashem ehrenamtlich Vorträge, leitet Führungen und engagiert sich in Bildungs- und Gemeinschaftseinrichtungen.

Als Anerkennung für ihre Beteiligung an der niederländischen Widerstandsbewegung während des Zweiten Weltkriegs wurde sie 1983 von der niederländischen Regierung mit dem *Verzetsherdenkingskruis*, dem Gedenkkreuz für Widerstandskämpfer, ausgezeichnet. 1984 erhielt sie den Yad-Vashem-Orden für ihre engagierte Arbeit.

In »Die Tulpen sind rot« beschreibt Leesha Rose ihr Leben in den Niederlanden von 1940 bis 1945 unter der Besatzung der Nationalsozialisten. Diese erstaunliche, wahre Geschichte ist ein Bericht aus erster Hand, eine unglaubliche Erzählung über Intrigen, Abenteuer, Liebe, Hass, Mut, Leid und am Ende über den Triumph. Sie verdeutlicht die Stärke eines Volkes, das die schlimmsten Gräueltaten und Formen von Unterdrückung erleiden musste, und auch den Mut vieler nichtjüdischer Niederländer, die auf eigene Gefahr Juden in ihren Häusern versteckten.

Zur Lage der Holocaustüberlebenden in Israel

Leesha Rose gibt uns einen sehr persönlichen Einblick in die dramatischen Ereignisse während der deutschen Besatzung Hollands im Zweiten Weltkrieg. Sie ist mittlerweile neunzig Jahre alt, wohnt in einem Altenheim in Jerusalem und ist immer noch aktiv.

In Israel gibt es noch knapp 200 000 Menschen, die wie Leesha den Holocaust überlebt haben. Ein Drittel von ihnen lebt unterhalb der Armutsgrenze und muss sich oft zwischen Lebensmitteln und Medikamenten entscheiden, da das Nötigste zum Leben fehlt. Anders als Leesha haben viele von ihnen nach dem Holocaust nicht wieder im Alltagsleben Fuß fassen und geregelter Arbeit nachgehen können. Die Traumata der Konzentrationslager und Gettos, der Verlust von Familienangehörigen und andere innere Verletzungen beeinträchtigen sie immer noch. Hinzu kommen mit fortschreitendem Alter gesundheitliche Beschwerden, Depressionen und Einsamkeit.

Für Holocaustüberlebende aus den GUS-Staaten waren oft die Fristen für Entschädigungszahlungen schon abgelaufen, als sie schließlich nach Israel einwandern konnten. Der Staat Israel bemüht sich, dieser Not zu begegnen, doch die Mühlen der Bürokratie mahlen langsam, während Lebenshaltungs- und Medikamentenkosten explodieren. Um der drängenden Not abzuhelfen, hat die Internationale Christliche Botschaft Jerusalem in Zusammenarbeit mit der israelischen Hilfsorganisation *Jad Ezer L'Chaver* (Helfende Hände) in den letzten zwei Jahren ein Altenheim für mittellose und einsame Holocaustüberlebende in Haifa einrichten lassen. Bedürftige Überlebende werden dort liebevoll gepflegt und umsorgt und können so ihren Lebensabend in Würde und Gemeinschaft verbringen. Holocaustüberlebende aus dem gesamten Großraum von Haifa treffen sich in dem Heim zu Freizeitaktivitäten, der Feier jüdischer Feste, zu Konzerten und gemeinsamen Mahlzeiten. Begegnungen mit Christen aus Deutschland, die zu den Hauptunterstützern des Heimes gehören, haben einige Bewohner und Besucher dazu bewogen, wieder deutsch zu sprechen – das erste Mal seit über 60 Jahren. Das Altenheim wird nach wie vor durch Spenden finanziert. Ärzte, Physiotherapeuten und Psychologen des Rambam-Krankenhauses in Haifa versorgen die Bewohner ehrenamtlich. Wenn Sie diese wichtige Arbeit unterstützen wollen, wenden Sie sich bitte an den Deutschen Zweig der ICEJ. Die Zeit der Überlebenden läuft ab, jetzt können wir noch etwas tun.

Wenn Sie nähere Informationen haben möchten, rufen Sie uns gerne an unter Tel.: 0711 8388 9480.

Herzlichst

Ihre Internationale Christliche Botschaft Jerusalem, Deutscher Zweig e. V.

ICEJ-Deutscher Zweig e. V.
Postfach 31 13 37
70473 Stuttgart
www.icej.de
info@icej.de

Rose Price

Eine Rose aus der Asche
Die Geschichte einer Jüdin

Gebunden, 13,5 × 20,5 cm, 176 Seiten
Nr. 395.287,
ISBN 978-3-7751-5287-7

Als die Deutschen 1939 ihre Heimatstadt besetzen, kommt die erst elfjährige Rose in ein Arbeitslager. Wie durch ein Wunder überlebt sie auch die Konzentrationslager Bergen-Belsen und Dachau. Doch ihren Glauben an den Gott Abrahams hat sie in dieser Hölle verloren. Sie wagt einen Neuanfang in Amerika und findet dort ihre große Liebe und – völlig unerwartet – den Glauben an Jesus, den verheißenen Messias. Mit Originalfotos.

Bitte fragen Sie in Ihrer Buchhandlung nach diesem Buch!
Oder schreiben Sie an: SCM Hänssler, D-71087 Holzgerlingen;
E-Mail: info@scm-haenssler.de; Internet: www.scm-haenssler.de

Eric Metaxas

Bonhoeffer
Pastor, Agent, Märtyrer und Prophet

Gebunden, 15 × 21,7 cm, 768 Seiten
Nr. 395.271,
ISBN 978-3-7751-5271-6

30. Januar 1933: Adolf Hitler wird deutscher Reichskanzler. Noch ahnt niemand, dass sein Regime Deutschland zerstören wird. Doch schon zwei Tage später warnt ein junger Pastor im Rundfunk vor dem „Ver-Führer". In der neuesten großen Bonhoeffer-Biografie entfaltet Eric Metaxas eine spannende Lebensgeschichte. Neue Erkenntnisse und Einblicke in wenig bekannte Briefe und Dokumente zeichnen ein vielschichtiges Bild des Theologen, Agenten und Märtyrers, von seinem Glauben und seiner Hingabe an die Gerechtigkeit.

Jetzt mit Familientafel.

Bitte fragen Sie in Ihrer Buchhandlung nach diesem Buch!
Oder schreiben Sie an: SCM Hänssler, D-71087 Holzgerlingen;
E-Mail: info@scm-haenssler.de; Internet: www.scm-haenssler.de